本项目由深圳市宣传文化事业发展专项基金资助

本书系国家社科基金青年项目"和谐劳动关系的工资权基础与法律机制研究"
（项目批准号：12CFX088）结项（优秀）成果

深圳学派建设丛书（第八辑）

中国工资权法律保障

The Legal Protection of the Right to Wages in China

侯玲玲 著

中国社会科学出版社

图书在版编目（CIP）数据

中国工资权法律保障 / 侯玲玲著. —北京：中国社会科学出版社，2021.9
（深圳学派建设丛书. 第八辑）
ISBN 978 - 7 - 5203 - 9084 - 2

Ⅰ. ①中⋯ Ⅱ. ①侯⋯ Ⅲ. ①工资制度—劳动法—立法—研究—中国 Ⅳ. ①D922.514

中国版本图书馆 CIP 数据核字（2021）第 180329 号

出 版 人	赵剑英	
责任编辑	马　明　孙砚文	
责任校对	任晓晓	
责任印制	王　超	

出　　版	中国社会科学出版社	
社　　址	北京鼓楼西大街甲 158 号	
邮　　编	100720	
网　　址	http://www.csspw.cn	
发 行 部	010 - 84083685	
门 市 部	010 - 84029450	
经　　销	新华书店及其他书店	

印　　刷	北京君升印刷有限公司
装　　订	廊坊市广阳区广增装订厂
版　　次	2021 年 9 月第 1 版
印　　次	2021 年 9 月第 1 次印刷

开　　本	710×1000　1/16
印　　张	18.5
字　　数	275 千字
定　　价	98.00 元

凡购买中国社会科学出版社图书，如有质量问题请与本社营销中心联系调换
电话：010 - 84083683
版权所有　侵权必究

《深圳学派建设丛书》
编委会

顾　　问：王京生　李小甘

主　　任：王　强　张　华

执行主任：陈金海　吴定海

主　　编：吴定海

总序：学派的魅力

王京生[*]

学派的星空

在世界学术思想史上，曾经出现过浩如繁星的学派，它们的光芒都不同程度地照亮人类思想的天空，像米利都学派、弗莱堡学派、法兰克福学派等，其人格精神、道德风范一直为后世所景仰，其学识与思想一直成为后人引以为据的经典。就中国学术史而言，不断崛起的学派连绵而成群山之势，并标志着不同时代的思想所能达到的高度。自晚明至晚清，是中国学术尤为昌盛的时代，而正是在这个时代，学派性的存在也尤为活跃，像陆王学派、吴学、皖学、扬州学派等。但是，学派辈出的时期还应该首推古希腊和春秋战国时期，古希腊出现的主要学派就有米利都学派、毕达哥拉斯学派、埃利亚学派、犬儒学派；而儒家学派、黄老学派、法家学派、墨家学派、稷下学派等，则是春秋战国时代学派鼎盛的表现，百家之中几乎每家就是一个学派。

综观世界学术思想史，学派一般都具有如下的特征：

其一，有核心的代表人物，以及围绕着这些核心人物所形成的特定时空的学术思想群体。德国19世纪著名的历史学家兰克既是影响深远的兰克学派的创立者，也是该学派的精神领袖，他在柏林大学长期任教期间培养了大量的杰出学者，形成了声势浩大的学术势力，兰克本人也一度被尊为欧洲史学界的泰斗。

其二，拥有近似的学术精神与信仰，在此基础上形成某种特定的学术风气。清代的吴学、皖学、扬学等乾嘉诸派学术，以考据为

---

[*] 王京生：国务院参事。

治学方法，继承古文经学的训诂方法而加以条理发明，用于古籍整理和语言文字研究，以客观求证、科学求真为旨归，这一学术风气也因此成为清代朴学最为基本的精神特征。

其三，由学术精神衍生出相应的学术方法，给人们提供了观照世界的新的视野和新的认知可能。产生于20世纪60年代、代表着一种新型文化研究范式的英国伯明翰学派，对当代文化、边缘文化、青年亚文化的关注，尤其是对影视、广告、报刊等大众文化的有力分析，对意识形态、阶级、种族、性别等关键词的深入阐释，无不为我们认识瞬息万变的世界提供了丰富的分析手段与观照角度。

其四，由上述三点所产生的经典理论文献，体现其核心主张的著作是一个学派所必需的构成因素。作为精神分析学派的创始人，弗洛伊德所写的《梦的解析》等，不仅成为精神分析理论的经典著作，而且影响广泛并波及人文社科研究的众多领域。

其五，学派一般都有一定的依托空间，或是某个地域，或是像大学这样的研究机构，甚至是有着自身学术传统的家族。

学派的历史呈现出交替嬗变的特征，形成了自身发展规律：

其一，学派出现往往暗合了一定时代的历史语境及其"要求"，其学术思想主张因而也具有非常明显的时代性特征。一旦历史条件发生变化，学派的内部分化甚至衰落将不可避免，尽管其思想遗产的影响还会存在相当长的时间。

其二，学派出现与不同学术群体的争论、抗衡及其所形成的思想张力紧密相关，它们之间的"势力"此消彼长，共同勾勒出人类思想史波澜壮阔的画面。某一学派在某一历史时段"得势"，完全可能在另一历史时段"失势"。各领风骚若干年，既是学派本身的宿命，也是人类思想史发展的"大幸"：只有新的学派不断涌现，人类思想才会不断获得更为丰富、多元的发展。

其三，某一学派的形成，其思想主张都不是空穴来风，而有其内在理路。例如，宋明时期陆王心学的出现是对程朱理学的反动，但其思想来源却正是前者；清代乾嘉学派主张朴学，是为了反对陆王心学的空疏无物，但二者之间也建立了内在关联。古希腊思想作为欧洲思想发展的源头,使后来西方思想史的演进,几乎都可看作是对它的解释与演绎,"西方哲学史都是对柏拉图思想的演绎"的极端说法,却也说出了部分的真实。

其四,强调内在理路,并不意味着对学派出现的外部条件重要性的否定;恰恰相反,外部条件有时对于学派的出现是至关重要的。政治的开明、社会经济的发展、科学技术的进步、交通的发达、移民的汇聚等,都是促成学派产生的重要因素。名震一时的扬州学派,就直接得益于富甲一方的扬州经济与悠久而发达的文化传统。综观中国学派出现最多的明清时期,无论是程朱理学、陆王心学,还是清代的吴学、皖学、扬州学派、浙东学派,无一例外都是地处江南(尤其是江浙地区)经济、文化、交通异常发达之地,这构成了学术流派得以出现的外部环境。

学派有大小之分,一些大学派又分为许多派别。学派影响越大分支也就越多,使得派中有派,形成一个学派内部、学派之间相互切磋与抗衡的学术群落,这可以说是纷纭繁复的学派现象的一个基本特点。尽管学派有大小之分,但在人类文明进程中发挥的作用却各不相同,有积极作用,也有消极作用。如,法国百科全书派破除中世纪以来的宗教迷信和教会黑暗势力的统治,成为启蒙主义的前沿阵地与坚强堡垒;罗马俱乐部提出的"增长的极限""零增长"等理论,对后来的可持续发展、协调发展、绿色发展等理论与实践,以及联合国通过的一些决议,都产生了积极影响;而德国人文地理学家弗里德里希·拉采尔所创立的人类地理学理论,宣称国家为了生存必须不断扩充地域、争夺生存空间,后来为法西斯主义所利用,起了相当大的消极作用。

学派的出现与繁荣,预示着一个国家进入思想活跃的文化大发展时期。被司马迁盛赞为"盛处士之游,壮学者之居"的稷下学宫,之所以能成为著名的稷下学派之诞生地、战国时期百家争鸣的主要场所与最负盛名的文化中心,重要原因就是众多学术流派都活跃在稷门之下,各自的理论背景和学术主张尽管各有不同,却相映成趣,从而造就了稷下学派思想多元化的格局。这种"百氏争鸣、九流并列、各尊所闻、各行所知"的包容、宽松、自由的学术气氛，不仅推动了社会文化的进步，而且也引发了后世学者争论不休的话题，中国古代思想在这里得到了极大发展，迎来了中国思想文化史上的黄金时代。而从秦朝的"焚书坑儒"到汉代的"独尊儒术"，百家争鸣局面便不复存在，思想禁锢必然导致学派衰落，国家文化发展也必将受到极大的制约与影响。

深圳的追求

在中国打破思想的禁锢和改革开放40多年，面对百年未有之大变局的历史背景下，随着中国经济的高速发展以及在国际上的和平崛起，中华民族伟大复兴的中国梦正在进行。文化是立国之根本，伟大的复兴需要伟大的文化。树立高度的文化自觉，促进文化大发展大繁荣，加快建设文化强国，中华文化的伟大复兴梦想正在逐步实现。可以预期的是，中国的学术文化走向进一步繁荣的过程中，将逐步构建中国特色哲学社会科学学科体系、学术体系和话语体系，在世界舞台上展现"学术中的中国"。

从20世纪70年代末真理标准问题的大讨论，到人生观、文化观的大讨论，再到90年代以来的人文精神大讨论，以及近年来各种思潮的争论，凡此种种新思想、新文化，已然展现出这个时代在百家争鸣中的思想解放历程。在与日俱新的文化转型中，探索与矫正的交替进行和反复推进，使学风日盛、文化昌明，在很多学科领域都出现了彼此论争和公开对话，促成着各有特色的学术阵营的形成与发展。

一个文化强国的崛起离不开学术文化建设，一座高品位文化城市的打造同样也离不开学术文化发展。学术文化是一座城市最内在的精神生活，是城市智慧的积淀，是城市理性发展的向导，是文化创造力的基础和源泉。学术是不是昌明和发达，决定了城市的定位、影响力和辐射力，甚至决定了城市的发展走向和后劲。城市因文化而有内涵，文化因学术而有品位，学术文化已成为现代城市智慧、思想和精神高度的标志和"灯塔"。

凡工商发达之处，必文化兴盛之地。深圳作为我国改革开放的"窗口"和"排头兵"，是一个商业极为发达、市场化程度很高的城市，移民社会特征突出、创新包容氛围浓厚、民主平等思想活跃、信息交流的"桥头堡"地位明显，形成了开放多元、兼容并蓄、创新创意、现代时尚的城市文化特征，具备形成学派的社会条件。在创造工业化、城市化、现代化发展奇迹的同时，深圳也创造了文化跨越式发展的奇迹。文化的发展既引领着深圳的改革开放和现代化进程，激励着特区建设者艰苦创业，也丰富了广大市民的生活，提升了城市品位。

如果说之前的城市文化还处于自发性的积累期，那么进入新世纪以来，深圳文化发展则日益进入文化自觉的新阶段：创新文化发展理念，实施"文化立市"战略，推动"文化强市"建设，提升文化软实力，争当全国文化改革发展"领头羊"。自2003年以来，深圳文化发展亮点纷呈、硕果累累：荣获联合国教科文组织"设计之都""全球全民阅读典范城市"称号，被国际知识界评为"杰出的发展中的知识城市"，连续多次荣获"全国文明城市"称号，屡次被评为"全国文化体制改革先进地区"，"深圳十大观念""新时代深圳精神"影响全国，《走向复兴》《我们的信念》《中国之梦》《永远的小平》《迎风飘扬的旗》《命运》等精品走向全国，深圳读书月、市民文化大讲堂、关爱行动、创意十二月、文化惠民等品牌引导市民追求真善美，图书馆之城、钢琴之城、设计之都等"两城一都"高品位文化城市正成为现实。

城市的最终意义在于文化。在特区发展中，"文化"的地位正发生着巨大而悄然的变化。这种变化不仅在于大批文化设施的兴建、各类文化活动的开展与文化消费市场的繁荣，还在于整个城市文化地理和文化态度的改变，城市发展思路由"经济深圳"向"文化深圳"转变。这一切都源于文化自觉意识的逐渐苏醒与复活。文化自觉意味着文化上的成熟，未来深圳的发展，将因文化自觉意识的强化而获得新的发展路径与可能。

与国内外一些城市比起来，历史文化底蕴不够深厚、文化生态不够完善等仍是深圳文化发展中的弱点，特别是学术文化的滞后。近年来，深圳在学术文化上的反思与追求，从另一个层面构成了文化自觉的逻辑起点与外在表征。显然，文化自觉是学术反思的扩展与深化，从学术反思到文化自觉，再到文化自信、自强，无疑是文化主体意识不断深化乃至确立的过程。大到一个国家和小到一座城市的文化发展皆是如此。

从世界范围看，伦敦、巴黎、纽约等先进城市不仅云集大师级的学术人才，而且有活跃的学术机构、富有影响的学术成果和浓烈的学术氛围，正是学术文化的繁盛才使它们成为世界性文化中心。可以说，学术文化发达与否，是国际化城市不可或缺的指标，并将最终决定一个城市在全球化浪潮中的文化地位。城市发展必须在学术文化层面有所积累和突破，否则就缺少根基，缺少理念层面的影响，缺少自我反省的能力，就不会有强大的辐射力，即使有一定的辐射力，其影响也只是停留于表面。强大而繁荣的学术文化，将最终确立一种文化类型的主导地位和城市的文化声誉。

深圳正在抢抓粤港澳大湾区和先行示范区"双区"驱动，经济特区和先行示范区"双区"叠加的历史机遇，努力塑造社会主义文化繁荣兴盛的现代城市文明。近年来，深圳在实施"文化立市"战略、建设"文化强市"过程中鲜明提出：大力倡导和建设创新型、智慧型、包容型城市主流文化，并将其作为城市精神的主轴以及未来文化发展的明确导向和基本定位。其中，智慧型城市文化就是以追求知识和理性为旨归，人文气息浓郁，学术文化繁荣，智慧产出能力较强，学习型、知识型城市建设成效卓著。深圳要大力弘扬粤港澳大湾区人文精神，建设区域文化中心城市和彰显国家文化软实力的现代文明之城，建成有国际影响力的智慧之城，学术文化建设是其最坚硬的内核。

经过40多年的积累，深圳学术文化建设初具气象，一批重要学科确立，大批学术成果问世，众多学科带头人涌现。在中国特色社会主义理论、先行示范区和经济特区研究、粤港澳大湾区、文化发展、城市化等研究领域产生了一定影响；学术文化氛围已然形成，在国内较早创办以城市命名的"深圳学术年会"，举办了"世界知识城市峰会"等一系列理论研讨会。尤其是《深圳十大观念》等著作的出版，更是对城市人文精神的高度总结和提升，彰显和深化了深圳学术文化和理论创新的价值意义。这些创新成果为坚定文化自信贡献了学术力量。

而"深圳学派"的鲜明提出，更是寄托了深圳学人的学术理想和学术追求。1996 年最早提出"深圳学派"的构想；2010 年《深圳市委市政府关于全面提升文化软实力的意见》将"推动'深圳学派'建设"载入官方文件；2012 年《关于深入实施文化立市战略建设文化强市的决定》明确提出"积极打造'深圳学派'"；2013 年出台实施《"深圳学派"建设推进方案》。一个开风气之先、引领思想潮流的"深圳学派"正在酝酿、构建之中，学术文化的春天正向这座城市走来。

"深圳学派"概念的提出，是中华文化伟大复兴和深圳高质量发展的重要组成部分。树起这面旗帜，目的是激励深圳学人为自己的学术梦想而努力，昭示这座城市尊重学人、尊重学术创作的成果、尊重所有的文化创意。这是深圳 40 多年发展文化自觉和文化自信的表现，更是深圳文化流动的结果。因为只有各种文化充分流动碰撞，形成争鸣局面，才能形成丰富的思想土壤，为"深圳学派"形成创造条件。

深圳学派的宗旨

构建"深圳学派"，表明深圳不甘于成为一般性城市，也不甘于仅在世俗文化层面上做点影响，而是要面向未来中华文明复兴的伟大理想，提升对中国文化转型的理论阐释能力。"深圳学派"从名称上看，是地域性的，体现城市个性和地缘特征；从内涵上看，是问题性的，反映深圳在前沿探索中遇到的主要问题；从来源上看，"深圳学派"没有明确的师承关系，易形成兼容并蓄、开放择优的学术风格。因而，"深圳学派"建设的宗旨是"全球视野，民族立场，时代精神，深圳表达"。它浓缩了深圳学术文化建设的时空定位，反映了对学界自身经纬坐标的全面审视和深入理解，体现了城市学术文化建设的总体要求和基本特色。

一是"全球视野"：反映了文化流动、文化选择的内在要求，体现了深圳学术文化的开放、流动、包容特色。它强调要树立世界眼光，尊重学术文化发展内在规律，贯彻学术文化转型、流动与选择辩证统一的内在要求，坚持"走出去"与"请进来"相结合，推动深圳与国内外先进学术文化不断交流、碰撞、融合，保持旺盛活力，构建开放、包容、创新的深圳学术文化。

文化的生命力在于流动，任何兴旺发达的城市和地区一定是流动文化最活跃、最激烈碰撞的地区，而没有流动文化或流动文化很少光顾的地区，一定是落后的地区。文化的流动不断催生着文化的分解和融合，推动着文化新旧形式的转换。在文化探索过程中，唯一需要坚持的就是敞开眼界、兼容并蓄、海纳百川，尊重不同文化的存在和发展，推动多元文化的融合发展。中国近现代史的经验反复证明，闭关锁国的文化是窒息的文化，对外开放的文化才是充满生机活力的文化。学术文化也是如此，只有体现"全球视野"，才能融入全球思想和话语体系。因此，"深圳学派"的研究对象不是局限于一国、一城、一地，而是在全球化背景下，密切关注国际学术前沿问题，并把中国尤其是深圳的改革发展置于人类社会变革和文化变迁的大背景下加以研究，具有宽广的国际视野和鲜明的民族特色，体现开放性甚至是国际化特色，融合跨学科的交叉和开放，提高深圳改革创新思想的国际影响力，向世界传播中国思想。

二是"民族立场"：反映了深圳学术文化的代表性，体现了深圳在国家战略中的重要地位。它强调要从国家和民族未来发展的战略出发，树立深圳维护国家和民族文化主权的高度责任感、使命感、紧迫感。加快发展和繁荣学术文化，融通马克思主义、中华优秀传统文化和国外学术文化资源，尽快使深圳在学术文化领域跻身全球先进城市行列，早日占领学术文化制高点。推动国家民族文化昌盛，助力中华民族早日实现伟大复兴。

任何一个大国的崛起，不仅伴随经济的强盛，而且伴随文化的昌盛。文化昌盛的一个核心就是学术思想的精彩绽放。学术的制高点，是民族尊严的标杆，是国家文化主权的脊梁骨；只有占领学术制高点，才能有效抵抗文化霸权。当前，中国的和平崛起已成为世界的最热门话题之一，中国已经成为世界第二大经济体，发展速度为世界刮目相看。但我们必须清醒地看到，在学术上，我们还远未进入世界前列，特别是还没有实现与第二大经济体相称的世界文化强国的地位。这样的学术境地不禁使我们扪心自问，如果思想学术得不到世界仰慕，中华民族何以实现伟大复兴？在这个意义上，深圳和全国其他地方一样，学术都是短板，理论研究不能很好地解读实践、总结经验。而深圳作为"全国改革开放的一面旗帜"，肩负了为国家、为民族文化发展探路的光荣使命，尤感责任重大。深圳这块沃土孕育了许多前沿、新生事物，为学术研究提供了丰富的现实素材，但是学派的学术立场不能仅限于一隅，而应站在全国、全民族的高度，探索新理论解读这些新实践、新经验，为繁荣中国学术、发展中国理论贡献深圳篇章。

三是"时代精神"：反映了深圳学术文化的基本品格，体现了深圳学术发展的主要优势。它强调要发扬深圳一贯的"敢为天下先"的精神，突出创新性，强化学术攻关意识，按照解放思想、实事求是、求真务实、开拓创新的总要求，着眼人类发展重大前沿问题，聚焦新时代新发展阶段的重大理论和实践问题，特别是重大战略问题、复杂问题、疑难问题，着力创造学术文化新成果，以新思想、新观点、新理论、新方法、新体系引领时代学术文化思潮，打造具有深圳风格的理论学派。

党的十八大提出了完整的社会主义核心价值观，这是当今中国时代精神的最权威、最凝练表达，是中华民族走向复兴的兴国之魂，是中国梦的核心和鲜明底色，也应该成为"深圳学派"进行研究和探索的价值准则和奋斗方向。其所熔铸的中华民族生生不息的家国情怀，无数仁人志士为之奋斗的伟大目标和每个中国人对幸福生活的向往，是"深圳学派"的思想之源和动力之源。

创新，是时代精神的集中表现，也是深圳这座先锋城市的第一标志。深圳的文化创新包含了观念创新，利用移民城市的优势，激发思想的力量，产生了一批引领时代发展的深圳观念；手段创新，通过技术手段创新文化发展模式，形成了"文化+科技""文化+金融""文化+旅游""文化+创意"等新型文化业态；内容创新，以"内容为王"提升文化产品和服务的价值，诞生了华强文化科技、腾讯、华侨城等一大批具有强大生命力的文化企业，形成了文博会、读书月等一大批文化品牌；制度创新，充分发挥市场的作用、不断创新体制机制，激发全社会的文化创造活力，从根本上提升城市文化的竞争力。"深圳学派"建设也应体现出强烈的时代精神，在学术课题、学术群体、学术资源、学术机制、学术环境方面迸发出崇尚创新、提倡包容、敢于担当的活力。"深圳学派"需要阐述和回答的是中国改革发展的现实问题，要为改革开放的伟大实践立论、立言，对时代发展作出富有特色的理论阐述。它以弘扬和表达时代精神为己任，以理论创新、知识创新、方法创新为基本追求，有着明确的文化理念和价值追求，不局限于某一学科领域的考据和论证，而要充分发挥深圳创新文化的客观优势，多视角、多维度、全方位地研究改革发展中的现实问题。

四是"深圳表达"：反映了深圳学术文化的个性和原创性，体现了深圳使命的文化担当。它强调关注现实需要和问题，立足深圳实际，着眼思想解放、提倡学术争鸣，注重学术个性、鼓励学术原创，在坚持马克思主义的指导下，敢于并善于用深圳视角研究重大前沿问题，用深圳话语表达原创性学术思想，用深圳体系发表个性化学术理论，构建具有深圳风格和气派的话语体系，形成具有创造性、开放性和发展活力的理论。

称为"学派"就必然有自己的个性、原创性，成一家之言，勇于创新、大胆超越，切忌人云亦云、没有反响。一般来说，学派的诞生都伴随着论争，在论争中学派的观点才能凸显出来，才能划出自己的阵营和边际，形成独此一家、与众不同的影响。"深圳学派"依托的是改革开放前沿，有着得天独厚的文化环境和文化氛围，因此不是一般地标新立异，也不会跟在别人后面，重复别人的研究课题和学术话语，而是要以改革创新实践中的现实问题研究作为理论创新的立足点，作出特色鲜明的理论表述，发出与众不同的声音，充分展现深圳学者的理论勇气和思想活力。当然，"深圳学派"要把深圳的物质文明、精神文明和制度文明作为重要的研究对象，但不等于言必深圳，只囿于深圳的格局。思想无禁区、学术无边界，"深圳学派"应以开放心态面对所有学人，严谨执着，放胆争鸣，穷通真理。

狭义的"深圳学派"属于学术派别，当然要以学术研究为重要内容；而广义的"深圳学派"可看成"文化派别"，体现深圳作为改革开放前沿阵地的地域文化特色，因此除了学术研究，还包含文学、美术、音乐、设计创意等各种流派。从这个意义上说，"深圳学派"尊重所有的学术创作成果，尊重所有的文化创意，不仅是哲学社会科学，还包括自然科学、文学艺术等，应涵盖多种学科，形成丰富的学派学科体系，用学术续写更多"春天的故事"。

"寄言燕雀莫相唼，自有云霄万里高。"学术文化是文化的核心，决定着文化的质量、厚度和发言权。我们坚信，在建设文化强国、实现文化复兴的进程中，植根于中华文明深厚沃土、立足于特区改革开放伟大实践、融汇于时代潮流的"深圳学派"，一定能早日结出硕果，绽放出盎然生机！

作于 2016 年 3 月
更于 2021 年 6 月

目　录

绪　论 …………………………………………………………（1）

第一章　劳动法语境中的工资界定 ………………………（11）
第一节　中国劳动法律规范体系之工资定义 ……………（11）
第二节　劳动法上的工资认定与劳动关系 ………………（30）

第二章　工资契约自由与管制 ……………………………（48）
第一节　工资契约管制之理论基础 ………………………（48）
第二节　工资契约自由的劳动法管制 ……………………（54）

第三章　工资权界定及理论根源 …………………………（62）
第一节　工资权的界定 ……………………………………（62）
第二节　工资权的理论基础 ………………………………（71）

第四章　工资请求权基础体系 ……………………………（87）
第一节　工资请求权一般理论 ……………………………（87）
第二节　无过错劳动给付障碍与工资请求权 ……………（109）

第五章　用人单位无偿债能力情况下工资权的特殊保护 …（138）
第一节　工资优先权保护 …………………………………（138）
第二节　工资权的特殊担保 ………………………………（161）

第六章 工资权的劳动行政救济 （191）
第一节 劳动监察的定位 （191）
第二节 劳动监察救济之法制基础 （195）
第三节 工资权劳动监察救济困境及突破 （199）

第七章 工资权的司法救济 （210）
第一节 中国工资权司法救济程序选择及其特殊性 （210）
第二节 中国工资权司法救济特殊程序保障 （217）
第三节 工资权争议证明责任分配 （234）

参考文献 （254）

后 记 （275）

绪　　论

一　背景和意义

工资是企业经营的重要人工成本，是劳动就业的重要回报以及劳动者家庭生活的主要经济来源。在订立劳动合同和劳动管理过程中，工资都是最重要和最核心的事项和条件。社会主义市场经济的建立和完善推动了劳动用工的市场化，在劳动保障法律制度尚未完善的情况下，拖欠工资现象屡禁不绝，成为劳动关系不和谐的主要因素，阻碍了经济发展和社会进步。劳动报酬争议是劳动争议的主要类型，且时常居于案件数量之首。因工资拖欠引发的群体性事件亦不少见。随着市场经济体制深入发展，劳动者诉求不再限于追偿拖欠工资，而是扩大到工资增长。针对工资水平过低、增长过慢的问题，劳动者开始通过群体性停工、怠工等行动要求"集体涨工资"，进一步增加了劳动关系的不和谐因素。《中共中央 国务院关于构建和谐劳动关系的意见》（中发〔2015〕10号）将和谐劳动关系构建提高到事关经济发展与社会进步的高度，同时，强调劳动关系是否和谐直接关系到政权稳定。2018年10月，总书记在中央政治局会议上强调，做好冬季各项民生工作，必须"保障农民工工资及时足额发放"。2019年3月5日，李克强总理在第十三届全国人民代表大会第二次会议的工作报告上，再次明确提出"要根治拖欠农民工工资问题"。应该说，构建和谐劳动关系的关键在于保障劳动者工资权。

我国颁布实施了《中华人民共和国劳动法》《中华人民共和国劳动合同法》《中华人民共和国就业促进法》《中华人民共和国劳动争议调解仲裁法》《中华人民共和国职业病防治法》《中华人民共和

国安全生产法》《中华人民共和国社会保险法》等诸多劳动法律，但是迟迟没有出台工资、工时等劳动基准法。工资、工时等劳动基准立法必然是未来劳动立法的重中之重。目前我国主要依据原劳动部颁布的《工资支付暂行规定》来规范用人单位工资支付行为，维护劳动者工资报酬权。但其颁布于1994年12月，已经远远不能适应现代市场经济工资支付保障的客观需求。《工资支付暂行规定》的条款过于原则，引发诸多适用上的歧义，同时，系统性和长效性的工资支付保障机制尚未建立。拖欠工资现象屡禁不绝，建筑工程领域更是欠薪的"重灾区"。劳动和社会保障部、建设部联合制定《建筑领域农民工工资支付管理暂行规定》（2004年）以规范建筑领域农民工工资支付行为，预防和解决建筑领域农民工工资拖欠问题。2019年12月4日国务院第73次常务会议通过《保障农民工工资支付条例》（中华人民共和国国务院令724号），并于2020年5月施行。该条例专门针对农民工工资权保障进行规定。然而该条例仅限于保障"为用人单位提供劳动的农村居民"，而不适用于城镇户籍劳动者，局限性太大。在工资权保障上，侧重于建筑领域农民工工资权保障，但对于引发工资争议的基本问题，如"工资"定义、困难企业偿债不能时的工资保障、劳动给付不能时的工资续付义务等，都没有涉及。

我国应在原有的工资权保障立法基础上，通过系统与深入地研究工资法相关理论以弥补我国工资法律基础理论研究的相对不足，丰富我国劳动法理论。正确把握我国工资权保障的特殊性，观察和总结地方经验和司法实践，研究符合国情的工资权法律保障机制和体系，为未来工资立法提供借鉴和支持。

二 研究现状及不足

以马克思等为代表的劳动价值论认为利润和工资冲突，劳动关系对抗不可避免；以 W. S. 杰文斯等为代表的效用价值论认为利润和工资各得其所，劳动关系天然和谐。西方国家历经了个别、集体到社会（劳资集体谈判与政府干预工资）决定工资三个阶段。20世纪中叶，主要市场经济国家（地区）就有了比较体系化的工资立法。国外（地区）学者在 20 世纪五六十年代开始对工资权理论、工资决定机制和工资保障机制进行研究，进而深入年金的工资性[1]、休假与工资续付原则等诸多领域，硕果累累。例如，在工资权理论上，认为工资权具有生存权属性，最低工资应保障健康且文化性的最低限度生活[2]；在工资决定机制上，有强调基于反歧视的同值同酬原则的[3]，有建构为实现公平议价的劳资共同决定机制[4]；在工资保障机制上，有德国工资支付的雇主风险理论[5]、工资债权履行的确保制度（包括劳动基准法上的强制履行、民商法上工资先取特权、倒闭企业工资债权破产法保护、欠薪垫付）等。[6]

我国经济学者集中于工资决定机制研究。董克用、陆铭等教授认为国有企业与非国有企业的工资确定机制呈双轨制特点。[7][8] 社会学侧重研究我国工资在收入分配中的比例及其对社会的影响。法学学者则侧重于工资法律界定及工资权的研究。我国台湾地区对工资法律研究较大陆成熟，主要集中于台湾地区劳动基准法上的工资定义[9]、工资支付规则[10]、工资续付义务[11]、工资请求权及给付义务[12]、积欠工资垫偿制度[13]等。虽然，我国大陆的学者也开始关注工资的研究，但相对于劳动法其他具体制度研究明显薄弱。在破产法制定前后，工资债权的优先性引发了民商法学者与劳动法学者的争议，

---

[1] ［日］荒木尚志：《日本劳动法》，李坤刚等译，北京大学出版社 2010 年版。
[2] ［日］大须贺明：《生存权论》，林浩译，法律出版社 2001 年版。
[3] Michael Dugga, *Equal Pay: Law and Practice*, Jordan Publishing Limited, 2009.
[4] ［德］拉德布鲁赫：《法学导论》，米健译，中国大百科全书出版社 1997 年版。
[5] ［德］雷蒙德·瓦尔特曼：《德国劳动法》，沈建峰译，法律出版社 2014 年版。
[6] 菅野和夫，『労働法 10 版』，东京：弘文堂，2012。
[7] 董克用：《中国转轨时期薪酬问题研究》，中国劳动社会保障出版社 2003 年版。
[8] 陆铭：《工资、就业的议价：理论及中国二元就业体制的效率考察》，上海人民出版社 2003 年版。
[9] 陈建文：《劳动基准法工资定义争议问题的再思考》，（中国台湾）《台北大学法学论丛》2009 年第 70 期。
[10] 刘志鹏：《劳动法理论与判决研究》，中国台湾：元照出版公司 2002 年版。
[11] 黄越钦：《劳动法新论》，中国政法大学出版社 2003 年版。
[12] 林更盛：《劳动法案例研究（一）》，中国台湾：翰芦图书出版有限公司 2002 年版。
[13] 刘世豪：《台湾地区积欠工资垫偿制度的分析》，载周永坤主编《东吴法学（2006 年秋季卷）》，法律出版社 2007 年版。

存在一般债权性优先①和物权性优先②两种不同观点。前者优先于一般债权，后者则是绝对优先权。借鉴欠薪垫付制度的研究，有学者认为应建立欠薪保障基金应对困难企业工资支付难题。③笔者进一步从工资风险社会化角度论证了工资特殊担保机制的必要性和合理性。④目前，工资支付保障方面的专著有《欠薪保障法律制度研究》（周贤日，2011）、《中国工资支付保障立法研究》（刘军胜，2014）、《工资支付法律保障法律问题研究》（胡玉浪，2015）。三本专著的侧重点各不相同，周贤日侧重于实证分析，以港台为研究样本，重在欠薪保障基金的研究和立法建议。刘军胜侧重工资支付现行规范分析、评估和立法建议。胡玉浪参考台湾地区研究和立法，侧重于具体情形下的工资支付问题分析。劳动法上有关工资的用语非常混乱，国务院法制办曾委托专家组进行《劳动合同法草案研究》课题研究时专门设置了子课题《劳动法中的"工资""劳动报酬"概念研究》。笔者作为课题负责人，完成《〈劳动合同法（草案）〉中工资定义及构成部分研究报告》，在此基础上撰写发表《劳动法上工资概念之研究》《劳动法上工资之认定》。之后，有学者提出工资对价理论是一个假命题，应该遵循关系正义理论发展出"对等决定劳动条件""权利不得滥用"原则，重新构想工资概念的观点。⑤有学者则认为应该从我国工资总额构成转化为工资定义的形式要素和工资内容的逻辑结构，实现对价观念与具体认定标准的统一。⑥

学界关于工资权理论研究明显不足，主要表现为以下几个方面。（1）法学概念研究存在分歧。如前所述，关于工资定义研究中，到底遵循何种理论？在界定工资时是否完全否定劳动对价理论是有争

---

① 王利明：《关于担保物权与劳动债权的关系》，《法学家》2005 年第 2 期。
② 于海涌：《法国工资权优先制度研究——兼论我国工资保护制度的完善》，《中山大学学报》（社会科学版）2006 年第 1 期。
③ 张学良：《国外企业欠薪保障制度及其对我国的借鉴》，《当代经济管理》2006 年第 4 期。
④ 侯玲玲：《比较法视野下倒闭企业工资风险分担机制研究》，《法商研究》2015 年第 2 期。
⑤ 曹燕：《劳动法中工资概念的反思与重构》，《法学家》2011 年第 4 期。
⑥ 李海明：《从工资构成到工资定义：观念转换与定义重构》，《法律科学》2013 年第 5 期。

议的。工资法定概念与劳动报酬概念关系如何？争议颇大，有观点认为劳动报酬应是劳动法的上位概念，适用范围比工资宽泛，趋势上取代工资；有观点认为，工资与劳动报酬同义；也有观点认为，劳动报酬属于雇佣法中的概念，工资属于劳动法中的概念。（2）工资权体系构成研究存在分歧。根据胡玉浪教授的梳理，学界关于工资权体系就有以下学说：①①二元说，即请求权和支配权。②三元说，即谈判权、支配权和请求权；或劳动报酬谈判权、劳动报酬请求权和劳动报酬优先权。③四元说，即取得权、支配权、保障权、参与分配权。学说分歧凸显了学界对工资权理论研究的不足，即工资权到底是什么性质的权利：公权或私权？个人权利或集体权？请求权和支配权的二元学说立足于工资权的私权和个人权利属性，三元说和四元说，将工资权定位为公私权属性，即除了劳动者个人的工资请求权和工资支配权外，还有基于集体劳动关系的集体工资谈判权，及公法规定产生的保障权（最低工资保障权）和参与分配权（通过立法参与企业工资分配权）。那么，工资权的权利属性究竟如何，其权利体系构成如何？（3）工资权保障制度创新缺乏理论支持，例如欠薪保障机制理论研究不足，导致诸如工资保障金、欠薪垫付基金等地方实践的理论支持不足，如深圳市就有人大代表质疑深圳市欠薪垫付基金制度的合法性和合理性，要求取消该工资支付保障制度。由此可见，由于工资权理论研究不足，我国工资权法律保障制度的系统构建一直裹足不前。

此外，现有工资权研究的国际化视角不足，全球已经有很多国家（地区）建立了工资权的担保机制，欠薪保障基金制度仅是其中一种模式，有待于进一步的比较研究。

三 研究框架和基本思路

全书除绪论外，共七章，围绕工资权理论及其法律保障展开。本书主要内容可分为：劳动法语境中的工资界定、工资契约自由与管制、工资权界定及理论根源、工资请求权基础体系、用人单位偿

---

① 胡玉浪：《劳动报酬权研究》，博士学位论文，厦门大学，2007年，第17—18页。

债不能情况下工资权的特殊保护、工资权的劳动行政救济和工资权的司法救济。基本思路和脉络如下。

（1）劳动法上的工资界定是研究的起点。我国劳动法未对"工资"予以定义，在相关条文出现若干与工资相关的概念，如劳动报酬、工资、工资报酬等，引发了理论与实务的争议。如果不厘清劳动法上的工资概念，所谓工资权保护的内容也无从确定。工资与其他劳动报酬区分的根本标志是劳动关系，劳动法上的工资是劳动者基于劳动关系所获得的劳动报酬，包括劳动给付的对价工资和基于具有社会政策内涵之法定给付的无对价工资。不同制度中的工资定义应有所不同。

（2）契约自由之假设前提是平等。劳动关系双方天然不平等，劳动力市场中的契约自由难以实现。劳动力市场中存在工资分配不公、工资议价信息偏在、工资外部负效应等市场失灵，需要国家管制。历史事实足以证明，工资干预应该是解决社会问题和政治危机的不得已选择。工资的管制和自治充斥劳动法领域之全部，造就着紧张或和谐的劳动关系，如何抉择，不仅是我国的难题，也是国际难题。管制工资契约自由的方式有劳动强制法、集体劳动法上的规范合同以及司法衡平控制三种，旨在促使劳动者获得公平工资以及确保工资债权之实现。经济全球化会对国家管制劳动力市场带来压力，如何通过税收等财政政策提高国内工资水平和消费力，降低企业生产成本和提高企业国际竞争力，是我国宏观调控政策应为之举。工资契约和国家工资强制法是工资权产生的依据。

（3）工资权的界定和理论根源是工资权研究的重要基础。工资权是法律赋予劳动者对工资具有或可发生一定的请求权。劳动强制法和集体劳动法上的规范合同对工资合同的干预转为工资合同的条款，成为私法上的权利义务。因而，劳动法上工资权是私法中的私权。同时工资权是个别劳动关系法上的个人权利，劳动者个人并不享有工资集体谈判权，劳动者行使团结权所形成的组织（主要是工会）才是工资集体谈判权的权利主体。具有合法权限的劳动者团体通过集体谈判与雇主及雇主团体签订集体合同，其中关于工资的条款直接影响着劳动者个人工资权的形成。工资权是一种财产性权利，作为合同之债权的理论基础是对价理论，只是因为劳动关系的特殊性，工资债权不同于一般财产权，有其特殊性。工资是近代社会以来大部分劳动者获得收入的主要来源，对于人格尊严的实现具有重要意义。① 其承载了实现受雇劳动者诸多重要权利之功能，具有人权属性。

（4）"工资给付"与"劳动给付"为劳动合同两项"主给付"义务。劳动者依据劳动合同享有工资债权。工资给付请求权是为实现工资债权所延伸出来的关于工资债权之行使或保护的权利。基于劳动法社会保护之取向，工资请求权具有不同于民法债权请求权之特点。② 工资请求权保障，不同于一般债权请求权的保障，除了一般的民法保护外，还有劳动法、民商事法、社会法、程序法等的特殊保护，构成工资债权请求权之保护系统。工资请求权分为给付请求权和次契约请求权。用人单位不履行工资债务时，劳动者享有对劳动给付请求的抗辩权。除了民法上延迟受领产生的劳动给付障碍时的劳动者工资请求权，为了保护劳动者及其家庭成员的生存权，③ 劳动法规定了多种无过错劳动给付障碍时的用人单位工资续付义务，即免除了劳动者劳动给付义务，突破了劳动对价理论，形成了特殊的工资请求权。

（5）不仅有劳动法上保护工资请求权的一般规则，还应该在用人单位偿债不能情况下对劳动者工资权予以特殊保护，主要有：①工资优先权。用人单位资不抵债时，涉及债权分配问题。优先权是基于特定公共政策选择而对特定债权的保护。工资的人权属性以及对和谐劳动关系的重要影响，使得工资优先权非常必要。现行的优先权制度下，企业资不抵债时劳动者工资债权难以实现，也不利于保护普通债权人。我国应比较并借鉴国外优先权的制度设计，结合我国特有的现实需求，在破产企业偿债不能时，重视对工资债权的

---

① 胡玉浪：《劳动报酬权研究》，博士学位论文，厦门大学，2007 年，第 34—36 页。

② 高野敏春．"賃金の意義．賃金をめぐる法の対応と賃金請求権"．國士舘法學 51（2018）：63-83．

③ 薄木公平．"権利としての生存権—生活保護法改正から考える—"．豊岡短期大学論集 = Bulletin of Toyooka Junior College 15（2019）：147-156．

优先保护，赋予部分工资债权超级优先权并予以限制，以实现工资债权与其他债权的平衡保障。同时，应对非破产程序中的工资优先权予以明确规定，以保障劳动者及其家庭的最低生活。②特殊工资担保机制。企业资不抵债时，劳动法保护、刑法保护、优先权保护等都有可能落空。从工资风险社会化理论出发，企业亏损导致工资支付不能的风险应作为一种社会风险予以分担，引入社会安全机制构建工资安全保障机制。一些国家或地区构建了不同类型的特殊工资担保机制，与破产法一并构成了偿债不能企业的工资支付保障体系，并在破产企业重整计划中起着尤其重要的作用。我国地方政府开始尝试建立工资支付担保机制，以应对企业倒闭大规模欠薪风险。我国未来工资立法应借鉴域外经验，立足于我国特殊国情，建立欠薪垫付保障基金制度，通过积欠工资有限垫付，分担劳动者工资风险，保护工资债权。

（6）工资权的劳动行政救济。通过劳动监察的劳动行政权力监督劳动法规实施是一种事实上必需的国家干预责任。从劳动者角度出发，司法诉讼通常需要较长的一段时间，在此期间可能形成或扩大了既成损害事实，劳动者通过劳动行政权力寻求救济，能够更加迅速地解决问题，使工资权利得以尽快实现。但是，有限的劳动监察执法力量、执法权力严重限制了其在工资救济中发挥的作用，导致大量工资争议只能进入劳动仲裁委员会和法院。原本劳动标准执行的案件周期过长，工资权得不到及时保障，应通过提高劳动监察的地位和执法水平、赋予劳动监察相当行政强制措施以及完善劳动行政处罚制度来强化工资权救济中劳动保障监察的作用。

（7）工资权的司法救济。司法权救济为工资权救济的最后一道屏障。我国现有"一裁两审"的劳动争议处理为我国特有的司法权救济程序。所提倡的"裁审衔接"实际上就是将劳动争议仲裁与诉讼紧密对接，形成有效处理劳动争议的一个整体，这种衔接紧密的一裁两审与三审终审并无两样。《劳动争议调解仲裁法》规定了不同于诉讼阶段的劳动仲裁阶段的特殊的先予执行和部分先行裁决制度，并创设了独有的一裁终局制度及简易裁决制度，以确保工资权得到及时救济。但实施情况并不理想，未能发挥立法期待之功能。

应通过修改现有法律以完善相关制度。劳动争议中证明责任分配是证明负担的分配，直接关乎案件最后胜败结果和工资权司法救济效果。我国应根据劳动争议当事人具有不平等性和从属性特点，针对规范缺陷和现实理论误区，区分劳动争议主观证明责任和客观证明责任。在规范及修正理论基础上，结合管理权滥用预防需求，明确劳动争议客观证明责任分配规则。通过证明责任减轻等具体证明技术规则予以补充，实现具体个案的实质公正。

四　创新点

（一）理论方面的创新

理论上的创新主要有：（1）劳动法上工资概念之厘清。统一法律概念和明确定义是理论研究的起点，也是减少实务理解分歧的必要。本书理顺劳动报酬概念与工资概念的关系，论证"工资"是劳动法上特定概念，包含真实工资和拟制工资，前者是劳动对价，后者是基于社会保护需要的非劳动对价给付。总则和分则的工资定义应根据立法目的不同予以具体界定。（2）工资契约自由之管制理论。从市场失灵理论和管制理论出发，论证工资契约自由管制是劳动法的历史使命。强制法、集体协议、司法衡平是工资契约自由管制的三种方式。经济全球化严重冲击各国劳动力市场管制。从收入分配理论出发，明确工资分配实质是劳、资、政三方收入分配，国家应通过税收、社会保障等调控方式提高工资水平和降低企业成本，以应对经济全球化竞争。（3）工资权性质为私权和个人权利。劳动者个人不能径直向国家主张公法权利，寻求司法救济，如请求国家制定最低工资。劳动者个人并不享有工资集体谈判权，工资集体谈判权主体是劳动者行使团结权所形成的组织。公法性质的劳动基准法对劳动合同有公法的反射效力和私法转化效力。依据"法规范效力"说，集体合同有类似劳动基准法的"双重效力"。劳动基准法和集体合同通过私法转化效力，取代劳动合同无效条款，成为劳动合同内容。劳动者个人依据劳动合同享有工资请求权，并可寻求司法救济。（4）客观对价理论和人权理论是工资权的理论根源。客观对价理论是劳动法上劳动有偿性以及最低工资制度理论基础。

人权理论是国家对工资权特殊法律保护和救济之重要理论基础。其中，劳动给付障碍时的工资续付请求权是对客观对价理论的重要突破。（5）工资社会风险理论及社会安全保障理论的提出。风险理论引入工资权研究，工资风险不仅是现代社会中劳动者个人风险，也是一种社会性风险。经济全球化增加了工资风险广度和深度。社会安全原则应运用于工资风险负担分配。为劳动者建立工资社会安全保护屏障应为我国工资支付保障之政策和立法选择。

（二）具体制度的创新

具体制度主要创新之处在于：（1）工资权制度体系的系统构建。从劳动法上工资概念、工资权界定、工资请求权基础、工资权特殊法律保护、工资权救济等方面系统性构建工资权法律保障制度体系。（2）工资请求权基础和法律机制研究。对工资请求权行使要件和基础、劳动合同确认无效工资请求权、工资债权转让、欠薪损害赔偿请求权、病假和年休假工资续付请求权、用人单位受领延迟时的工资续付请求权等提出若干立法建议。通过对困难小微企业工资续付义务的补偿、以医疗保险转嫁病假工资续付压力和提高病假工资、明确带薪年休假法定基准性质和禁止劳动者休假期间营利活动等措施，以期实现工资续付请求权保护和用人单位利益保护之衡平。（3）构建无偿债能力企业工资支付的特殊保护法律机制。除了劳动法保护外，我国应通过完善工资优先权立法以及建立倒闭企业欠薪垫付机制，应对市场大规模工资给付不能的风险，形成对恶意欠薪和无偿债能力欠薪时劳动者工资请求权特殊法律保护制度体系。（4）优化工资权救济法律机制。改进劳动监察方式，赋予劳动监察执法相当的强制措施，完善欠薪行政处罚制度，强化劳动监察工资执法功能，减少和预防欠薪风险。劳动仲裁和法院审判构成了工资权的大司法救济系统，未来改革趋势是将现行劳动仲裁与法院审理相结合成立劳动法院，制定统一特殊劳动争议处理程序法，以适应工资争议之特点。确立劳动法领域客观证明责任特殊抽象分配原则，并将证明责任减轻技术或方法运用于工资争议领域。

第一章

劳动法语境中的工资界定

第一节 中国劳动法律规范体系之工资定义

我国劳动法并未给出一个明确的"工资"定义。在整个劳动法体系中，与工资相关的用语很多，如"薪酬""劳动报酬""工资""工资报酬""工资收入"等。这些概念在劳动法不同制度及法条中意义并不相同。目前，作为工资外延认定的主要依据依然是1990年国家统计局的《关于工资总额组成的规定》和《关于工资总额组成的规定若干具体范围的解释》。改革开放后的几十年间，我国劳动用工方式发生了巨大变化，即国有企业逐步减少，非国有企业居于劳动用工的主要地位。政府不仅不直接干预非国有企业的工资分配，而且对国有企业工资分配的干预力度也在减弱。基于成本节约之需要和企业人才竞争之需要，市场中企业工资形式越来越多样化，如年终奖、年终双薪、绩效工资等，浮动性、间接性给付以及预留性给付[①]在劳动者劳动报酬构成中所占比例越来越大。近些年，关于企业年金及期权激励等薪酬体系安排在一些公私机构也已开始付诸实践。由于现行法律规定缺乏对劳动法上工资概念的明确界定，形式多样的薪酬结构给司法认定带来了困难，如哪些属于劳动法上工资、加班工资计算基数如何界定等，皆存在很大争议。有必

---

① 如为防止劳动者在劳动合同期满前辞职，用人单位与劳动者约定，劳动者在劳动合同期满时可获得一笔收入，如果劳动者提前辞职，则无权获得此笔收入。有些企业年终奖亦有类似功能。

要就劳动法体系中与工资相关的规定予以分析，以利于劳动法体系中工资之界定。

一　中国劳动法工资概念相关用语梳理及统一

《劳动法》（1994年）所使用与工资有关的术语主要有"劳动报酬"（第3、19、32、33、35条），"工资"（第44条、第五章第46—51条、第91条第1款第1、3项）、"工资报酬"（第44条、第91条第1款第2项）。《劳动合同法》（2007年）则主要有"劳动报酬"（第17条、22条第3款、30条、38条第1款第2项、51条、55条、58条、59条、62条第1款第2项、第72条第74条第1款第5项、85条第1款第1项、93条）、"工资"（第47条、52条、82条、83条、85条第1款第2项）。对比《劳动法》和《劳动合同法》的用语频率，"劳动报酬"的频率明显高于"工资"。我国劳动法并未定义以上概念，实务中，两者极易混淆。必须结合其所在的条文予以分析。

（一）劳动法上的"劳动报酬"[①]

经济学将"劳动报酬"定义为劳动者给付劳动的经济报酬，包括工资和福利两部分，延期支付和实物支付的报酬不属于工资，属于福利。[②] 人力资源管理学用的是"薪酬"，即劳动者为企业付出劳动，企业支付给他们的报酬。薪酬分为货币薪酬和非货币薪酬，前者指企业以货币形式支付的报酬，如基本工资、奖金、各种补贴、津贴等，非货币薪酬是企业以实物、服务或安全保障等形式支付给员工的报酬，多表现为员工福利（employee benefit/welfare）和额外薪酬（fringe compensation）。[③] 无论是经济学"劳动报酬"还是人力资源管理"薪酬"都是"劳动者给付劳动者所获得的报酬"，该概

[①] 侯玲玲：《劳动法上工资概念之研究》，《现代交际》2009年第6期。

[②] 实物支付的福利，如各种带薪假期、全薪公休日、免费或折价工作餐、折价或优惠的商品或服务；延期支付的福利，包括各种保险支付，如退休金、失业保险等。参见［美］伊兰伯格·史密斯《现代劳动经济学——理论与公共政策》（第6版），中国人民大学出版社1999年版，第28—29页；杨河清《劳动经济学》，中国人民大学出版社2002年版，第184—185页。

[③] 文跃然：《薪酬管理原理》，复旦大学出版社2003年版，第3—5页。

念包含了直接支付报酬和间接支付报酬，以及货币支付报酬和非货币支付的报酬。

《劳动法》与《劳动合同法》中所谓的"劳动报酬"从内涵上看，应是与经济学、人力资源管理学有关的"劳动报酬"定义类似，即是劳动者基于劳动力使用权交换所获得的报酬，如《劳动法》第3条规定，劳动者享有取得劳动报酬的权利。有学者认为，《劳动法》上劳动报酬内涵丰富，包括直接和间接支付的酬金。① 然而，《劳动法》第19条、33条以及《劳动合同法》第17条则是将劳动报酬与福利分离，即福利被排除在劳动报酬之外，那么所谓间接支付、非货币支付的报酬等员工福利被排除在《劳动法》上劳动报酬之外。由此可见，《对男女同等价值的工作付予同等报酬公约》（第100号公约）第1条所界定的"报酬"概念外延比我国《劳动法》上"劳动报酬"的概念要宽泛，包括了我国《劳动法》上的"福利"。

（二）《劳动法》上的工资

"工资"（wage）是《劳动法》通用概念。许多国家（地区）的劳动法一般会对"工资"予以界定，以作为工资判断的依据。一旦被认定为"工资"，就是以特殊劳动法保护之债权。而"劳动报酬"仅是作为定义工资的一般表述性词语。如国际劳工组织的《保护工资公约》（第95号）第1条规定，本公约中，"工资"一词系指不论名称或计算方式如何，由一位雇主对另一位受雇者，为其已完成的工作或将要完成的工作或已提供或将要提供的服务，可以货币结算并由共同协议或国家法律或条例予以确定而凭书面或口头雇佣合同支付的报酬或收入。日本《劳动基准法》第11条规定，本法所称工资，系指工资、薪金、津贴、奖金以及任何其他雇主对劳工劳动的报酬，而不管以何种名义支付。

我国《劳动法》没有"工资"定义。"工资"一词在不同规定中定义内涵外延不尽相同。如《劳动法》第44条所用"工资"是

---

① 该学者提出，劳动报酬定义参见《对男女同等价值的工作付予同等报酬公约》（第100号公约）第1条规定，"报酬"一词包括因工人就业而由雇主直接或间接以现金或实物向其支付的常规的，基本或最低的工资或薪金，以及任何附加报酬。参见胡玉浪《劳动报酬权研究》，博士学位论文，厦门大学，2007年，第12页。

用于计算加班报酬之基数。依照该条第1款之规定，这里的"工资"应指"劳动者正常工作时间工资"。《劳动法》第五章"工资"部分所使用的"工资"概念则非常混乱。第46条规定，工资分配应当遵循按劳分配原则，实行同工同酬。那么第46条所谓"工资"，因"同工同酬"的规定，应与第100号公约所谓的"报酬"一词同义。《劳动法》第48条第2款规定，用人单位支付劳动者的工资不得低于当地最低工资标准。根据《最低工资规定》（2004年）第3条对最低工资的界定，第48条第2款所谓的"工资"应理解为劳动者正常工作时间工资。第50条所谓的工资则不包括非按月发放的劳动报酬，如季度奖、年终奖等。《劳动法》第51条则为实现某种社会政策，在劳动者未提供正常劳动情况下用人单位依法应支付的特定给付，一般理解为提供了正常劳动而给付的工资，如劳动者依法参加社会活动等。《劳动合同法》中"工资"更多使用在作为计算基数的其他给付规定中。如《劳动合同法》第40条代通知金的规定、第47条经济补偿的规定、第82条用人单位在未签书面劳动合同以及违法不签无固定期劳动合同时法定给付责任的规定。其他则统一使用"劳动报酬"概念。依据《劳动合同法实施条例》第20条规定，《劳动合同法》第40条规定作为代通知金计算基数的工资应当按照劳动者上一个月的工资标准确定。由于"工资标准"是一个比较模糊的概念，在没有明确界定时，实务中易发生争议。所谓的"工资标准"到底是上一个月劳动者实际获得全部劳动报酬，包括正常工作时间工资、加班工资、奖金、津贴等货币性收入，还是仅指正常工作时间工资？按照前者理解，可能出现不公平给付的现象，因为每个月的实际工资会因劳动者提供劳动力情况不同以及用人单位发薪方式不同而存在较大差异，如用人单位季度奖、年终奖占工资结构比例大小不一会导致上月工资差异巨大。《劳动合同法》第47条第3款规定，作为经济补偿计算基数的月工资为"劳动者在劳动合同解除或者终止前十二个月的平均工资"。《劳动合同法实施条例》第27条以行政法规解释经济补偿计算基数的月工资为按照劳动者应得工资计算，包括计时工资或者计件工资以及奖金、津贴和补贴等货币性收入。依此解释，作为经济补偿金计算基数的月工资外延与劳动法上劳动报酬概念应为一致概念。《劳动合同法实施条例》未对《劳动合同法》第 82 条作为用人单位法定责任的"2 倍工资"予以解释。实务中亦有争议,有的认为是劳动者每月实际获得工资的 2 倍;也有观点认为是劳动者每月正常工作时间工资的 2 倍。

归纳上述工资概念在不同规定中的意义主要有以下几种:(1)与《劳动法》上"劳动报酬"概念一致。(2)劳动者在正常工作时间提供了正常劳动所获得的给付,即正常工作时间工资。(3)用人单位按照劳动合同规定或薪酬制度规定按月发放的给付。原劳动部《关于贯彻执行〈中华人民共和国劳动法〉若干规定的意见》第 53 条以"劳动报酬"来界定"工资",但该界定又与《劳动法》上"劳动报酬"定义似乎一致,实则让人迷惑。我国《劳动法》所存在的"劳动报酬""工资"概念混用问题,凸显了我国劳动法概念使用的不严谨性,以及与国际通用的劳动法概念的不一致性。由于我国学界和实务界参与国际交流缺乏共同的概念平台,导致交流及借鉴困难。例如我国对用人主体称为"用人单位",而国外称为"雇主"。本来是同一概念,因为用语不统一导致在国际交流以及研究上出现困难。介绍中国劳动法时,由于我国用人主体规定为"用人单位",而国外没有这一概念,仅有雇主概念,那么,国际交流或研究借鉴上先要对"用人单位"和"雇主"两个概念进行解释。

法律概念作为人们对种种法律现象的一般共同特征经分析与归纳而抽象出来的权威性范畴,是人类理性的结果。概念化的法律具有立法技术上的相对优势,法律规则往往在语言上适用法律概念,其结果是可以获得严密规定的效果,这种严密性具有最大限度的指引效果,比其他类型的语言包括判例具有更持久、更翔实地划定要求注意的特征。[①] 为实现这一功能,我国劳动法应采取国际劳动法上通用词语——"工资"以统一法律概念的词语。因为"工资"一词已被国际普遍承认是一种特殊的劳动报酬——因其所承载的生存等社会功能,而被普遍作为特殊的债权予以保护。如定期支付、货

---

① [英]哈特:《法律的概念》,张文显译,中国大百科全书出版社 1996 年版,第 127 页。

币支付、定点支付、优先支付等。国际劳工组织《保护最低工资机制公约》（Minimum Wage Fixing Machinery Convention）（第95号公约）以及大多数国家（地区）劳动法皆使用"工资"（wage）一词作为法律概念。"劳动报酬"则是用来界定"劳动法上工资"的词语，而非法律概念。如我国《关于工资总额组成的规定》（1990年）第3条规定："工资总额是指各单位在一定时期内直接支付给本单位全部职工的劳动报酬总额""工资总额的计算应以直接支付给职工的全部劳动报酬为依据"。应该来说，"工资"这一法律概念涵盖了劳动报酬，也涵盖了具有报酬特征的其他给付（例如出勤奖金、津贴，但搬家费报销则缺乏报酬特征不纳入工资范畴）。

劳动法工资概念确定后，有必要进一步统一法律概念表述。如前文所述，"工资"在不同劳动法律制度中的外延不尽相同。定义劳动法工资概念，需要对概念的内涵和外延进行分析，具体法律制度的立法目的不同亦会影响到工资外延的大小。

二 劳动法工资法律规范体系构架[①]

对我国劳动法上工资法律规范进行梳理后，不难发现我国劳动法上有工资规定的规范有三类：（1）以直接"工资"自体为保护对象的规定；（2）以"工资"为计算基础要求用人单位提供劳动者薪资替代给付的规定，如病假工资、年休假工资等；（3）以"工资"为计算基础对用人单位经济性惩罚的规定，如《劳动合同法》第82条规定的用人单位未签书面劳动合同以及违法不与劳动者签订无固定期限劳动合同的2倍工资差额。2倍工资差额虽以"工资"为计算基数，但是法律性质上属于法律规定的经济惩罚，归属于法律责任，所以不是劳动法"工资"。排除《劳动合同法》第82条之规定，我国劳动法工资法律规范应包括：以直接"工资"自体为保护对象的规定和以"工资"为计算基础要求用人单位提供劳动者薪资替代给付的规定。前者的"工资"规定属于真实工资规范群的规定，即劳动者因工作所获得的报酬，其目的在于保护劳动者得以劳

[①] 侯玲玲：《劳动法上工资之界定》，《人民司法》2013年第11期。

动交换而获得的工资债权,确保其能实际自由支配,不被克扣或积欠;后者并非"真正的工资",这类给付性规范均属具有社会政策内涵之给付,如病假工资。病假工资属于劳动者保护性给付①,此类规范旨在处理劳动者因特殊原因而未实际提供劳动而无法获得真实工资时,为使劳动者生活不至于因工资中断丧失生活资金,而科以雇主支付特定给付的劳动保护措施。这类工资并不以工作为前提,所以被称为"拟制工资"。② 归纳而言,我国劳动法上工资规范,根据各自不同目的,形成以下体系架构(见表1-1):

表1-1　　　　　　　工资规范群体系架构

工资规范群的体系架构	真实工资规范群（劳动者因工作所获得的报酬）	1.《劳动法》第五章第46—50条 2.《关于工资总额组成的规定》第4—8条	正常工作时间提供正常劳动所获得的报酬（计时工资和计件工资）
			奖励性劳动报酬（奖金）
			补偿劳动者特殊或额外劳动消耗的报酬（特殊津贴）以及保证劳动者工资水平不受物价影响而支付的报酬（物价补贴）
			用人单位安排劳动者延长工作时间所给付的报酬。（延长工作时间工资＝正常工作时间工资×法定工资率）
	拟制工资规范群（劳动者未工作,但由用人单位提供替代所得）	1.《劳动法》第45.51条 2.《劳动合同法》第40条 3.《社会保险法》第39条 4.《关于工资总额组成的规定》第9条 5.《女职工劳动保护特别规定》第6条第3款、8条	假期工资。带薪假期主要包括：依据国家法律、法规政策规定的法定休假日、婚丧假、病假、探亲假、年休假、产假、产检、治疗工伤期间、看护假、计划生育假
			依法参加社会活动期间工资
			预告期间之工资（代通知金）

---

① 森浩祐. "Decent Work の观点から見る労働者保護を意図した賃金・所得に関する研究— Minimum Wage（MW）・Living Wage（LW）・Basic Income（BI）の例を用いて—". 创价大学大学院纪要41（2020）：13 - 34.

② 陈建文：《劳动基准法工资定义争议问题的再思考》,(中国台湾)《台北大学法学论丛》2008年第70期。

《国家统计局关于工资总额组成的规定》(1990年)第10条所规定的特殊情况下工资支付,除了拟制工资支付规定外,还有附加工资和保留工资支付。附加工资和保留工资是我国工资制度改革过程中的产物。改革前,停止实行奖励制度,职工奖金改为附加工资。附加工资是取消奖励制度的一种临时措施,该工资跟劳动给付并无关系。保留工资则是高于现任职务或者现行工资级别确定的标准工资部分,按照政策允许继续保留的职工工资。这两类工资属于我国特有历史阶段产物,带有非常浓厚的计划工资色彩。根据1985年6月13日国务院工资改革小组、劳动人事部发布的《关于实施国家机关和事业单位工作人员工资制度改革方案若干问题的规定》,附加工资回归到奖励和计件超额工资,此外,附加工资、保留工资从套改增加的工资予以抵销。时至今日,附加工资和保留工资已不多见,本书未将其作为研究对象。

拟制工资规范群体现了劳动法与社会法之联结,它脱离了工资债权之本质,课以了用人单位在劳动者因特定情事无法以劳动交换所得时的给付义务。我国拟制工资还残存了一些计划经济时期的用工义务,如事假工资。随着劳动力市场的逐步完善,计划经济时期的拟制工资逐步消失,如事假工资由用人单位决定是否给付或由合同约定,而不再是用人单位法定义务。《广东省工资支付条例》第25条规定,劳动者因事假未提供劳动期间,用人单位可以不支付工资。《深圳市工资支付条例》亦如此规定。同时,随着社会保险法颁布,用人单位的某些拟制工资给付义务逐步被社会保险基金给付所代替,从而完全从劳动法领域脱离到社会法领域,如依据《女职工劳动保护特别规定》(2012年)第8条规定,对于参加生育保险的用人单位,用人单位的产假工资由生育保险基金支出的生育津贴替代。对于没有参加生育保险的,则由用人单位支付产假工资。

三 中国劳动法上工资定义之管见

《保护工资公约》、《日本劳动基准法》、《韩国劳动标准法》[①]、

[①] 韩国《劳动标准法》第18条规定,"工资"一词在本法中系指雇主以工资、薪金或其他名称支付给职工的相应于其提供的劳务的钱或其他价值物。

美国《公平劳动标准法》①、英国《雇佣权利保护法》(1996年)②、新加坡《就业法》(1968)、③ 我国台湾地区"劳动基准法"④、澳门地区"劳资关系法"⑤、香港地区"雇佣条例"⑥ 等国家（地区）总则部分都对工资定义予以了界定，以此来连接真实工资规范和拟制工资规范。总则部分的工资定义应该规定本质，并尽可能维持定义的抽象性和广泛性，确保其涵盖范围能扩及整个工资法律规范体系。个别的工资法律规范中的工资定义则应依据其立法目的、规定性质差异对总则中的工资定义内涵和外延进行合理限缩，以实现该法律规范之工具性。

---

① 美国《公平劳动标准法》第3条第15款规定：如果雇主提供的膳食、宿舍或其他设施是习惯供给，雇主支付给受雇者的工资，包括由雇主提供给受雇人之膳食、宿舍或其他设施的合理费用；此等费用由劳工部部长决定。美国企业职工工资一般由三部分构成：(1) 基本工资；(2) 刺激性工资；(3) 福利津贴。

② 英国《雇佣权利保护法》(1996年) 第27条第1款规定，本法所称的工资，是指支付给工人所有与其雇佣有关的报酬，包括酬金、奖金、佣金、假期津贴以及其他与雇佣相关的报酬，无论是合同约定支付还是其他。

③ 新加坡《就业法》(1968) 总则第2条中规定，"工资"系指薪金，"薪金"系指完成或雇佣合同规定的工作，支付给雇员包括津贴在内的全部报酬，但不包括：(1) 房屋居住，供电、水、医疗护理或其他享受的费用，或部长在政府公报上公布的一般或特殊命令之外任何服务的费用；(2) 雇主负责缴纳的抚恤金或退休储蓄基金的款项；(3) 任何交通津贴或旅行许可的费用；(4) 付给雇员用于支付其工作中所需的特殊费用的任何金额；(5) 因解雇或退休所付的退职金；(6) 因紧缩所付的紧缩津贴。

④ 我国台湾地区"劳动基准法"第2条第3款规定，工资谓劳工因工作而获得之报酬，包括工资、薪金及按计时、计日、计件以现金或实物等方式给付之奖金、津贴及其他任何名义之经常给予均属之。

⑤ 我国澳门地区"劳资关系法"第25条第2款规定，所有得以金钱计算而无论其名称及计算方式若何；按服务的提供应及由雇主与工作者之间的协议、章程、惯例或者法律规定而订出的支出，即为工资。

⑥ 我国香港地区"雇佣条例"第2条规定，"工资"除第 (2) 及第 (3) 款另有规定外，指所有能以金钱形式支付的根据雇佣契约工作之雇员之酬金、入息、津贴、小费及服务费，不论其名称为何或以任何方式计算，但不包括：(a) 由雇主提供之居所、教育、食物、燃料、照明、医疗或食水之价值；(b) 雇主自愿拨作长俸基金或公积金之任何款项；(c) 任何交通津贴或交通上优待之价值；(d) 发给雇员，俾其支付因工作而须付出之特别开支之任何款项；(da) 根据第2甲部支付之年终酬金或其部分；(e) 于雇佣契约期满或终止时支付予雇员之任何酬金；或 (f) 任何属于赏赠性质或仅由雇主酌情给发之每年花红或其部分。

(一) 劳动法总则工资定义

1. 主要国家（地区）劳动法总则工资定义之比较[①]

对比上述国际劳工组织以及主要国家（地区）总则部分"工资"概念的立法，多为积极的立法例，即立法直接对工资的内涵和外延予以规定，如国际劳工组织、日本、韩国、英国、我国台湾地区、澳门特别行政区等。美国对工资的内涵未有规定，只是规定雇主提供给受雇人的膳食、宿舍或其他设施的合理费用在何种情况下成为工资构成部分。美国是一个崇尚自由的市场经济国家，其认为劳动交换的一切所得都应该是工资，是雇主向受雇者支付的成本，这种理念体现在立法设计上，则未明确规定工资内涵，只是通过对某些特殊支付予以特殊规定，如膳食、住宿等实物支出，对其外延做适当限制。这种立法特点给法官个案裁量留有很大的空间。

在积极立法例国家或地区，工资概念的内涵和外延规定不尽相同，归纳起来主要有：（1）关于工资概念内涵的界定有劳动对价、劳动使用处分对价与因雇佣一切所得三种。以劳动对价确定工资内涵的，较为狭窄，如日本[②]、韩国[③]。为了保护劳动者，日本对"工资"概念这一条款做广泛性解释，"从日本《劳动基准法》目的解释，任何在集体合同、工作规则、劳动合同中明确规定的支付都被作为工资"。以劳动力使用权处分确定工资内涵较之以劳动对价确定工资内涵，范围要广泛，即劳动者因工作而获得的报酬，即使非因劳动者过错而由雇主原因造成劳动者未有实际给付劳动，也因为这是雇主对其劳动力使用权处分而必须给付工资，如我国台湾地区。[④] 以因受雇所得界定工资内涵属于最广泛的界定，即劳动者基于受雇，在受雇期间所得的与其雇佣相关的报酬，与劳动无直接联系的有关报酬，只要与雇佣相关，也属于工资，如英国对工资内涵的界定。（2）关于工资外延的界定不尽相同。大多国家立法并未限

[①] 侯玲玲：《劳动法上工资概念之研究》，《现代交际》2009年第6期。

[②] 日本《劳动基准法》第11条规定，本法所称"工资"，系指工资、薪金、津贴、奖金以及任何其他雇主对劳工劳动的报酬，而不管以何种名义支付。

[③] 韩国《劳动标准法》第18条规定，"工资"一词在本法中系指雇主以工资、薪金或其他名称支付给职工的相应于其提供的劳务的钱或其他价值物。

[④] 林丰宝："劳动基准法"，中国台湾：三民书局1997年版，第136页。

制工资给付的名义和支付方式，只要符合工资内涵都是工资。但也有国家或地区对工资外延进行了限制，如新加坡《就业法》对工资的界定，采取了排除式列举规定，限制了工资外延。香港特别行政区也是通过对若干项目列举排除立法，来限制工资外延。我国台湾地区"劳动基准法"第2条第3款，除了规定工资是劳动者因工作而获得的报酬之外，还出现了"经常性给予均属之"的规定，这种对"工资"的界定，引发了实务界和理论界对工资概念的争议。一种观点是，如果是对劳动给付的报酬，但不是经常性给予，不属于工资；另一种观点是，只要是对劳动给付的报酬，均属工资，只有在无法断定是否是对劳动给付的报酬时，可以用"是否属于经常性给予"作为认定工资的标准。① 同时，我国台湾地区通过行政解释，即"劳动基准法实施细则"第10条，以反面列举对"其他任何名义之经常性给予"予以界定，进而限制工资外延。

2. 我国劳动法总则中工资定义之建议

我国劳动法总则没有定义工资，相关工资的规范界定见于：(1)《劳动部关于贯彻执行〈中华人民共和国劳动法〉若干问题的意见》（1995年）第53条②；(2)《工资支付暂行规定》（1994年）第3条规定③；(3)《关于工资总额组成的规定若干具体范围的解释》（1990年）第1条规定④；(4)《中华人民共和国个人所

---

① 参见林更盛《劳基法工资之定义—最高法院七十八年度台上字第六八二号判决》，《劳动法裁判选辑（一）》，中国台湾：元照出版公司1998年版，第1—25页。

② 《劳动部关于贯彻执行〈中华人民共和国劳动法〉若干问题的意见》（1995）第53条规定，劳动法中的"工资"是指用人单位依据国家规定或劳动合同的约定，以货币形式直接支付给本单位劳动者的劳动报酬，一般包括计时工资、计件工资、奖金、津贴和补贴、延长工作时间的工资报酬以及特殊情况下支付的工资等。"工资"是劳动者劳动收入的主要组成部分。

③ 《工资支付暂行规定》（1994）第3条规定，本规定所称"工资"是指用人单位依据劳动合同的规定，以各种形式支付给劳动者的工资报酬。

④ 《关于工资总额组成的规定若干具体范围的解释》（1990）第1条规定，工资总额的计算原则应当以直接支付给职工的全部劳动报酬为依据。各单位支付给职工的劳动报酬以及其他根据有关规定支付的工资，不论是记入成本的还是不记入成本的，不论是按照国家规定列入计征奖金税项目的还是未列入计征奖金税项目的，不论是以货币形式支付的还是以实物形式支付的，均应列入工资总额的计算范围。

得税法实施条例》（1994年）第8条第1款规定①。上述定义存在一定差异性。(1)(3)将工资分为契约工资和劳动基准法工资，是用人单位依据国家规定和劳动合同约定直接支付给劳动者的劳动报酬，但(1)将这种直接支付形式限缩为货币，否定了实物工资；而(3)定义给付形式分为货币支付和实物支付，即承认实物工资。(2)定义工资仅为劳动合同上工资，其对工资定义为自我定义，即以工资报酬来定义"工资"，明显不科学。(1)(3)定义工资的关键是对"劳动报酬"的解释。一般而言，劳动报酬是劳动对价。依照我国工资法律规范群体系之架构，我国工资法律规范分为真实工资法律规范群和拟制工资法律规范群。我国劳动法上用于定义"工资"的劳动报酬应做扩大性解释，即除了因受用人单位指挥命令而提供劳动的报酬外，亦包括未提供劳动但依据法律规定或合同约定所获得的报酬。目前，我国已有扩大解释的例子，如《江苏省劳动人事争议疑难问题研讨会纪要》（2017年3月30日）第二(五)将工伤劳动者"停工留薪期工资"认定为《劳动合同法》第38条第1款第2项"劳动报酬"，支持工伤职工以用人单位未依法支付停工留薪期工资为由，要求解除劳动合同并支付经济补偿金之诉求。(4)定义工资内涵最为广泛，即只要因任职或者受雇而取得的与任职或者受雇相关的所得都是工资。此种定义范围太广，很可能将用人单位一些自愿给付的项目并入工资，如婚丧贺礼与慰问金等。

法律概念是理性的高度抽象，它源于生活现实，又由于立法需要，依据某种法律理念将其予以规范而不断构建。其中必然会有"存在"与"应然"的整合。这种整合的中介就是"意义"，即法律的意旨，也称为事物之本质。②理论上，劳动法主要是从劳动者工资债权的实现和工资法定保障的角度来定义工资。依据工资的性质，可分为契约上工资和劳动基准法上工资。前者由劳动者与雇主

---

① 《中华人民共和国个人所得税法实施条例》（1994）第8条第1款规定，工资、薪金所得是指个人因任职或者受雇而取得的工资、薪金、奖金、年终加薪、劳动分红、津贴以及与任职或者受雇有关的其他所得。

② [德]考夫曼：《法律哲学》，刘幸义等译，法律出版社2004年版，第190页。

通过合意达成工资协议。劳动者可依据合同，向雇主主张工资债权，属于私法范畴；后者是通过国家强制法的规定，对工资概念进行规定，并对工资进行最低限度的保障，属于公法范畴。很多情形下，契约上的工资与劳动基准法上的工资外延是一致的，但是，有些情况下存在一定的差别。一般来讲，契约上的工资不能低于法定基准的工资，但根据当事人意思自治的原则，在高于法定基准上可以自由约定工资的形式，形成劳动者的工资债权。如在日本，某些不符合劳动基准法上工资特征的利益享受的先决条件，一旦在契约中有明确规定，都被认定为工资。① 这里的契约不限于个体劳动合同，还包括工作规则和集体合同。在某些情况下，即使没有契约规定，如果雇主支付给劳动者的报酬符合基准法上工资的特征，也应是工资。基于此立法目的，用人单位的一些自愿性给付应不属于劳动法上工资范畴。因此，（4）的定义并不可取。

相比较而言，（1）（3）对"工资"的定义较为合理，可作为劳动法总则部分工资定义之参考。为了让总则部分工资概念范围能够涵盖工资法律体系，其外延拟采取开放式立法技术。我国劳动法总则部分的"工资"定义应为：用人单位依据国家有关规定或与劳动者的约定，支付给劳动者所提供劳动的报酬，包括计时工资、计件工资、奖金、津贴和补贴、延长工作时间的工资报酬以及特殊情况的其他支付，而无论其名称如何。《浙江省企业工资支付管理办法》（2017年）总则已有相似的定义。② 以高温补贴是否为工资争议为例，根据《广东省高温天气劳动保护办法》、广东省人力资源和社会保障厅《关于高温津贴有关问题的复函》以及广东省人力资源和社会保障厅等六部门《关于非高温作业人员发放高温津贴的意见》等规定，每年6月至10月期间，用人单位应当按月向高温作

---

① Takashi Araki, *Law and Employment Law in Japan*, Tokyo, Japan Lnstitute of law, 2002, pp. 74－75.
② 《浙江省企业工资支付管理办法》（2017）总则部分第2条本办法所称工资，是指企业按照劳动合同的约定和国家、省相关规定支付给劳动者的劳动报酬，包括计时或者计件工资以及奖金、津贴、补贴、加班加点工资和特殊情况下支付的工资。本办法所称特殊情况下支付的工资，是指劳动者因患病、工伤、享受有关假期、外派学习和依法参加社会活动等情况，企业按照劳动合同的约定和国家、省相关规定支付给劳动者的工资。

业人员发放高温津贴。该高温津贴属于职工工资范畴，非高温作业人员享受的类似于防暑降温性质的高温津贴，属于职工福利范畴。用人单位对非高温作业人员是否发放高温津贴，由其根据省文件规定与工会或者职工代表平等协商确定。这对高温津贴性质认定存在误区。依据劳动法上"工资"定义判定标准，依法支付给劳动者的高温津贴是劳动法上工资，属于劳动基准法上工资；非高温作业人员依据劳动合同、劳动规章制度和集体合同所获得的高温补贴亦是劳动法上工资，属于契约上工资。无论是基于法律规定还是契约约定，用人单位都有高温津贴支付义务。这与福利的自愿性支付截然不同。

此外，实物工资虽然对于抵抗通货膨胀有一定的功效，但实物工资容易被滥用，并且限制了劳动者哪里购买和购买什么的自由。[①] 所以，我国劳动法规定"工资应以货币形式直接支付"，并未承认实物工资。然而，实务中，许多用人单位与劳动者为了避税、少交社保费等原因，口头约定工资额，但工资支付则采取部分购物卡或票据报销的方式发放部分劳动报酬，一旦发生与工资相关的争议，比如离职后经济补偿金的计算、加班工资计算等，劳动者主张购物卡和票据报销部分属于工资，应纳入计算基数，用人单位则主张不是工资，因为非货币和非直接支付的不属于工资，不应纳入工资计算基数。[②] 争议处理中会存在两种不同的观点：（1）按照直接货币支付的数额认定为劳动者工资，即使有证据证明单位以购物卡、报销方式支付了一定数额报酬。理由是，劳动者应当明知上述做法所存在的问题，理应让劳动者也承担不利后果。（2）按照双方真实合意的工资数额认定为劳动者工资，包括货币直接支付以及非货币非直接支付的报酬。理由是，应当对用人单位上述行为予以制止。由用人单位对工资支付承担举证责任。以体现倡导公序良俗的价值导向。从法理上看，首先，工资数额是用人单位和劳动者合意的结

---

① 联合国国际劳工组织：《职工教育读本：工资》，金勇进译，中国劳动出版社1991年版，第10页。

② 李海明：《从工资构成到工资定义：观念转换与定义重构》，《法律科学》2013年第5期。

果，这里涉及的是工资真实合意的判断问题，而非书面合同的一纸约定。其次，劳动法规定工资必须货币支付和直接支付，是强制性规范，用人单位必须遵守强制性规范，而不能企图通过双方合意来规避，以实现非法的目的，如避税、少交社保等。这种以间接非货币方式支付工资的约定应属无效。否则，不利于国家利益的保护。因此，应该判断工资真实合意，[①]并根据实际工资数额来促使双方履行自己法定义务，如补交社保、个税等。这不仅有利于劳动者保护，更是基于国家利益保护的需要。在这类案件司法裁判中，用人单位应对工资约定和支付负担证明责任，如果用人单位通过银行转账和书面合同对自己的主张进行了举证，那么，劳动者必须提供证据来推翻用人单位主张的工资额，否则承担败诉后果。以报销费用是否是工资的判断，报销费用应该是实报实销，按照劳动者工作中发生的实际费用由用人单位报销。所以，劳动者必须证明每月报销数额是固定数额现金支付或每月固定转账支付，并非实报实销。一旦劳动者提供了证据予以证明，用人单位则必须证明这些固定支付的报销款都属于实报实销，否则承担败诉不利后果。劳动仲裁和法院也是倾向于这种观点。因此，一概以支付形式来判断是否属于劳动法上工资，实为不妥。

（二）我国劳动法分则工资定义

劳动法分则部分的工资应根据其所在法律规范的目的和作用来进行相应的限缩性定义。以新加坡《就业法》（1968年）为例，除了总则第2条对工资定义外，该法第四章第50条对"休息日、工作时间、假日以及其他服务条件"中工资进行特别定义，该部分"工资"系指根据雇佣合同付给完成工作的雇员的基本工资，不包括付给雇员的任何佣金、加班费或其他津贴。

1. 真实工资法律规范群之工资定义

真实工资法律规范群的工资是劳动者因工作而获得的报酬。前所述依据工资的性质，可分为契约上工资和劳动基准法上工资。根据其作用和功能不同，有正常工作时间提供正常劳动的报酬、激励

---

① 周国良、侯玲玲、许建宇：《工资标准如何认定》，《中国劳动》2014年第9期。

性报酬、额外消耗的报酬、延长工作时间的报酬。《劳动法》第50条所规定的"工资"并未涵盖所有的真实工资。"以月为固定支付周期"的工资应只包括正常工作时间工资、延长工作时间工资等劳动基准法上工资,而不包括合同约定支付周期超过一个月的工资以及无固定支付周期的工资,如季度奖、半年奖、年终奖、年底双薪以及按照季度、半年、年结算的业务提成;一次性的奖金、津贴、补贴;约定离职后支付的服务期限奖励等。按照《劳动法》第50条规定,以月为固定支付周期的工资应以货币形式支付,而不能以实物替代货币支付。

劳动法对劳动时间有上限规定,正常工作时间是指法定工作时间或在法定工作时间内约定的工作时间。只要在正常工作时间内按照劳动合同约定提供了劳动即为提供正常劳动。因为工作时间确定,那么每月在工作时间内提供了正常劳动所获得的报酬应具有相对固定性,可事先约定。正常工作时间工资定义为用人单位直接以货币形式支付给劳动者在正常工作时间内提供正常劳动之报酬。正常时间工资不得低于法定最低工资标准。劳动法上最低工资法律制度目的是确保劳动者在正常工作时间内提供正常劳动所获得的报酬能保障劳动者个人及其家庭成员的基本生活,所以,非正常工作时间以及未提供正常劳动所获得的报酬不应纳入最低工资范畴,如高温津贴、加班工资等。

实践中,用人单位发给劳动者的报酬名义多种多样,这给判断哪些报酬属于正常工作时间工资带来了困难。以全勤奖为例,很多用人单位在工资结构中单列了一类报酬——全勤奖,只要是在当月正常工作时间内提供了正常劳动就能获得。名义上,全勤奖的目的是鼓励劳动者上班,减少事假,属于奖金范畴。实质上,只要劳动者在正常工作时间内提供了正常劳动即可获得,而且每月都有,并不能达到激励劳动之目的,相反,全勤奖的设置可能旨在把劳动者在正常时间内提供正常劳动所应获得的报酬分割部分出去,以降低计算加班工资的基数,达到规避劳动法之目的。由此,在判断某项报酬是否属于正常工作时间工资时,不能以其名义判断,而要看是否符合正常工作时间工资定义。全勤奖是用人单位以货币形式直接支付给劳动者在正常工作时间提供了正常劳动的报酬,符合正常工作时间定义,应纳入正常工作时间工资范畴。

现代社会企业薪酬形式越来越多样化,基本工资在劳动报酬结构中的比例不断下降,激励性报酬所占比例日益提高。奖励性报酬一般通过合同约定支付周期和支付形式,而非由劳动基准法规定。用人单位与劳动者除了合同约定直接支付的货币奖励,也可约定可用金钱计算的非货币性奖励,如用人单位与劳动者约定一旦劳动者达到约定业绩目标,奖励该劳动者一套价值500万元的房产。虽然房产属于实物,但相当于用人单位将本应支付给劳动者500万元货币用来为劳动者买房,而劳动者对这种奖励方式通过合同予以同意,根据劳动基准法之上契约自由原则,用人单位根据合同约定支付给劳动者提供劳动之可用金钱计算的非货币性奖励报酬也应属于劳动法上的工资。劳动者依据合同有工资请求权。

2. 拟制工资法律规范群之工资定义

拟制工资法律规范群是指因劳动者原因而不能提供劳动时,基于法律规定,由用人单位提供的替代性所得,属于特殊情况下的工资支付。从契约角度,劳动者因个人原因而不能提供劳动,则属于劳动合同的不履行,不仅不能获得对价,亦因违反合同,用人单位得以解雇。除非是用人单位原因导致劳动者不能提供劳动,基于劳动力使用权之占有,用人单位需支付处分使用劳动之代价。针对我国现有拟制工资法律规范,主要拟制工资有以下方面。

(1) 依法参加社会活动的工资

《工资支付暂行规定》(1994年)第10条规定,劳动者在法定工作时间内依法参加社会活动期间,用人单位应视同其提供了正常劳动而支付工资。《工会法》第40条第2款规定,基层工会的非专职委员占用生产或者工作时间参加会议或者从事工会工作,每月不超过三个工作日,其工资照发,其他待遇不受影响。由于劳动者依法参加的社会活动在法律上作为拟制正常劳动,劳动者给付劳动并未因参加社会活动而中断,所以,劳动者依法参加社会活动所获得工资应与其在法定工作时间内提供正常劳动所获得的工资范围一致,即剔除延长工作时间工资、超额劳动奖励性工资、额外劳动消耗（高温、低温、有毒、有害等）津贴以外的工资。

（2）假期工资

目前，我国带薪假期有法定节假日、年休假、探亲假、婚假、丧假、产假、节育手术假、看护假、病假等。

《工资支付暂行规定》第13条规定，劳动者依法享受年休假、探亲假、婚假、丧假期间，用人单位应按照劳动合同规定的标准支付劳动者工资。何谓劳动合同规定的标准并不明确，一般理解为年休假、探亲假、婚假、丧假工资由劳动合同约定。但《职工带薪年休假条例》（2007年）第2条第3款规定，职工在年休假期间享受与正常工作期间相同的工资收入。这实际上是将年休假期间休假视同在正常工作时间内提供了正常劳动，用人单位应按照劳动者在正常工作时间工作给付工资，因而不包括加班工资、超额劳动的奖励性工资、额外劳动消耗（高温、低温、有毒、有害等）津贴项目。《企业职工带薪年休假实施办法》（2008年）第11条第2款对于年休假期间的月工资定义并不符合《职工带薪年休假条例》（2007年）第2条第3款规定之立法本意。① 对于应休而未休的带薪年休假报酬的性质存在一定的争议，有观点认为是"福利待遇性质"，是企业对于不能休假的劳动者的一种经济补偿，而非工资。也有观点认为是劳动报酬，属于工资。② 对于应休未休的带薪年休假报酬的给付类似于加班工资给付，是对于应休未休年休假劳动者给付劳动的一种法定溢价给付的法律规定，旨在通过高溢价给付来促使用人单位安排劳动者年休假，保障劳动者休息权，应属于劳动法上工资范畴，而非用人单位自愿给付的福利事项。

依据《女职工劳动保护特别规定》（2012年）第8条规定③，女职工产假工资的标准应该是指其在产前于正常工作时间内提供了正常劳动所获得的报酬。可见，女职工产假期间是被视为在正常工

---

① 《企业职工带薪年休假实施办法》第11条第2款规定，前款所称月工资是指职工在用人单位支付其未休年假工资报酬前12个月剔除加班工资后的月平均工资。
② 贾迪：《带薪年休假工资报酬性质研究》，《中国人力资源开发》2017年第1期。
③ 《女职工劳动保护特别规定》（2012）第8条规定，女职工产假期间的生育津贴，对已经参加生育保险的，按照用人单位上年度职工月平均工资的标准由生育保险基金支付；对未参加生育保险的，按照女职工产假前工资的标准由用人单位支付。

作时间内提供了正常劳动，同年休假工资定义是一致的。相应地，法定节假日、婚假、丧假、看护假、计划生育假都应当是被视为提供了正常工作时间的正常劳动，假期工资与年休假工资定义一致。然而，依照《企业职工患病或非因工负伤医疗期的规定》（劳部发〔1994〕479号）以及《关于贯彻执行〈中华人民共和国劳动法〉若干问题的意见》第59条，病假工资定义与一般假期工资定义不同，并没有按照视同提供正常工作时间的正常劳动来确定工资，而是由双方在不低于最低工资标准百分之八十基准之上自由约定。各地规定的标准并不统一。

(3) 工伤停工留薪期间工资

《工伤保险条例》第33条规定，职工因工作遭受事故伤害或者患职业病需要暂停工作接受工伤医疗的，在停工留薪期内，原工资福利待遇不变，由所在单位按月支付。《广东省工伤保险条例》（2012年）第26、66条规定，停工留薪期工资按工伤职工在本单位受工伤前12个月的平均工资福利待遇计算。这里的留薪期间工资定义应该是总则部分的工资定义，即由用人单位以货币形式直接支付给劳动者劳动的报酬，包括计时工资、计件工资、奖金、津贴、加班费等，而不论其名义如何。

(4) 预告期间之工资

《劳动合同法》第40条规定，用人单位可以额外支付劳动者一个月工资来代替提前三十日的书面通知，即代通知金。其性质与经济补偿不同，应属于工资性质，即用人单位提前给付劳动者一个月工资并免予劳动者一个月劳动给付义务。劳动者工资一般由固定工资和非固定工资两部分构成，如业绩奖、加班工资等往往每个月根据业绩以及加班时间不同，数额有所差别。为了统一支付标准，便于实际操作，《劳动合同法实施条例》第20条规定，其额外支付的工资应当按照该劳动者上一个月的工资标准确定。立法起草者认为上一个月的工资标准确定代通知金，与劳动者提供正常劳动获得的劳动报酬最为相近。[①] 这种设计虽然简便，但可能产生不公平给付。

[①] 劳动合同法实施条例起草人编著：《劳动合同法实施条例详解与适用》，法律出版社2008年版，第95页。

上一个月的工资额虽然便于实际操作，但可能出现不公平给付。如甲、乙两人平时每月工资额差不多。但用人单位依据《劳动合同法》第 40 条支付代通知金时，甲因为上个月请病假，上个月病假工资是最低工资的 80%；乙因为在上班，刚好那个月加班任务多，加班工资比平时都高。按照上个月工资支付代通知金会出现给付数额悬殊的结果。比较合适的做法就是参照经济补偿金计算方法，以劳动者劳动关系终止前十二个月的工资总额除以十二个月得出的月平均工资作为预告期间之工资。

第二节　劳动法上的工资认定与劳动关系

工资作为一种劳动报酬，与其他劳动报酬（如承揽报酬、居间费报酬、自由撰稿稿酬、委任报酬等）区分的主要标志是"劳动关系"。工资是雇佣劳动者在劳动关系中给付劳动而获得的报酬，非劳动关系中的劳动者报酬不属于劳动法上的工资。例如，保险代理人与保险公司是保险代理关系，保险代理人基于保险代理从保险公司获得的报酬不属于劳动法上的工资，而受雇于保险公司的员工基于劳动给付所获得的报酬则属于劳动法上的工资。

一　劳动关系认定标准之学说争议

我国法律上并未明确定义"劳动关系"，仅有《关于确定劳动关系有关事项的通知》（劳社部发〔2005〕12 号）规定了未签书面劳动合同时认定劳动关系的三要件标准。[①] 该要件标准强调"主体适格""从属和有偿劳动"的事实判断，但未将"雇佣的合意"作为判断劳动关系的要件之一。我国自《劳动法》实施以来，一贯只

[①] 我国原劳动和社会保障部的《关于确定劳动关系有关事项的通知》（劳社部发〔2005〕12 号）规定了未签书面劳动合同时认定劳动关系的要件为：（1）用人单位和劳动者符合法律、法规规定的主体资格；（2）用人单位依法制定的各项劳动规章制度适用于劳动者，劳动者受用人单位的劳动管理，从事用人单位安排的有报酬的劳动；（3）劳动者提供的劳动是用人单位业务的组成部分。

承认书面劳动合同,将其等同于劳动合同全部,而不承认口头和默示劳动合同。由此,产生了所谓的"事实劳动关系",即没有签订书面劳动合同但事实雇佣使用而产生的劳动关系,相应地,引发了劳动关系建立的"合意说"和"事实说"之争。"合意说"的观点认为,劳动关系是通过雇佣合意而产生;持"事实说"观点认为,劳动关系是通过"用工"事实而产生。2008年的《劳动合同法》采纳了"事实说",将"用工"事实作为建立劳动关系的标志,即建立劳动关系的唯一标准是实际提供劳动。[①]"事实说"与"合意说"的争议点在于是否以从属性关系存在作为劳动关系认定的依据,而无须任何的意思表示的合意为媒介。这种讨论亦不是中国特有的理论争议。德国学界在劳动关系建立上也存在过加入理论和合同理论的争议。加入理论认为,劳动关系是一种人身共同关系,劳动关系从劳动者事实上加入雇主组织即建立,不需要以合同为前提。合同理论则主张,劳动关系通过劳动合同建立,即劳动关系建立系于当事人的合意,这符合个人尊严和自我决定等基本价值。20世纪60年代,德国学界争论的结果是合同理论成为主流,加入理论基本被抛弃。[②] 日本学界对契约意思表示合意与劳动合同成立存在不同观点,主要有三种学说。[③](1)事实的劳动契约说。该学说认为只要客观上从属关系存在,即使没有明示或默示的意思表示为媒介,亦可认定客观上有劳动合同成立的事实。(2)默示的劳动契约说。该学说认为,劳动契约存在除了存在从属性关系外,仍需劳资双方意思表示一致的要素。劳资双方若有从属关系存在的事实应该等同于双方当事人已有订立契约的默示意思表示。(3)强化之默示劳动契约说。该学说认为,认定劳动关系时,应该更慎重判断要素。仅仅外观上具有单纯指挥监督与命令的事实,也不能轻易认定双方之间有劳动契约关系的存在,至少必须有足以认定劳动者以雇

[①] 信春鹰主编:《中华人民共和国劳动合同法及实施条例》,中国法制出版社2008年版,第18页。
[②] 沈建峰:《论劳动合同在劳动关系协调中的地位》,《法学》2016年第9期。
[③] 邱骏彦:《劳动契约关系存否之法律上判断标准》,(中国台湾)《政大法学评论》2000年第63期。

主为对象提供劳动，而雇主对劳动者有给付工资的客观情事。日本法院坚持合意理论，认为劳资双方至少需有默示成立劳动契约的合意，并未采纳事实劳动契约说。目前，强化之默示劳动契约说为日本通说。由此可见，现代社会劳动关系建立的合意说理论占有主流学说地位。从工资产生历史沿革看，工资作为一种劳动报酬是雇主为雇佣使用劳动者而支付的对价，雇主与所雇劳动者之间必然存在劳动给付和劳动报酬的交换合意。区别于奴隶社会和封建社会，劳动者是自由人，可自主决定是否出售其"劳动力使用权"。市场经济国家，市场是配置资源的主要方式，这种市场配置资源的方式表现为交易通过合同来实现，劳动力市场也不例外，即劳动关系一般通过劳动合同建立，仅在特殊情况下，劳动关系根据法律规定建立，如劳动关系的法定承继。[1] 假如否定雇佣合意，否定劳动关系当事人的自由意志，实际上是否定市场机制和剥夺市场主体意思表示的自由。只有在缺乏市场机制的情况下，才会出现非合意方式建立劳动关系，如我国计划经济体制下，劳动关系通过行政手段建立。

《劳动法》第16条明确规定，劳动关系是通过劳动合同确立的，但《劳动法》将劳动合同形式仅限于书面形式，否定其他形式的劳动合同存在。《劳动合同法》基本沿袭了《劳动法》关于"劳动合同形式"的立法惯例，再一次排斥合意的口头形式和默示形式。继而，才有了以"用工"事实作为建立劳动关系法定标准的立法安排。其立法理由是，无论劳动者是否签订了书面劳动合同，只要劳动者实际提供劳动，用人单位实际用工，劳动者将受到同等保护。[2] 然而，"劳动者提供劳动""用人单位接收劳动并对其进行管理"的"用工"关系实质上是一种劳动给付的合同关系，以口头或默示的雇佣合意为前提。如果不存在雇佣合意，除非法律法规有明确规定劳动关系建立的法定情形，否则劳动关系难以成立。例如，公司送货员甲某天开车送货，中途父亲生病，他未向公司请假，找

---

[1] [德] W. 杜茨：《劳动法》，张国文译，法律出版社2005年版，第44—45页。
[2] 信春鹰主编：《中华人民共和国劳动合同法及实施条例》，中国法制出版社2008年版，第18页。

到朋友乙临时代替他送货。乙纯粹是帮朋友甲的忙，乙与公司之间并不存在雇佣合意，虽然乙帮甲完成送货的事实，但公司与乙之间不存在劳动关系。假设另一种情况，甲乙为夫妻，甲与公司签订了劳动合同，从事公司清洁工岗位，但乙经常替甲干活，公司也知道乙替甲干活，未提出异议，默认了乙提供劳动，那么，乙与公司之间存在雇佣使用的默示合意，应判定乙与公司存在劳动关系。当劳动合同有瑕疵时，合同已经履行，劳动一旦给付，不可返还，无法径直适用一般民事合同无效的规定，使已经发生的劳动关系自始归于消灭。为达到保护劳工之社会目的，限制无效的溯及力，对于已经发生的权义关系，原则上不发生影响，[①] 如劳动报酬支付、损害赔偿等。但这并不能完全否认双方雇佣合意存在，当合意存在一定瑕疵，比如劳动者假学历作假，劳动者和企业之间就存在雇佣的合意，只是劳动者提供假学历欺诈了企业，合意存在瑕疵，导致合同无效。此外，"用工"在前，签订书面劳动合同在后的情形，不是说签订书面劳动合同之前就不存在劳动合同，而是不存在书面劳动合同，但存在口头或默示劳动合同。因此，我国劳动法上劳动合同依然是建立劳动关系的主要方式，劳动合同法定承继方式产生的劳动关系为例外。合意依然是劳动关系建立的核心要素之一。

归而言之，劳动关系的一般判断标准为：（1）双方是否有雇佣合意；（2）劳动给付的目的是否有偿；（3）劳动给付实质是否具有从属性。其中，从属性是判断劳动关系的本质和最关键标准。

二 劳动关系界定标准之一——雇佣合意

雇佣合意是指劳动者和用人单位有提供劳动力和使用劳动力的合意。用人单位与劳动者之间的不平等性导致劳动者主观意思表示功能的弱化，签订的劳动合同内容或许并非劳动者完全真实意思表示的结果，如劳动者希望企业提供更高的工资，而企业没有，劳动者还是选择签订合同。只要是劳动者的选择，劳动合同依然可被认

[①] 王泽鉴：《民法学说与判例研究》，中国政法大学出版社1998年版，第120页。

定为合意结果。麦克尼尔认为，契约的概念并不要求是真实的，只要人们像是在选择一样行为就行了。① 同时，劳动合同是长期合同，在劳动关系存续期间，更多地存在着某种未有双方明示的意思表示——"默契"，如劳动者工作的努力程度和企业对职工增加福利。② 所以，劳动关系双方合意形式不限于书面形式，更多地通过口头或默示行为表示出来。

是否以雇佣为合意目的是区分劳动关系与加工承揽关系、实习关系等的判断标准之一。劳动关系以劳动力使用和被使用的合意存在为前提，反之，以提供劳动结果、培训合意存在前提建立的社会关系则不属于劳动关系。当然，雇佣合意的判断不能单纯依据书面合同约定条款，而是要看合意的实质，防止雇主利用合同安排产生剥夺劳动者保护的后果。③ 例如，某公司与王某订立了一份个人承包合同，但合同条款约定的是雇佣的内容，如王某必须每天到公司上班打卡、接受公司管理，由公司按月发放报酬等，则应判断该公司与王某之间的真实合意是雇佣合意。这也是国家劳工组织所主张的认定劳动关系"事实第一原则"，即应当以当时双方实际达成并执行的协议事实为依据，而不取决于任何一方和双方如何描述这种关系。④

承揽关系与劳动关系在现实中容易混淆。从表象看都是一方提供劳动力，另一方支付报酬。尤其当加工承揽人为自然人时，判断就更为困难。司法判例通常以合同标的是提供劳动结果还是提供劳动作为区分承揽合同与劳动合同的主要标准。⑤ 劳动合同标的是劳动者提供劳动力的行为，加工承揽合同标的是按要求交付工作成果的行为。

---

① [美] Lan R. 麦克尼尔：《新社会契约论》，雷喜宁、潘勤译，中国政法大学出版社2004年版，第3页。
② 侯玲玲：《劳动合同的特殊性》，《法学》2006年第1期。
③ 参见国际劳工组织于2006年通过的《关于雇佣关系的建议书》（第198号建议书）第一 4 (6)。
④ 国际劳工组织：《雇佣关系》，国际劳工局，2005年，日内瓦，第22页。
⑤ 参见广东省佛山市中级人民法院（2006）佛中法民一终字第106号民事判决书，以及陕西省咸阳市彬县人民法院（2010）彬民初字第00398号民事判决书。

目前国内大部分技校实行"2+1"的教学模式,即2年在校学习加1年上岗实习。在一些生产制造型企业中存在着大批技校实习生,旨在解决劳动力资源紧张的问题。由此引发了实习生与接受实习用人单位之间的关系是否属于劳动关系之争论。参照《广东省高等学校学生实习与毕业生就业见习条例》对实习的定义①,实习目的在于强化在校大学生理论与实践结合的能力。劳动仲裁员和法官多认为,在校大学生的实习过程是学校理论学习的延续,属于学生完成学业的一个环节,其身份仍属于在校大学生。依据原劳动部《关于贯彻执行〈劳动法〉若干问题的意见》(劳部发〔1995〕309号)第12条的规定②,认定在校大学生与实习企业之间未建立劳动合同关系。③亦有判例认为不能一概否定在校大学生与企业之间的劳动合同关系,如《最高人民法院公报》2010年第6期所刊登的《郭懿诉江苏益丰大药房连锁有限公司劳动争议案》。该案企业依据劳部发〔1995〕309号第12条提出与学生所签订的合同,名为劳动合同,实为实习合同。南京市白下区劳动仲裁委员会支持了这种主张。然而,南京市白下区人民法院认为劳部发〔1995〕309号第12条针对的是学生仍以在校学习为主,不以就业为目的,利用业余时间在用人单位进行社会实践打工补贴学费、生活费的情形,而"将毕业的大专院校毕业学生以就业为目的与用人单位签订劳动合同合法有效,应当认定双方形成劳动合同关系"④。南京市中级人民法院支持了一审判决。该判例将雇佣合意作为劳动合同关系的判断

---

① 实习是指高等学校按照专业培养目标和教学计划,组织学生到国家机关、企业事业单位、社会团体及其他社会组织进行与专业相关的实践性教学活动。
② 原劳动部《关于贯彻执行〈劳动法〉若干问题的意见》(劳部发〔1995〕309号)第12条规定,在校生利用业余时间勤工助学不视为就业,未建立劳动关系,可以不签订劳动合同。
③ 参见王某诉某重工股份有限公司等健康权、身体权纠纷案(2012)长县民初字第2455号;与此类似案例有上海艾音实业有限公司与唐某劳动合同纠纷上诉案(2013)沪二中民三(民)终字第32号;南京业基电气设备有限公司与孟庆宁确认劳动关系纠纷上诉案2013)宁民终字第79号;上诉人昊华宇航化工有限责任公司与被上诉人李春艳劳动争议纠纷案(2012)焦民二终字第542号;某公司诉唐某劳动合同纠纷案(2012)青民四(民)初字第2075号等。
④ 王熠、杭鸣:《准毕业生与用人单位签订的劳动合同之性质》,《人民司法·案例》2010年第22期。

标准，而不是在校大学生的身份。换言之，如果仅是以实习为目的，属于大专院校教育培训、训练的组成部分，即使实习生在用人单位的管理下提供劳动，亦不属于劳动法上的"劳动"，实习生与用人单位的关系不属于劳动合同关系。

三 界定标准之二——有偿

从劳动关系产生的历史看，当生产资料与劳动力相分离，劳动者成为拥有自己劳动力之外一无所有的自由人时，方才需要通过市场以自己的劳动力使用权交换生活资料。因此，劳动关系中劳动者提供劳动必须是以获取报酬为目的。此种有偿性标准可以区分于无偿性的劳动给付所产生的社会关系。劳动合同法立法过程中曾尝试以此为标准之一对劳动关系予以定义，但有观点认为，如果雇主根本没支付报酬，是否就意味着不符合劳动关系的认定条件。此观点将有偿性判断与雇主违反工资给付义务相混淆。

劳动合同是双务合同和有偿合同，根据合同对价原则，雇主接受雇佣劳动者劳动就有支付劳动报酬的义务，这是无须约定的条款。英国普通法将支付工资的义务作为合同的默示条款。① 市场经济中一般人都认为应付款购买劳动，将推定出一项为该劳动给付支付合理款项的默示承诺。② 除非，劳动者所从事的劳动是公益性的，或不以取得劳动报酬为目的。例如，许多地方规定有劳动能力不在岗的低保对象必须参加公益劳动，有的地方对参与公益劳动低保对象提供了一定的交通津贴。③ 此种交通津贴是对参与公益劳动低保人员所发生的交通费用的补偿，不具有工资或劳动报酬的性质。此劳动属于无偿性义务劳动，不属于劳动法上的"劳动"。参与公益劳动低保人员与管理组织的关系不属于劳动合同关系。此外，我国

---

① 甘勇译：《最新不列颠法律袖珍读本——劳动法》，武汉大学出版社2003年版，第23页。
② ［英］约翰·史密斯：《合同法》，张昕译，法律出版社2004年版，第66页。
③ 渡辺輝人。"権利闘争の焦点 タクシー乗務員の割増賃金請求：洛陽交運事件大阪高裁で勝訴［2019.4.11判決］"。季刊労働者の権利331（2019）：130–135。

僧人状告寺庙，主张劳动关系，适用劳动法的案例越来越多。[1] 获颁戒牒的僧人，即是出家修行之人，寺庙是僧人出家后研习佛法、生活居住和信众开展佛教活动的场所。僧人作为出家人，主要从事宗教活动，目的在于修行，实现其宗教信仰，而非提供有偿性劳动。根据《全国汉传佛教寺院共住规约通则》，僧人与寺庙之间是共住关系，而非劳动关系。释某某诉佛山南海宝峰寺欠薪一案中[2]，南海法院一审以涉事僧人的起诉不属于法院受理民事诉讼的范围为由，判决僧人败诉。理由是：释某某是获颁戒牒的僧人，自愿到被告挂单修行，与被告并非雇佣关系，且寺院的僧人追求共同修行的精神性目的，而非带有财产性目的。

四 界定标准之三——从属性[3]

从属性是判断劳动关系最实质、最关键的标准。为了规避劳动法上雇主责任，越来越多的企业通过合同安排，力图将雇佣劳动者（employee）变为自雇劳动者（contractor）。判断双方真实合意，遵循事实第一原则，就是对给付劳动的从属性判断。关于"从属性"的内容，学界基本将其分为人格上从属性、经济上从属性及组织上从属性等，其中以"人格从属性"作为认定劳动关系的主要标准，但"人格从属性"在实际生活中有局限性，不可避免地需要辅助使用其他认定标准，"经济从属性"往往作为一个重要的辅助标准，与"人格从属性"一并使用。

（1）人格上的从属性。通常指劳动者在雇主的指挥命令下提供劳务，劳动者被纳入雇主生产组织之内。雇主对其拥有广泛的指示权，并可单方确定工作时间、地点、业务等，[4] 劳动者则对雇主负有遵守雇主指示义务及忠诚义务。劳动者的人身人格都受雇主支

---

[1] 苏颢、周成华：《僧人与寺庙之间是否存在劳动合同关系》，《人民法院报》2015年4月20日第7版。

[2] 黄晓娟：《僧人起诉寺庙讨欠薪》，2015年6月25日，《羊城晚报》2015年1月15日，http://www.ycwb.com/ePaper/ycwb/html/2015-01/15/content_630822.htm?div=-1。

[3] 侯玲玲、王全兴：《劳动法上劳动者概念之研究》，《云南大学学报》（法学版）2006年第1期。

[4] 同上。

配,雇主对劳动者享受惩戒权,以维护经营管理之权威。

(2)经济上的从属性。通常指劳动者在财力上处于相对弱势,必须依赖对雇主提供劳务获得工资以求生存,或借以寻求更多的收入,积累更多的财富。① 日本法上通说则认为,经济从属性内涵包括劳工的经济上、社会上地位,即劳工为维持现实生活,必须将劳动力充作商品贩卖于不特定的雇主。② 但劳动者在今日不一定必然处于经济上、财产上弱势地位,故劳动者经济从属性值得视为一常素,并非如同人格从属性系绝对必要之要素。③

(3)组织上的从属性。通说认为,组织从属性是指在现代企业组织形态之下,劳动者与雇主订立劳动契约时,其劳务的提供大多非独立提供即能达到劳动的契约目的。个别劳动力应编入生产组织之内以成为有用的劳动力。劳动者也将依据企业组织的编制,安排其职务成为企业从业人员之一,同时与其他同为从业人员的劳动者共同组成有机的组织。④ 也有学者认为,组织从属性实质上被人格从属性所包含,应纳入人格从属性之中,不能作为一个独立的认定标准。⑤ 然而,现代社会中高技能或高技术专业劳动者越来越多,劳动者提供劳动的自由空间也越来越大。在这种情势下,人格上从属性在判断劳动关系上存在一定欠缺,而组织上从属性则可以弥补其不足,成为判断某些专业性、自主性劳动者与雇主之间是否存在劳动关系的标准。

我国劳动行政部门将从属性限定为人格上的从属性和组织上的从属性。人格从属表现为用人单位依法制定的各项劳动规章制度适

---

① 台湾劳动法学会编:《劳动基准法释义——施行二十年之回顾与展望》,中国台湾:新学林出版股份有限公司2005年版,第55页。
② 刘志鹏:《论劳动基准法上之"劳工"》,载刘志鹏《劳动法理论与判决研究》,中国台湾:元照出版公司2002年版,第8页。
③ 黄程贯主编:《劳动法》,中国台湾:新学林出版股份有限公司2012年版,第1—3页。
④ 侯玲玲、王全兴:《劳动法上劳动者概念之研究》,《云南大学学报》(法学版)2006年第1期。
⑤ 杨通轩:《劳动者的概念与劳工法》,(中国台湾)《中原财经法学》2001年第6期。

用于劳动者，劳动者受用人单位的劳动管理，从事用人单位安排的有报酬的劳动；组织从属表现为劳动者提供的劳动是用人单位业务的组成部分。有法官观点则认为从属性判断应包括经济上、组织上和人格上的从属性。如徐泽富与华丰建设股份有限公司劳动争议案（2010）浙甬民一终字第1056号一案。①

五 界定标准之四——主体资格

除了劳动关系一般认定标准，我国原劳动部《关于确立劳动关系有关事项的通知》（劳社部发〔2005〕12号）将双方主体是否具有法定主体资格作为认定劳动关系的标准。即用人单位和劳动者符合法律、法规规定的主体资格。如果不符合此标准，不会被认定为劳动法上劳动关系。继而，我国出现了劳动关系认定的第四个标准——主体标准。

（一）用人主体

依据《劳动合同法》第2条的规定，用人单位应是依法成立的企业、个体经济组织、民办非企业单位等组织。然而，《劳动合同法》第93、94条对不具备合法经营资格的用人单位以及个人承包经营的规定引发了不具备合法经营资格的用人单位、个人承包经营者与所雇劳动者之间是雇佣关系还是劳动关系之争议。

1. 不具备合法经营资格的用人单位

《工伤保险条例》（2003年）第63条首次对不具备合法经营资格的用人单位进行了列举式规定，即无营业执照或者未经依法登记、备案的单位以及被依法吊销营业执照或者撤销登记、备案的单位。人力资源和社会保障部将其概括为"非法用工单位"②，由此承认不具备合法经营的单位与劳动者存在劳动关系，并将此类单位的工伤赔偿纠纷纳入劳动争议受案范围。《劳动合同法》第93条则明

---

① 判决书中，法官认为判断双方关系是否符合劳动法的本质特征，应当从是否具有经济上、组织上和人格上的从属性进行考察，综合考虑双方是否具有主体资格、用人单位依法制定的各项规章制度是否适用于劳动者、劳动者劳动过程中是否需要服从用人单位的指挥监督、是否从事用人单位安排的有报酬的劳动等因素。

② 参见《非法用工单位伤亡人员一次性赔偿办法》（中华人民共和国劳动和社会保障部令第19号，2003）第2条。

确了此类用人单位的法律责任，尤其是对劳动者的法律责任。有观点认为，该条已经将非法用工关系纳入了劳动合同法的调整范围。只要非法用工单位与劳动者签订的不是违反法律强制性规定，违背社会善良风俗和社会公共道德的劳动合同，即使存在非法用工，也应当承认其劳动关系的存在。① 此观点为非法用工单位具有签订劳动合同主体资格说。亦有观点认为，非法用工单位违反法律规定，其与劳动者订立的劳动合同属于无效合同。此为非法用工单位不具有签订劳动合同主体资格说。② 从《劳动合同法》第93条条文分析，该条并未赋予不具备合法经营资格用人单位用工的合法主体资格，也就不具有签订劳动合同主体资格，但其应为非法用工行为承担法律责任，这是侵权责任的规定而非契约责任的规定。劳动者请求权基础也应是侵权而非违约。为了保护农民工工资权，《保障农民工工资支付条例》第17、18、19、36条进一步明确了不具备合法经营资格的单位对招用的农民工有工资支付义务。同时规定，在其拖欠农民工工资的情况下，派遣用工单位、发包单位则依法承担被拖欠农民工工资的清偿责任。

2. 个人承包经营者

个人承包包括内部承包和外部承包两种。内部承包中，承包人在组织上从属于发包人，以发包人名义从事活动，承包人所使用的劳动者以发包人为用人单位。外部承包中，发包人与承包人之间是承揽关系，承包人是其所雇佣的劳动者的用人单位（雇主）。③ 在外部承包中，发包方与承包方是一种民法上的承揽关系，承包方按照发包方的要求，交付工作成果，发包方给付报酬。除发包方和承包方另有约定，承包方应当以自己的设备、技术和劳力，完成主要工作，独立承担取得工作成果的风险。《中华人民共和国建筑法》明确规定建筑工程合同的承包人（或承揽人）资格，禁止建筑工程的

---

① 王林清：《劳动争议裁诉标准与规范》，人民出版社2011年版，第22页。
② 信春鹰主编：《中华人民共和国劳动合同法及实施条例》，中国法制出版社2008年版，第233页。
③ 王全兴：《劳动合同法条文精解》，中国法制出版社2007年版，第304页。

违法承包和分包。[①]

有判例认为个人承包经营关系中，承包经营人所雇佣的劳动者仅与承包人有雇佣的合意，与发包人之间并无雇佣合意。对劳动者日常劳动进行组织管理并发放相应劳动报酬者的为承包经营者而非发包方。发包方与个人承包经营者所雇劳动者并不存在劳动关系。但《劳动和社会保障部关于确立劳动关系有关事项的通知》（劳社部发〔2005〕12号）第4条规定[②]，在建筑企业和劳动者之间拟制存在劳动关系，其目的是保障广大劳动者尤其是外来务工人员获取劳动报酬、享受工伤保险待遇等劳动法上的基本权利。[③] 亦有观点认为，应认定个人承包经营者的前一手具有用工主体资格的承包人、分包人或转包人与劳动者之间存在劳动关系，承担劳动法上用人单位法律责任。[④] 司法实践多采纳第一种观点，如《广东省高级人民法院、广东省劳动人事争议仲裁委员会关于审理劳动人事争议案件若干问题的座谈会纪要》（2012年6月21日）第13条规定。[⑤]

[①] 《中华人民共和国建筑法》第26条规定，承包建筑工程的单位应当持有依法取得的资质证书，并在其资质等级许可的业务范围内承揽工程。禁止建筑施工企业超越本企业资质等级许可的业务范围或者以任何形式用其他建筑施工企业的名义承揽工程。禁止建筑施工企业以任何形式允许其他单位或者个人使用本企业的资质证书、营业执照，以本企业的名义承揽工程。第29条规定，建筑工程总承包单位可以将承包工程中的部分工程发包给具有相应资质条件的分包单位；但是，除总承包合同中约定的分包外，必须经建设单位认可。施工总承包的，建筑工程主体结构的施工必须由总承包单位自行完成。禁止总承包单位将工程分包给不具备相应资质条件的单位。禁止分包单位将其承包的工程再分包。

[②] 《劳动和社会保障部关于确立劳动关系有关事项的通知》（劳社部发〔2005〕12号）第4条规定："建筑施工、矿山企业等用人单位将工程（业务）或经营权发包给不具备用工主体资格的组织或自然人，对该组织或自然人招用的劳动者，由具备用工主体资格的发包方承担用工主体责任。"

[③] 浙江省宁波市中级人民法院："徐泽富与华丰建设股份有限公司劳动争议案"，见（2010）浙甬民一终字第1056号判决书。

[④] 王林清：《劳动争议裁诉标准与规范》，人民出版社2011年版，第19页。

[⑤] 《广东省高级人民法院、广东省劳动人事争议仲裁委员会关于审理劳动人事争议案件若干问题的座谈会纪要》（2012年6月21日）第13条规定，发包单位将建设工程非法发包给不具有用工主体资格的实际施工人或者承包单位将承包的建设工程非法转包、分包给不具有用工主体资格的实际施工人，实际施工人招用的劳动者请求确认其与具有用工主体资格的发包单位或者承包单位存在劳动关系的，不予支持，但社会保险行政部门已认定工伤的除外。劳动者依照《广东省工资支付条例》第32条、第33条或《广东省工伤保险条例》第42条与《非法用工单位伤亡人员一次性赔偿办法》直接主张由发包单位或者承包单位与实际施工人连带承担相应法律责任的，应予支持。

就立法目的而言，《劳动合同法》第94条并非确立发包方与个人承包经营者所雇劳动者的劳动关系，而是为了解决个人承包经营者侵害劳动者权益，却没有足够的能力对劳动者进行赔偿，或者个人承包经营者逃避承担赔偿责任，劳动者很难得到赔偿的现实问题。① 通过规定发包的组织与个人承包经营者承担连带赔偿责任，来有效保护劳动者的合法权益。将个人承包经营者所雇劳动者纳入《劳动合同法》的保护范围。《保障农民工工资支付条例》第18、19、36条明确规定，个人拖欠所招农民工工资的，使用其派遣农民工的用工单位、发包单位应依法承担被拖欠农民工工资的清偿责任。法律拟制发包组织、个人承包经营者与所雇劳动者存在劳动关系，由发包组织与个人承包经营者承担连带赔偿责任，纳入劳动争议受案范围，无疑有其社会利益之考量，可谓之"拟制劳动关系"。我国台湾地区"劳动基准法"第62条有类似之规定②，其立法说明为，"本法以保护劳工最低劳动条件为宗旨，但其适用上有第三条规定各业之事业单位限制，承揽人即俗称包工，常不具事业单位之条件，有以个人身份从事承揽业务者，而其所雇劳工之工作则与一般事业单位无异，故特令事业单位应付职业灾害补偿之连带责任"③。从立法意义上，对发包者责任加重有利于促进发包人谨慎选择承揽人，并在承揽过程中监督承揽人对劳动者合法权益之落实，避免发包人通过承揽来转移劳动法责任以规避直接雇佣之风险。

（二）劳动主体

劳动主体，即劳动者，是劳动力的所有者和给付者。法律上的劳动者是一种法律主体，是由法律赋予其劳动权利义务的自然人。由于各法域的理念和立法宗旨不同，不同法域中的劳动者的含义也

---

① 信春鹰主编：《中华人民共和国劳动合同法及实施条例》，中国法制出版社2008年版，第234页。

② 我国台湾地区"劳动基准法"第62条规定，事业单位以期事业招人承揽，如有再承揽者，承揽人或中间承揽人，就各承揽部分所使用之劳工，均应与最后承揽人，连带本章所规定雇主应负职业灾害补偿责任。事业单位或承揽人或中间承揽人，为前项之灾害不尝试，就其补偿之部分，得向最后承揽人求偿。

③ 黄程贯主编：《劳动法》，中国台湾：新学林出版股份有限公司2012年版，第478页。

不尽相同。宪法上的劳动者含义最为复杂。我国宪法未直接规定劳动者的含义，而是通过有关条文表现出来的，有以下几种含义：（1）与剥削阶级相对的阶级群体，如《宪法》（2004年修正）序言的规定。（2）具有劳动能力的劳动者，包括农业劳动者和城镇劳动者，就业前的劳动者和就业后的劳动者，如《宪法》第8、42条。（3）劳动关系中的劳动者，如《宪法》第43、44条的规定。①

我国劳动法上的劳动者分为广义上的劳动者和狭义上的劳动者。前者指具有劳动主体资格的自然人，即劳动力市场中的劳动者，包括未就业劳动者和已与用人单位建立劳动关系的劳动者；后者是指已与用人单位建立劳动关系的劳动者。②《中华人民共和国劳动合同法》未明确界定作为劳动合同主体的劳动者。劳动合同法上的劳动者包括劳动合同订立、履行、变更、终止过程中的具有劳动主体资格的自然人。一般认为，劳动主体资格受制于年龄、健康、智力和行为自由的因素。只要自然人达到法定就业年龄，有从事职业所必需的健康条件和智力条件，且有行为自由，就是劳动合同当事人一方的劳动主体。目前，关于劳动主体争议焦点为达到法定退休年龄劳动者和在校大学生是否能成为劳动合同主体。

1. 在校大学生

2007年媒体发布的《麦当劳肯德基涉嫌违规用工》引发了兼职的在校大学生是否是劳动法上劳动合同主体的热议。当年，广东省人力资源和社会保障厅明确表示，根据劳部发〔1995〕309号文件，大学生不属于劳动法上劳动者，与用人主体之间不存在劳动关系。③ 有律师认为，在肯德基、麦当劳里工作的学生与聘用他们的公司之间就是劳动关系，就应该签订劳动合同，受劳动法的保护。④

---

① 侯玲玲、王全兴：《劳动法上劳动者概念之研究》，《云南大学学报》（法学版）2006年第1期。

② 侯玲玲、王全兴：《劳动法上劳动者概念之研究》，《云南大学学报》（法学版）2006年第1期。

③ 钟玉明：《广东劳动监察部门认定麦当劳肯德基存在违法用工》，2014年2月16日，新浪财经（http：//finance.sina.com.cn/xiaofei/consume/20070410/17513488837.shtml）。

④ 王华平：《劳动法专家叫板麦当劳肯德基》，2014年2月16日，搜狐新闻（http：//news.sohu.com/20070404/n249189031.shtml）。

学界主要从行为自由来判断在校大学生是否具有劳动者资格。目前，主要有两种观点。(1) 在校大学生的劳动行为自由受到限制，一般不能成为招工对象，仅在暑假、寒假期间可被招为临时工。[①] (2) 具有学籍应接受学校管理和纪律约束的在校生，不能被视为具有劳动法上的人身自由而成为劳动法上的劳动者。将学生打工看作劳务关系，有利于学生基本权利和合法权益的保护。[②]

根据劳部发〔1995〕309号文件的规定，勤工助学大学生并不具有劳动法上的劳动者资格，不能成为劳动合同的主体。为保护大学生的合法权益，教育部和财政部于2007年联合颁布了《高等学校学生勤工助学管理办法》（教财〔2007〕7号），对在校大学生勤工助学的酬金标准和支付进行了明确规定，同时限制了校内勤工助学最长时间，即学生参加勤工助学的时间原则上每周不超过8小时，每月不超过40小时。实际上，明确勤工助学学生的工资最低标准、最长工时限制和职业灾害救济就能起到保护作用。一旦勤工助学大学生与用工单位发生争议，上述标准可以作为法定基准，成为法院判案的依据。然而，教财〔2007〕7号文件似乎并不鼓励在校大学生勤工助学而是进行了严格限制。该文件第6条规定，勤工助学活动由学校统一组织和管理。任何单位或个人未经学校学生资助管理机构同意，不得聘用在校学生打工。学生私自在校外打工的行为，不在本办法规定之列。这显然不现实也不具有可操作性。由于大部分雇佣寒暑假勤工助学的学生的单位和个人不可能都经过学校学生资助管理机构同意，该文件保护在校大学生权益之功能大大限缩。

2. 达到法定退休年龄劳动者

劳动法学界一般认为，退休年龄不能认为是推定劳动行为能力完全丧失的年龄，只应推定为限制劳动行为能力人，仍允许从事不妨碍老年人身体健康的劳动。[③] 但法定退休年龄是否是劳动合同主体的限制性条件？理论和实务界颇有争议。有观点认为，法定退休年龄不是劳动合同主体限制条件，是否依法享受基本养老保险待遇

[①] 王全兴：《劳动法》（第3版），法律出版社2008年版，第83页。
[②] 秦国荣：《劳动权保障与〈劳动法〉的修改》，人民出版社2012年版，第33页。
[③] 王全兴：《劳动法》（第3版），法律出版社2008年版，第82页。

是劳动合同主体限制条件。① 有学者主张退休自愿权,认为当劳动者达到法定退休年龄,应有自愿选择退休权,一旦选择退休享受基本养老保险待遇时,就丧失了劳动法上劳动主体资格,进入社会保险法保护范畴。②《劳动合同法》采纳了不以退休年龄作为劳动权利行使终止标准的国际惯例,该法第44条并未将退休作为劳动合同终止的情形之一。③ 最高人民法院《关于审理劳动争议案件适用法律若干问题的解释(三)》(2010年9月13日)第7条也未将劳动者达到法定退休年龄作为认定劳动者是否丧失劳动法上劳动主体资格的决定性条件。然而,《劳动合同法实施条例》(下简称《实施条例》)第21条将法定退休年龄作为劳动合同终止决定性条件,其理由在于,如果劳动者达到法定退休年龄且无法享受基本养老保险待遇但无法终止劳动合同,将会实际改变我国法定退休年龄,与现行法定退休年龄的规定不一致,必将导致退休年龄的混乱。该条是为解决上述问题而对《劳动合同法》的补充。④《实施条例》再次强调了我国强制退休制度安排。《劳动合同法实施条例》第21条实质上修改了《中华人民共和国劳动合同法》第44条,显然违反了《中华人民共和国立法法》第56条和第79条。⑤ 法律、法规、最高人民法院司法解释之间的冲突使得各地劳动仲裁和法院对已达到退休年龄但未依法享有基本养老保险待遇或领取退休金的人员与用人单位之间的法律关系性质认识不一致,有的地方按照雇佣关系处理,有的地方则按照劳动关系处理,前者适用《合同法》,主要依据双方合同约定权利义务;后者适用《劳动法》《劳动合同法》,双方合同约定必须遵守国家法定基准,如最低工资、最高工时、休息休假、社会保险、工伤赔偿、经济补偿等。

---

① 王林清:《劳动争议裁诉标准与规范》,人民出版社2011年版,第17页。
② 李海明:《论退休自愿及其限制》,《中国法学》2013年第4期。
③ 信春鹰主编:《中华人民共和国劳动合同法及实施条例》,中国法制出版社2008年版,第120页。
④ 信春鹰主编:《中华人民共和国劳动合同法及实施条例》,中国法制出版社2008年版,第283页。
⑤《中华人民共和国立法法》第56条规定,国务院根据宪法和法律,制定行政法规。行政法规所规定的事项是为执行法律的规定需要制定行政法规的事项。第79条规定,法律的效力高于行政法规、地方性法规、规章。

柳州市"钟某诉 H 公司一案"的处理过程实证了此种冲突的存在。① 劳动争议仲裁委员会的观点是，劳动者达到法定退休年龄即不具备劳动法上劳动者资格，与用人单位不存在劳动关系，不具备劳动争议主体资格，对钟某仲裁申请做出不予受理决定，一审法院维持了仲裁裁决，驳回钟某起诉。钟某提起上诉。二审法院认为一审法院以钟某主体不适格为由，驳回钟某的起诉不当，裁定撤销一审裁定，指令一审法院予以受理。最终，一审法院支持了钟某的主张，认为钟某虽已超过法定退休年龄，但尚未享受基本养老保险待遇，双方之间存在劳动关系。与之相反，广东"胡某诉某设备公司一案"中②，劳动仲裁委员会认为，胡某已达到法定退休年龄，不具备劳动者的主体资格……双方争议不属于劳动争议。法官对达到法定退休年龄的劳动者与用人单位之间的用工关系是否是劳动关系有两种不同的观点：（1）劳动关系，持此观点的法官认为，达到法定退休年龄的人员与退休人员是两个不同的概念，只有达到法定退休年龄，并已经开始享受养老保险待遇或领取退休金的人员，才属于退休人员。《劳动合同法实施条例》第 21 条规定应当理解为劳动者达到法定退休年龄，可以作为终止劳动合同的合法事由，用人单位和劳动者均可以就此主张劳动合同终止，并为劳动者办理相应的退休手续。而如果劳动者达到法定退休年龄，用人单位和劳动者均未提出终止劳动合同，表明双方均有继续履行劳动合同的意思表示，双方的用工关系仍为劳动关系，受《劳动法》的调整。③（2）劳务关系。持此观点的法官认为，④《劳动合同法》第 44 条第 6 项规定，劳动合同终止的其他情形可由法律、行政法规规定。《劳

---

① 周琳：《已经达到法定退休年龄，未开始依法享受基本养老保险待遇的人员，与用人单位的用工关系仍为劳动关系》，2014 年 2 月 16 日，柳州市中级人民法院网站（http://lzzy.chinacourt.org/public/detail.php?id=2729）。

② 谭玲主编：《劳动争议审判前沿问题研究》，中国民主法制出版社 2013 年版，第 29 页。

③ 周琳：《已经达到法定退休年龄，未开始依法享受基本养老保险待遇的人员，与用人单位的用工关系仍为劳动关系》，2014 年 2 月 16 日，柳州市中级人民法院网站，（http://lzzy.chinacourt.org/public/detail.php?id=2729）。

④ 谭玲主编：《劳动争议审判前沿问题研究》，中国民主法制出版社 2013 年版，第 29 页。

动合同法实施条例》第 21 条规定，劳动者达到法定退休年龄，劳动合同终止。劳动者在达到法定退休年龄后仍在用人单位工作的，与用人单位形成的是劳务关系。

《劳动合同法实施条例》第 21 条立法理由为，1978 年 5 月 24 日第五届全国人民代表大会常委会委员会第二次会议原则批准的《国务院关于安置老弱病残干部的暂行办法》以及《国务院关于工人退休、退职的暂行办法》依然有效。为避免《劳动合同法》第 44 条实际改变我国法定退休年龄之结果，《实施条例》第 21 条明确将法定退休年龄作为劳动合同终止的标准，即劳动权利义务终止标准。[1]《国务院关于安置老弱病残干部的暂行办法》及《国务院关于工人退休、退职的暂行办法》虽然有效，但当今中国的劳动用工以及退休养老模式发生了巨大变化，对于上述法规的理解应根据社会变化从其立法目的解释，而不能简单地文义解释。1978 年的背景是计划经济，国家规定法定退休年龄的目的在于，劳动者达到法定退休年龄，由国家统一妥善安置生活，这是社会主义制度优越性的具体体现，同时也有利于工人队伍的精干。然而，我国现在实行的是市场经济，国家不再包揽达到法定退休年龄人员退休之后的生活。虽然近些年国家开始重视社会养老保险制度建设，但是很多年龄偏大的劳动者没有缴费或者缴费年限不够不符合现行基本养老保险待遇的条件。在这些人养老生活没有保障的情况下，剥夺其劳动主体资格，使其无法享受劳动法上权利，有悖 1978 年《国务院关于安置老弱病残干部的暂行办法》及《国务院关于工人退休、退职的暂行办法》立法目的。只有当劳动者达到法定退休年龄，可享受基本养老保险待遇或退休金，老年生活有保障时，该劳动者丧失劳动法上劳动主体资格，劳动合同终止。如果劳动者达到法定退休年龄，可享受基本养老保险待遇或退休金，但其不愿意办理退休手续而没有实际享受基本养老保险待遇，劳动法上劳动主体资格依然消失，劳动合同终止。反之，达到法定退休年龄，无法享受基本养老保险待遇或退休金的人员仍然具有劳动法上劳动主体资格，劳动合同继续履行。

---

[1] 信春鹰主编：《中华人民共和国劳动合同法及实施条例》，中国法制出版社 2008 年版，第 283 页。

第二章

工资契约自由与管制

第一节 工资契约管制之理论基础

工资作为劳动力市场的价格要素,用人单位与劳动者通过契约约定,同时也是各国(地区)劳动立法的重要规制对象。工资的市场决定与规制是经济学和法学的争议焦点。以最低工资为例,以自由经济学派张五常为代表,认为合约的自由选择是关键,如果没有最低工资、劳工法例、福利综援等干预着合约的自由选择,西方国家的高失业率也不可能那样顽固难下。[①] 经济学界对国家通过最低工资干预劳动力市场价格对就业影响的观点不尽相同,如美国经济学者通过对快餐店的实证研究,认为尽管提高法定最低工资增加了低收入劳动者的收入,却没有减少他们的就业。[②] 经济全球化推动了自由市场全球化,自由市场经济学派复兴,放松劳动力市场管制的呼声越来越高,影响着各国(地区)的劳工政策和立法的选择。劳动者个体议价能力弱,不受任何干预的自由劳动力市场,经济全球化削弱了工会的力量,进一步弱化了劳工的议价能力。劳动者工资水平过低且被拖欠所造成的社会贫困,会引发严重的社会问题,

---

① 张五常:《制度的选择》,中信出版社2014年版,第243页。
② 1994年Allan Krueger和David Card对提高了法定最低工资的新泽西州和没有提高最低工资的宾夕法尼亚州交界处采集快餐店雇员数据,结果发现,虽然新泽西州提高了最低工资,但这些快餐店并没有工作岗位流失。柯振兴:《美国总统选举议题之最低工资:涨不涨?怎么涨》,文章来源于他的个人网站《美国劳动法观察》,2017年2月16日,发布时间2016年2月26日,https://uslaborlawob.com/2016/02/observation/451/。

甚至政治危机。① 历史证明，工资干预是解决社会问题和政治危机的不得已的选择。工资的管制和自治的紧张或和谐关系，充斥着劳动法领域，如何处理，不仅是我国面临的难题，也是国际难题。

一　工资契约自由与古典契约法

自由经济学派所推崇的完全不受干预的合约自由，其核心在于"约定必须遵守"的市场原理，即当事人通过自由约定来决定私人事务。古典契约法巧妙地配合了19世纪自由经济的发展。契约法与自由经济都把人当作个体经济单位看待，在理论上享有完全的自主权和决定权。② 自由经济的假设是，市场是进行资源配置的最好方式，市场中的人都是平等、理性的经济人，他们通过理性判断来选择自己的行为，自由选择可缔约的对象，以达到利益的最大化，个人利益的最大化最终可以使社会利益最大化。在这些假设前提下，私人领域中的自我决定成为最优，无须任何干预。③ 古典契约法有三个核心观点：（1）合同是纯粹自由意志的产物；（2）合同是个别的、不连续的；（3）合同是即时的。这意味着在古典契约法中，合同双方主体是抽象平等的，合同本身能够对交易当事人的权利、义务、责任等做出明确而具体的约定，协议条款是明确静止的，不需要对未来事件做规划。④

意思自治的前提在于合同双方当事人主体地位的平等和选择的自由。一方面，古典契约法假设合同双方当事人之间抽象平等，无男人和女人、儿童和成年人、富人和穷人等之间的强弱差别，在这种无差别的力量均衡下，当然双方合意是自由意志的结果。另一方面，古典契约法假设的是合同双方当事人有选择的自由。这与自由

---

① 関健太郎，堀田昌英，市村靖光，大嶋大輔，常山修治. 労働時間規制及び賃金水準の確保に関する米国制度の調査研究. 土木学会論文集F4（建設マネジメント）. 2018；74（2）：I_154-63.

② ［美］格兰特·吉尔莫：《契约的死亡》，曹士兵等译，中国法制出版社2005年版，第6页。

③ 侯玲玲：《劳动合同的特殊性研究》，《法学》2006年第1期。

④ 刘承韪：《英美法对价原则研究：理解英美合同法王国中的"理论与规则之王"》，法律出版社2006年版，第4页。

市场经济自由交易的假设前提一致。假设市场上有多个自由主体存在，且没有人为的选择限制，市场主体可以根据市场规则自由选择最合适的合同相对人，以实现自身利益最大化。最终这种自由交换提高了财产利用效率，实现了彼此交换预期，这种交换必然是公平正义的。① 既然这种自由交易所形成的契约是正义的，那么法律就应该确保自由契约的有效和履行。契约神圣原则成为契约自由的重要制度，即双方当事人必须履行契约所产生的权利义务，法律保证契约履行，公共权力不得干预契约内容。

然而，真实社会并不是古典契约法所假设的社会。根植于19世纪民法所表述的人像——"自由且平等、既理性又利己的抽象的个人，是兼容市民及商人感受力的经济人"，是不考虑知识、社会及经济方面力量之差异的抽象的人。② 实际上，在契约中商家和消费者、雇主和雇工之间均作为对等主体对待，完全忽略了两者之间经济实力、社会势力、情报收集能力的差异性。民法中的人就是不考虑各种能力和财力的抽象个人而存在的。③ 工资合同关系中，用人单位和普通劳动者之间根本无法实现平等。对于劳动者而言，劳动力具有不可储存性，不被雇佣，也会随着生命过程而消耗，而劳动者需要获得工资以维持自己及家庭成员的生活，从交易意愿来看，劳动者交换的紧迫性远远大于资本雇佣者，也就更容易妥协，接受资本雇佣方提出的工资价格条件，讨价还价的可能性并不大。对受雇劳动者而言，所谓的自由仅是人身自由和处分劳动力的自由，但经济上难以自由。④ 统治者的力量是指强制服从的物质力量，而财产的力量是一种用来压制别人的经济力量。在这种财产力量的压制下，受雇劳动者基本无自由可言。劳动力市场中，资本供给通常远远少于劳动力供给。经济全球化背景下资本全球自由流动而劳动力无法实现全球自由流动，进一步扩大了这种供给差距。在这种不平

---

① 侯玲玲：《劳动合同的特殊性研究》，《法学》2006年第1期。
② ［日］星野英一：《私法中的人》，王闯译，中国法制出版社2004年版，第7—8页。
③ ［日］星野英一：《私法中的人》，王闯译，中国法制出版社2004年版，第34—35页。
④ 侯玲玲：《劳动合同的特殊性研究》，《法学》2006年第1期。

等的供求关系下，劳动者可选择交易机会远远小于资本雇主。选择的机会越多，市场议价能力就越大。

劳动者个体议价能力远远不及资本雇佣者，双方所形成的合同难说是真实意思表示，王泽鉴就认为，在契约自由下，劳动条件实际上殆由雇主片面决定。① 不平等交易必然产生交换分配的不正义，过低工资水平的劳动者大量出现会导致社会贫困。② 所以，德国学者拉德布鲁赫认为，"现行契约自由制度不过是在不考虑任何社会伦理背景的情形下，将雇主与雇工的关系限制在双方的契约义务范围之内。这种依从关系曾是一种不符合人性的法律关系，但却不失为法律关系。……契约自由都只将劳动力当作物，不视为人"③。

此外，工资协议是典型的长期持续交易合约，受雇劳动者与雇佣资本之间基于工资协议形成了一种从属性的身份关系，工资给付与劳动给付一日、一周、一年，甚至更长时间地持续交换，在这种动态过程中，工资与劳动给付条款必然根据实际情况（如生产经营需要、劳动者身体状况等）而进行调整，如调岗调薪。这与静态不变的古典契约完全不同。正是由于工资合同的出现，学界一度提出"契约死亡"之说，质疑古典契约模式。但也有观点认为，应该死亡的"契约"自始就不存在。④

二　工资的市场自由决定与市场失灵

依照自由经济学派的观点，工资作为劳动力市场价格应当由市场机制自由决定，受供求关系调节。按照传统的供求曲线分析，工资为零开始上升，一个人供应的时间量也跟着上升，到了某一点，每小时的工资升到高处时，个人每天工作的时间供应量会下降，休息事件的需求量会增加。工资上升即休息之价上升。到了某一点，

---

① 王泽鉴：《债法原理》第 1 册，中国政法大学出版社 2001 年版，第 81 页。
② 松永伸太朗.〝アニメーターの過重労働・低賃金と職業規範〞. 労働社会学研究 17（2016）：1 - 25.
③ ［德］拉德布鲁赫：《法学导论》，米健等译，中国大百科全书出版社 1997 年版，第 81 页。
④ ［日］内田贵：《契约的再生》，胡宝海译，中国法制出版社 2005 年版，第 43 页。

休息的需求量也在增加。休息之价则会上升，需求量也会上升。有观点认为，这种传统分析是错误的，因为人不可以每天工作24小时还活得很久。每个人会顾及自己因为工作过度而变得短暂的代价，雇主也不会雇佣疲惫得不能动的劳动者。[①] 事实上，基于就业竞争压力和正常工作时间工资过低的生活压力，超长时间工作的劳动者非常常见，自由市场竞争可能带来不道德的结果，出现贫富悬殊扩大、贫困人口增多、市场资源分配不公正等问题，即市场失灵。

我国劳动力市场调节工资存在以下问题。（1）工资分配不公正。在自由市场经济中，劳动工资、土地地租、资本利润是由市场自由竞争决定。收入差别最主要是由拥有财富的多寡造成的。和财产差别相比，工资和个人能力的差别是微不足道的。[②] 经济全球化和民族国家政策选择使得资本和商品可以在全球化市场中实现自由流动，而劳动力受制于各国（地区）移民政策则无法实现全球市场的自由流动。这种不完全竞争的劳动市场进一步加剧了劳资之间议价能力的不公平性，加剧了收入分配不公平。（2）工资议价存在劳动者信息偏差。在完全竞争的市场机制下，所有信息都可以凝聚在价格中。在这种能够保证信息的完整性的社会中不存在不确定性。[③] 劳方得以与处于经济强势地位的资方进行工资博弈，除了通过团体力量提升谈判能力外，充足的信息量亦是公平议价的前提。然而，劳动力市场中，用人单位与劳动者信息严重不对称性，用人单位和劳动者对交易信息的掌握是不对等的，存在信息优势和信息劣势差异，导致利益向用人单位方倾斜，影响着劳动力真实市场价格的最终形成。以最低工资为例，国内有学者就"工人对于最低工资的了解和最低工资水平如何影响工资水平和就业"进行模拟实验。结果显示，工资水平分别与最低工资限制和工人对于最低工资政策的了解程度呈正相关关系。当工人对于最低工资标准并不知情时，最低

---

① 张五常：《收入与成本——供应的行为》上篇，中国香港：花千树出版有限公司2011年版，第21—22页。

② [美] 保罗·A. 萨缪尔森、威廉·D. 诺德豪森：《经济学》下（第12版），中国发展出版社1992年版，第1252页。

③ [日] 植草益：《微观规制经济学》，朱绍文等译，中国发展出版社1992年版，第13页。

工资会成为企业的一个负的参考点，使得那些原本在没有最低工资标准限制时支付较高工资的企业将它们支付的工资降到最低工资水平。① （3）工资问题的外部负经济效应。工资作为劳动力市场交易的价格成本会产生一定的溢出效应（外部性），当这种外部效应对交易第三人产生不利影响时，则为负效应。工资作为劳动者主要收入来源，也是消费购买力的保障。马克思曾指出："消费者并不比生产者自由，他的意见是以他的资金和他的需要为基础。"现代社会，雇佣劳动是主要就业形态，也是社会必需品的主要消费者。工资水平上升，社会购买力增强；工资水平下降，劳动者可支出的资金减少，则会降低消费需求。② 此外，工资冲突带来巨大的社会损失成本。实证研究和历史研究毫无例外地印证了工资不仅是劳资冲突的焦点核心，也是影响社会稳定安全的主要因素。欠薪问题在我国长期存在，劳动者及家庭生活因为被拖欠工资而受到严重影响。在讨薪无果的情况下，经常发生跳楼、绑架、杀人放火等过激讨薪行为，诱发了刑事犯罪；集体性讨薪事件涉及人数多，一旦采用堵路等方式来维权，直接危及社会稳定和安全。当工资收入分配无法被劳动者普遍接受，劳动者生活水平严重受损，不足以维持生活陷入贫困，无法实现体面生活和人格尊严时，可能会引发纠纷和社会暴动。英国著名学者 E. P. 汤普森在《英国工人阶级的形成》中经过广泛的社会调查充分揭示了工业革命时期的雇佣劳动者的生活状况。19 世纪下半叶，在当时世界上最富裕的国家中，贫困仍然是一种普遍现象，英国工人阶级的暴力反抗斗争仅仅是对生活条件恶化做出的反应。③ 犯罪率上升，暴力冲突增加让工资冲突不再限于对私人领域的经济影响，而是冲击社会秩序造成巨大的社会成本损失。

---

① 王湘红：《工资制度、劳动关系及收入：基于行为理论的研究》，中国人民大学出版社 2012 年版，第 127—156 页。

② 関健太郎，堀田昌英，市村靖光，大嶋大輔，常山修治. 労働時間規制及び賃金水準の確保に関する米国制度の調査研究. 土木学会論文集 F4（建設マネジメント）.2018；74（2）：I_154-63.

③ ［英］E. P. 汤普森：《英国工人阶级的形成》下，钱乘旦等译，译林出版社 2013 年版，第 1003 页。

为了纠正劳动力市场失灵，实现契约自由与契约正义的调和，各国（地区）针对工资契约当事人的不平等性，对工资契约自由进行了不同程度的管制，通行的措施是通过最低工资、工资保障、工资集体合同等各种措施纠正不平等产生的不当结果。一方面，防止双方交换条件对结构上弱势的劳动者过于不利，实现社会保护功能；另一方面，继续维持现有政治、经济关系的完整运行，即劳动法的秩序或稳定功能。① 正如王泽鉴所言，契约的概念只能在自由和平等基础上才能建立起来，如果一方当事人不得不屈服于他人的意思，则自由其名，压榨其实，故契约自由应受限制为事理之当然。②

第二节　工资契约自由的劳动法管制

"管制"一词，英文为 Regulation，也称为规制。"管制"一词频繁出现在经济学、社会学、法学、政治学文献中。至今为止，并没有一个统一的综合性的管制定义。③ 英文 Regulation 通常翻译为管理、控制、规则。工业化社会中存在市场体系和社群体系两大体系。前者，私人、私经济组织可以自由地追求各自经济目标，其主要工具是私法，管制在这个体系中没有发挥多大作用；后者，国家寻求指导或鼓励那些如果没有国家干预就不会发生的经济活动，其目标是纠正市场失灵以满足集体或公众的需求。管制就是用来支撑社群体系的法律。④ 目前，工资契约之劳动法管制是一种公的规制。工资合同是合同的一种特殊类型，由双方通过合同自由约定工资合同的内容，宪法保障根据私人自治原则自主安排合同内容的原

---

① 林佳和：《劳动契约的管制与自治》，载林佳和《劳动与法论文集Ⅲ》，中国台湾：元照出版公司2014年版，第177页。
② 王泽鉴：《债法原理》第1册，中国政法大学出版社2001年版，第74页。
③ ［美］丹尼尔·F. 史普博：《管制与市场》，余晖等译，格致出版社、上海三联书店、上海人民出版社2008年版，第27页。
④ ［英］安东尼·奥格斯：《规制—法律形式与经济学理论》，骆梅英译，中国人民大学出版社2009年版，第2页。

则性自由，但立法者却可以安排或者限制宪法所保障的、与私人自治原则相适应的自由。这在劳动法中比在私法领域中更有意义。人们一致认为，仅通过合同原则不足以保障劳动者的自由、平等和人格保护。法律只承认符合其评价的合同。[①] 对于管制的必要性，早在 1891 年罗马教廷劳动通谕之新事通谕就有阐述，教宗良十三世明确提出政府在保障公正工作条件中的角色，应该是把贫苦者的利益提到最高程序，国家公法替劳动阶级所做的事情越多，那么找寻某种特殊办法来救济他们的需要就越少。神谕认为，劳动者无疑有权利接受任何工资水平，甚至完全不取报酬，但这只是一种假定：劳动者的劳动不仅是他个人所属，同时还是必要。生命之保存乃是每一个人和一切人的不可摆脱的义务，不能保存生命，实在是一种罪恶。因此，有一条自然律比人与人之间的任何合约更重要，这条自然律就是：报酬必须使工资获得者能够维持其合理而节约的安适生活。如果要替代国家的不适当干涉，实宜求助各种劳工团体或委员会，或是其他方法来保障工人利益，而国家则应对这些办法加以赞同与保护。[②] 劳动法上对工资合同自由管制的形式主要有以下几种。

一　劳动强制法对工资契约自由的限制

王泽鉴认为，契约自由包括五种内容：[③]（1）缔约自由，即自由决定是否与他人缔结契约；（2）相对人自由，即自由决定与何人缔结契约；（3）内容自由，即双方当事人得自由决定契约的内容；（4）变更或废弃的自由，即当事人得于缔约后变更契约内容，甚至以后契约废弃前契约（如合意解除）；（5）方式自由，即契约的订立不以践行一定方式为必要。

工资合同管制最主要的方式就是国家承认雇主与受雇劳动者的

[①] ［德］雷蒙德·瓦尔特曼：《德国劳动法》，沈建峰译，法律出版社 2014 年版，第 130 页。

[②] 劳动关系研究会元典工作小组：《罗马教廷劳动通谕选编》，内部刊印，2014 年 10 月 21 日，第 42—46 页。

[③] 王泽鉴：《债法原理》第 1 册，中国政法大学出版社 2001 年版，第 73—74 页。

不平等性，为了保护劳动者基本生活以及维持公平竞争秩序，而通过制定强制法的方式对工资合同自由进行干预。归纳现有工资合同自由强制法的内容，主要有：（1）工资额条款约定的管制。通过制定法定最低工资标准、同工同酬、加班工资溢价等规定，对工资合同的工资额条款进行规制。（2）工资合同履行约定的管制。合同通过工资支付特殊规则规定，如货币支付、按时支付、直接支付、全额支付等，以及对一定情形下未履行劳动义务的工资支付规定，如病假工资、带薪年休假工资等，对工资债务履行方式约定进行限制。（3）对于用人单位违反合同约定的法律责任规定。相对于其他国家（地区），我国劳动合同法对于工资合同管制更为严格，如我国劳动合同法对于无固定期限劳动合同签订的强制性规定，很大程度上限制了用人单位的缔约自由。只要劳动者符合签订无固定期限劳动合同的法定情形，用人单位依法必须与其签订无固定期限劳动合同，而无缔约自由。同时，我国劳动合同法规定用人单位必须与劳动者签订书面劳动合同，直接限制了用人单位与劳动者对于契约订立方式的选择自由。

二　集体合同法上的规范合同对工资契约自由的干预

集体合同法上的规范合同是对工资合同进行管制的又一主要形式，此类规范合同与工资合同区别在于，前者必须是集体性形成，而不是劳动者个人与用人单位所形成。集体形成的规范合同的最主要形式是集体合同。依据我国《集体合同规定》（中华人民共和国劳动和社会保障部令第22号，2003年）第3条规定，集体合同是用人单位与本单位职工依法就劳动报酬等事项，通过集体协商签订的书面协议，明确了其合同债之性质。第6条则明确了集体合同法规范效力，即对用人单位和全体职工具有法律约束力，同时，个别合同约定的工资等标准不得低于集体合同约定的标准。法国学者莱昂·狄骥认为，集体契约作为一种法定契约在本质上可以被称为"法律"的，具有稳定性的普遍规范，这些规范确立了个人在一段不确定的时间内所处的状态，并确定了在法律强制力保障之下的行为能力，这种协议是在两个或两个以上的团体之间形成，它创设了这样一类规则：它适用于那些协议签订之时的隶属于这些团体和后来隶属于这些团体的人。① 德国法学家伯恩·魏德士主张，集体劳资合同其实是私法上的集体性质的规范合同，除此之外，德国劳动法中经营协议作为雇主与企业管理咨询委员会之间关于经营事务的法律关系或经营问题的合同，就像集体劳动合同一样直接并强制地起着作用。集体合同和经营协议也称为集体协议或整体协议。与法律一样，这些协议在很大程度上决定着德国的劳动条件。因为对于劳动关系产生规范性的影响，所以这种协议属于法律渊源，它们产生了具有约束力的法律规则。②《德国集体合同法》第1条第1款明确规定了集体合同的债权性质和法规之性质。③

与国家强制法管制不同，此种管制方式是法律保障劳资双方集体自主形成契约，为了促成集体性契约形成，甚至赋予劳方某种程度上损害他人利益的积极权利（如罢工权）以及授予劳动力垄断之合法性。通过劳动者集体力量和一定的施压武器，以弥补个别劳动合同议价主体之间的不平等，实现契约之真正自由和社会自治。集体合同被赋予的法规性效力排除了个人的契约自由，舍弃了国家的积极实质介入。国家法律只是对集体程序必要要件予以规范，但实质性劳动条件，如工资等，由劳资双方自主协商。

三　司法衡平性控制

除了国家强制法和集体法上规范合同对工资合同管制这两种基本的形式之外，现代社会中，法官在解释和适用法律时也可能对工资合同形成规制，即劳动司法事实上成为重要的劳动契约管制形式。④ 最高法院或终审法院的裁决中所使用的，在成文法或习惯法

---

① ［法］莱昂·狄骥：《公法的变迁 法律与国家》，郑戈等译，辽海出版社、春风文艺出版社1999年版，第111页。
② ［德］伯恩·魏德士：《法理学》，丁小春等译，法律出版社2003年版，第105页。
③ 吴文芳：《德国集体合同"法规性效力"与"债权性效力"之研究》，《法商研究》2010年第2期。
④ 林佳和：《劳动契约的管制与自治》，载林佳和《劳动与法论文集Ⅲ》，中国台湾：元照出版公司2014年版，第197页。

的法律秩序中不存在的法律规则,谓之法官法。① 这些判决所产生的司法规则直接影响着日常生活中真正的现行法。最高人民法院推行的指导性案例制度,旨在通过法院生效的裁判,提炼裁判要点,要求法官审判类似案例予以参考,以实现法律适用的同一。② 指导性案例对以后相同判决没有规范效力,这不同于英美法系的判例法。但这些指导性案例连同最高人民法院的司法解释、地方高院或中院的指导性司法意见在实践中直接影响了现行法的实施,调整着现实生活中的劳资关系,对工资合同也起着一定的规制效果。个案中,法官对工资合同内容会有不同程度的控制,这与法官对于个别问题的主观认知有密切联系。

以年终奖金争议为例,随着企业薪资结构的变化,年终奖成为工资构成之一。在功能上,有与绩效挂钩的绩效型年终奖,有与劳动者工作表现挂钩的工资型年终奖,也有的年终奖并未设置具体条件,年终统一予以发放。年终奖作为高于劳动基准的工资给付,大多观点认为应由合同双方自由约定,属于当事人意思自治的范畴。也有观点认为,年终奖属于奖金,是否发放、何时发放、如何发放都属于用人单位权利,由用人单位决定。③ 然而,个案中,法官对于年终奖约定有一定的衡平控制。在深圳市某设备技术有限公司与张某因追索劳动报酬与经济补偿一案中,④ 双方于2003年1月25日签订《外贸部门目标利润考核管理规定》(以下简称《管理规定》)及《外贸部门利润目标考核细则》(以下简称《考核细则》),其中《考核细则》规定当年度超出年度净利润目标部分的50%为张某年终奖,《考核细则》第12条规定"不管因何种原因于年底前离开公司的业务人员将不享受年终奖"。张某某为该公司工作至2004

---

① [德]伯恩·魏德士:《法理学》,丁小春等译,法律出版社2003年版,第107页。
② 最高人民法院:《最高人民法院关于案例指导工作的规定》(法发〔2010〕51号),2017年10月22日,http://www.law-lib.com/law/law_view.asp?id=342688。
③ 汪洪:《双方关于员工提前离职不支付奖金的约定的效力》,载郝丽雅主编《劳动争议典型案例解析》,人民法院出版社2012年版,第201页。
④ 广东省深圳市中级人民法院民事判决书(2010)深中法民六终字第3178号,2017年5月16日,http://wenshu.court.gov.cn/content/content?DocID=1a26b231-da15-44fa-9026-7c4b08f2863d。

年6月22日离职。公司据《考核细则》第12条认为张某某没有完成一个年度的工作，因此不应获得年终奖。法官认为，因该条款系用人单位免除自己的法定责任，排除劳动者权利的约定，违反了法律的相关规定，故该约定条款应属无效。最终判决书写明，年终奖属于工资，只要劳动者提供了劳动，用人单位就应按照同工同酬原则，根据员工的相应工作时间折算年终奖，而不能以提前离职为由拒付年终奖。① 在杨某与深圳市某某货运代理有限公司因追索劳动报酬及经济补偿一案中，法院认为，虽然年终奖并非双方约定，也没有法律规定，但某某货运代理有限公司向杨某发放2010年、2011年年终奖4500元的事实，可以认定该公司存在向员工发放年终奖的规定，故对杨某年终奖支付的上诉请求予以支持。② 此判决支持了根据惯例发放年终奖，北京一中院的（2014）一中民终字第8682号判决书也持相同认识。上述判决凸显了司法在年终奖支付个案中的司法审查及衡平性控制。

四　经济全球化下工资契约管制之走向

当今世界，大多数国家是工资法定基准与工资集体合同（或整体协议）并用，共同规制工资合同。法定的劳动基准与集体谈判所形成的集体合同在功能上有一定的替代性作用。集体谈判机制发达的国家，国家对劳动关系的干预相对较少，劳动条件基本上由集体谈判所形成的集体合同确定；集体谈判机制欠发达的国家对个别劳动关系的干预相对加强，体现在制定大量劳动基准来影响劳动条件的确定。③ 我国在劳资关系处理中选择了国家统合模式，所谓国家统合模式，系指企业与劳工组织在一个社会结构中所扮演的角色由国家予以决定，在"量"的方面，对企业的功能与活动范围加以界

---

① 汪洪：《双方关于员工提前离职不支付奖金的约定的效力》，载郝丽雅主编《劳动争议典型案例解析》，人民法院出版社2012年版，第201—202页。
② 广东省深圳市中级人民法院民事判决书（2014）深中法劳终字第4694号，2017年10月22日，http://www.51djl.com/document/0/766/1744/5d816049-a471-4996-81ff-03da91332585.html。
③ 侯玲玲、王全兴：《中国最低工资法政策研究》，《中国劳动关系学院学报》2008年第1期。

定与限制，在"质"的方面，透过立法予以命令或禁止。① 对工资进行全面规制，包括合同主体、最低工资价格、工资合同履行和保障等。劳动合同法实质上丧失了以契约自由为原则的合同法特征，而侧重于公法性质的基准法。一旦劳动者工资权益得到劳动基准法充分保护，劳动者通过团结权以团体力量与资方缔约工资集体合同的内在驱动力将会减弱。事实上，我国集体谈判机制受制于现实因素（如工会缺乏代表性、集体争议权缺失等）而使集体合同难以在工资决定中起到实质性作用。经济全球化对于各国工资管制更是一个挑战。经济全球化实质是全球市场经济自由化。在资本自由流动和劳动力非自由流动的全球化市场进程中，解除管制而富有弹性的劳动力市场成为许多国家（地区）的政策选择。这种政策导致资方要求劳动立法全面放松管制，灵活性和非正规性就业群体增多。这些灵活就业和非正规就业劳动者工作具有不稳定性，没有职业保障和福利待遇，也没有集体谈判权，权利极易受到损害。同时，非正规就业削弱了工会的组织程序，从而也削弱了正规就业部门劳动者工资谈判的力量。② 有学者提出，传统劳动法的错误在于仅是对劳动者的社会保护而未兼顾其他目的，忽视了它与经济体系、劳动力市场体系的紧密联系，现代劳动法应维护整体国民经济体系的竞争力、功能性，有助于经济的成长与劳动力需求的成长。也有学者认为，管制是劳动法不会消失的宿命，也是劳动法最重要的核心。③

  劳动法有其产生的历史必然性。劳动法对工资契约自由的管制依然是其历史使命。劳动者获得公平工资，维持劳动者及其家庭基本乃至体面的生活，这是劳动者作为人所应获得的神圣权利。完全不受限制的自由理论将带来财富分配上巨大而不公平的差别，让大多数工资劳动者陷入贫困，这确实是一种严重的罪恶，贫困会引诱劳动者堕落，而将人类拖入更大的危机。工资也是劳动力市场价

---

① 黄越钦：《劳动法新论》，中国政法大学出版社2003年版，第78页。
② 黄黎若莲、蒋晓阳：《经济全球化与社会政策的选择》，载郑功成、郑宇硕主编《全球化下的劳工与社会保障》，中国劳动社会保障出版社2002年版，第96页。
③ 林佳和：《劳动契约的管制与自治》，载林佳和《劳动与法论文集Ⅲ》，中国台湾：元照出版公司2014年版，第213—214页。

格，不能忽视工资水平对市场的影响和调节功能，即工资不应对就业产生重大阻碍，一旦对就业造成重大阻碍，不仅失业人口增多，工资收入来源消失，劳动者生存亦会受到威胁。所以，工资应有一个公平水平，既能最大限度创造雇佣机会，也能保障每一个人的生活必需。从工资决定机制看，工资水平应主要由市场机制决定，国家通过法定最低工资标准的制定保证劳动者及其家庭的基本生活，但不能替代市场机制对工资决定的影响，也不能对市场机制造成严重损害。如何发挥集体合同对工资决定的作用，实现工资决定的市场主体平等和意思自治，通过集体议价实现公平工资，将是我们在经济全球化下应该考虑的问题。在我国，欠薪一直是存在的问题，经济全球化会扩大欠薪风险，如2008年国际金融危机对我国经济的影响，大量企业倒闭引发欠薪问题。如何确保劳动者工资债权之实现，是促进劳资关系和谐和社会稳定之根本。建立欠薪预防和处理机制则是我国面对经济全球化挑战之重要应对。

此外，国民生产总值在工资、利润和税收之间初次分配，税收越多、利润越高，工资分配就越少。劳资之间公平议价仅是争取工资与利润分配的比例，然而，当税收占比过高，劳资之间可供谈判分配的利益就会被压缩。因此，国家税收作为宏观调控手段对工资水平也有至关重要的作用。经济全球化必然对国家管制劳动力市场带来冲击，过于依赖提高法定最低工资标准来促进工资水平增长，一方面可能造成市场价格机制僵化，损害市场机制调配资源的效率；另一方面必然造成产品价格攀升，从而削弱我国企业参与国际竞争的价格优势。因而，如何通过税收等财政政策调整来提高国内工资水平和消费力，降低企业生产成本和提高企业国际竞争力，应是我国宏观调控政策应为之举。

第三章

工资权界定及理论根源

第一节 工资权的界定

劳动法学界关于工资权界定的研究较为少见。胡玉浪在博士学位论文《劳动报酬权研究》中对劳动报酬权予以了界定,依照其观点,劳动报酬概念适用范围较工资概念广泛。事实不可否认的是工资是报酬的核心。因此,该文对劳动报酬权的界定在某种意义上也是对工资权的界定。依照胡玉浪的梳理,对劳动报酬权主要有如下界定[①]:(1)工资权是与劳动者的劳动给付义务相对应的一项权利[②];(2)劳动报酬权是劳动者让渡劳动力支配权而取得的权利[③];(3)劳动报酬权是劳动者在产业雇佣劳动过程中付出了劳动,享受的从用人单位取得劳动报酬的权利[④];(4)劳动报酬权是劳动者基于劳动关系而享受的获得劳动报酬的权利[⑤]。上述界定的共性是"工资权是基于劳动者与用人单位之间交换关系而产生的权利,只是在界定方式和内涵上有所不同。"针对(1)(2)(3)的界定,胡玉浪认为,(1)未明确内涵,(2)(3)内涵界定存在缺陷,即仅将劳动报酬权界定为劳动给付的对价,未包含劳动关系存续期间,在法定特殊情况下未付出劳动的工资给付义务。因此,其界定

[①] 胡玉浪:《劳动报酬权研究》,博士学位论文,厦门大学,2007年,第13—15页。
[②] (王全兴,2004年)
[③] (董保华,2006年)
[④] (郑尚元,2004年)
[⑤] (胡玉浪,2007年)

劳动报酬权为（4）。依据该观点，基于从属劳动关系所得都是劳动报酬，包括劳动法上的工资和恩惠性给付。然而，用人单位的恩惠性给付是其在劳动关系期间自愿单方给予劳动者的福利，包括现金和实物，如员工生日期间的现金红包、购物卡、蛋糕卡或蛋糕等，这种恩惠性给付与劳动者是否提供劳动给付没有直接关系，虽然是劳动者利益，但并非用人单位基于契约和法律规定所承担的义务，劳动者并不享有获得福利的权利。

有观点认为，权利是指享受特定利益，法律所赋予之力。[①] 有观点认为，权利是一种由法律取得可以独立贯彻法律所保护利益（法益）的意志力。权利兼备法律所保护之特定利益和法律所保障的意志力。[②] A.J.M.米尔恩认为，权利概念之要义是资格，即享受特定利益的资格。对于任何权利，都必须可能说出何种作为和不作为对它的侵犯，否则不存在一项权利。[③] 也就是说，权利必须有相应的义务，即每个人负有不得侵犯他人权利的事情的一般义务。霍菲尔德则认为"权利"一词包含了要求、特权或自由、权力以及豁免，它们都是法律上的优势，共同之处在于资格。[④] 权利来自法律授予，并受法律保护。依照此权利定义，工资作为劳动者与用人单位依法交换劳动力使用权的所得劳酬，应是法律所保护的特定利益，为了实现该特定利益，或为了维护其圆满之状态，法律赋予劳动者对工资具有或可发生一定的请求权，得请求用人单位为给付工资的行为。[⑤]

工资是劳动合同的核心条款之一，用人单位的工资支付义务和劳动者的劳动义务构成了劳动合同的主义务，依据劳动合同约定和法律规定，劳动者享有工资支付请求权和用人单位享有劳动给付请

[①] 王泽鉴：《法律思维与民法实例——请求权基础理论体系》，中国政法大学出版社2001年版，第63—64页。

[②] ［德］考夫曼：《法律哲学》，刘幸义等译，法律出版社2004年版，第158页。

[③] ［英］A.J.M.米尔恩：《人的权利与人的多样性——人权哲学》，夏勇等译，中国大百科全书出版社1995年版，第111—112页。

[④] ［英］A.J.M.米尔恩：《人的权利与人的多样性——人权哲学》，夏勇等译，中国大百科全书出版社1995年版，第118页。

[⑤] 高野敏春．"賃金の意義．：賃金をめぐる法の対応と賃金請求権"．國士舘法學 51（2018）：63－83．

求权。按照私人自治原则，工资条款应由受雇劳动者与用人单位自由约定，包括工资水平、工资履行方式、违约责任等。然而，基于单个劳动者"结构性的劣势地位"和纠正市场失灵的需要，劳动法对工资契约自由予以了全方位管制，包括工资水平、未履行劳动义务下的工资给付、工资支付规则、工资支付保障等，劳动法上的强制规定和集体法上的规范合同是限制工资契约自由的两类主要手段，工资条款约定违反劳动法上的强制规定和集体法上的规范合同规定，该条款无效。德国学者认为，就违反法律禁止和违反善良风俗而言，所涉及的多不是合同本身的无效而是合同条件（如报酬合意、竞业禁止规则等）无效。其中，集体法上的规范合同也可以成为《德国民法典》第134条意义上的禁止性法律。[①] 除了劳动者和用人单位基于劳动合同之债成为工资债权人和工资债务人之外，同时，用人单位还负有遵守国家强制法义务（如给付的工资不得低于最低工资标准）和遵守集体合同条款义务。国家强制法对劳动条件（如最低工资和最高工时）基准的规定，即劳动基准法应属于个别劳动基准法之范畴，从性质上讲是公法性质的劳动保护法规。集体合同则属于集体劳动法之范畴。那么，（1）劳动者工资权是否具有公权属性，劳动者可否成为公法权利人？（2）劳动者工资权是否涵盖集体劳动关系中的集体权利，劳动者可否成为集体合同的权利人？上述问题关系到工资权性质之确定。

一 工资权是私法上的私权

传统法律有公法和私法之分，权利也有公权和私权之分。公权为公法上的权利，私权为私法上的权利。相对于私权利而言，公权利既然是"权利"就可针对权利相对人主张其权利。公法权利的产生必须具备的要件：[②]（1）必须是法规所赋予，并且法规所赋予的公权利具有强制性，也就是行政主体因法规的强制规定而负担了具体的义务。（2）权利人可由法规确认拥有权力的范围。法规若是为

[①] ［德］雷蒙德·瓦尔特曼：《德国劳动法》，沈建峰译，法律出版社2014年版，第144页。

[②] 陈新民：《中国行政法学原理》，中国政法大学出版社2002年版，第59页。

了某些公益而制定时，若是同时赋予个别公民权利时，必须十分清楚地显示这种个人权利的赋予，以免和所谓的"反射利益"相混淆。(3) 必须具有可救济性。公权利必须以行政诉讼的方式来确保其权利。公民的公法权利可由各类公法的法律所创设，但最重要的立法指针是由宪法所保障的公民基本权利所产生的。[①] 现代社会存在公权与私权的混合形态，即一部分是公法上的权利，一部分是私法上的权利，称为社会权。越来越多意见将社会权定位为公权和私权之外的第三种独立形式。[②] 关于工资权性质，学界有不同的认识：[③] 有观点认为，工资权是一种社会权，即工资权是一种兼具公权和私权特征的社会权；也有观点认为，工资权是一种债权，属于私权范畴。私权本身并不排斥公法的保护。此种争议源于我国宪法和劳动法有关工资公法保护之规定。我国《宪法》第2章第42条规定，劳动是公民的基本权利和义务，并明确了劳动权宪法保障之范围。其中，国家有对实现公民劳动权以及在发展生产基础上提高公民劳动报酬及福利待遇等之保障责任。颇受各界争议的最低工资制度则是我国目前用于提高低收入公民劳动报酬及相关福利待遇（如社会保险待遇）的最直接和最重要的途径。落实在部门法中，我国《劳动法》第48条规定，国家实行最低工资保障制度。最低工资标准由地方政府规定，报国务院备案。用人单位支付给劳动者的工资不得低于当地最低工资标准。一旦用人单位违反最低工资规定，劳动保障行政部门依法对用人单位行使处罚权。对工资契约自由的公法干预是工资权私权和公权混合学说观点的重要依据。

宪法的主要功能之一就是保障公民的基本权利。现代国家宪法大多规定公民生存权和工作权，并规定国家应通过积极行为予以保障。宪法学上将其区别于国家消极不作为的自由权，学界称为"社会权"（social rights）或"社会基本权利"（soziale Grudndrechte），为了突出这些权利的宪法基本权利意义，用语应当以社会基本权利

[①] 陈新民：《中国行政法学原理》，中国政法大学出版社2002年版，第61页。
[②] [德] 考夫曼：《法律哲学》，刘幸义等译，法律出版社2004年版，第160页。
[③] 胡玉浪：《劳动报酬权研究》，博士学位论文，厦门大学，2007年，第27—28页。

为宜。① 社会基本权利的追求目的集中在人类尊严的目的之上,都是期待着国家积极行为来促使这些权利的实现。② 我国宪法所规定的劳动权即工作权,是重要的社会基本权利之一。国家有义务通过各种途径来实现该基本权利。国家通过建立最低工资制度干预工资契约自由则是实现途径之一。这种积极作为旨在实现受雇劳动者的劳动报酬和福利待遇提高之目的,那么,劳动权中的"最低工资权"是否是公法上的权利,即劳动者可否主张该权利,并可请求法院予以救济?一旦"最低工资权"被认定为是公法上的权利,劳动者可就最低工资权利之实现向国家主张,并可向法院请求救济。欧洲学界普遍反对将宪法上的社会基本权利视为公法权利,认为社会基本权利的实践应该由立法来达成,假如将宪法上的劳动权赋予公民可以主张的公法权利,则承认公民可以径由宪法取得社会基本权利的请求权,无异于将政治政策决定权,由立法机构转移到法院,从而混淆宪法所赋予的立法者及法院的任务与职权。同时,社会基本权利之实现往往依赖于国家资源掌握及分配,国家对其可掌握的有效资源必须由立法者的预算来决定,拟定先后的优先次序,逐步实现其目的,而不能在个案中承认公民可请求该权利之实现,形成法院来决定立法者的预算权。③ 因而,即使是具有实体内容的社会基本权利,如工作权和救助权也不能视为公法上的公权利。对于无实质内容的程序性行为,如立法作为等为内容的社会基本权更非公法上的公权利,而仅是获得国家保护义务。有宪法学者认为,对于要求国家提供的作为不具有实体内容,仅是程序性作为义务的,该权利实质上属于国家保护性义务,而不是社会权。宪法上的社会权应当是具有具体内容的行为。④ 根据我国宪法第42条的规定,宪法仅是规定国家有最低工资立法的义务,而无给付最低工资的义务,立法行为不属于具体行政行为,劳动者无就国家违反立法义务向法

---

① 陈新民:《德国公法学基础理论》下册,山东人民出版社2004年版,第687页。
② 陈新民:《德国公法学基础理论》下册,山东人民出版社2004年版,第690页。
③ 陈新民:《德国公法学基础理论》下册,山东人民出版社2004年版,第698—699页。
④ 夏正林:《社会权规范研究》,山东人民出版社2007年版,第149—150页。

院寻求救济的可能。

依据宪法委托理论,《宪法》第42条劳动权之规定,立法者由该条获得立法委托。立法者基于宪法之委托通过订立法律来实现社会基本权利。《劳动法》则是立法者基于立法委托而制定的实现劳动权的法律,其中确立了最低工资制度,明确规定用人单位有遵守最低工资标准支付工资的公法义务。用人单位违反该义务,国家为公法上的权利人,为达成其强制目的,必定有罚则规定。《劳动法》第91条规定,用人单位低于当地最低工资标准支付工资的,由劳动行政部门责令支付工资,并可责令支付赔偿金。劳动者因用人单位履行最低工资标准支付工资义务之对象而受益,属于国家公法规定之反射效力的受益人。依照公法之反射效力理论,公法性质劳动保护反射效力表现为违反劳动法强制规定的约定无效,局限了劳动者所得主张之权利,[1] 如限制劳动者向用人单位径直提起履行最低工资标准的请求权。现代劳动法理论在公法性质劳动基准法对劳动契约之反射效力基础上,发展了双重效力理论,即公法性质劳动基准法除了反射效力外,还有直接私法转化的效力。德国劳动法界通说认为,公法性质的劳动基准法会内容一致地形成雇主对劳工之强行法性质的契约义务,从而形成劳工享有可得诉请履行请求权,但直接转化的前提是该公法义务内容适于成为契约义务内容。依照双重效力理论,用人单位负有不低于当地最低工资标准支付工资的公法义务,该公法义务目的在于对劳动合同中工资条款约定的限制,以直接保护个别劳动者。一旦合同约定工资数额低于法定最低工资标准,一方面,根据反射效力,该工资数额条款约定无效;另一方面,根据公法直接转化私法,当地最低工资标准可以直接成为私法之合同义务。劳动者可以依据私法上的合同享有契约请求权,即劳动者享有的最低工资请求权依然是私法上的私权。有观点认为,最低工资权反映的是劳资双方平等主体之间的财产关系,是私权。[2] 劳动者和用人单位的不平等性是国家提供最低工资制度保障的理论

---

[1] 黄程贯:《劳动基准法之公法性质与私法转化》,中国法学会社会法研究会2006年年会暨海峡两岸社会法理论研讨会论文集,苏州,2006年10月,第1—16页。
[2] 胡玉浪:《劳动报酬权研究》,博士学位论文,厦门大学,2007年,第28页。

前提，认为劳资双方平等主体的观点实有不妥。更准确的说法是，最低工资请求权反映的是劳动者和用人单位作为私法主体之间的财产关系，① 属于私法上的私权范畴。我国劳动法虽然没有明确规定公法上所规定的最低工资可以直接转化为私法上的私权，但《最低工资规定》（2003 年）第 40 条规定赋予了劳动者向劳动仲裁机构和法院提起要求用人单位履行最低工资义务的请求权，这实际上是承认公法规定的最低工资标准直接转化为用人单位契约上的工资支付义务，相应地，劳动者享有契约上的最低工资请求权。一旦用人单位未履行由公法性质最低工资法律规定转化而来的私法契约义务，劳动者则享有契约上履行请求权，并可寻求司法救济，发生争议可向劳动仲裁机关申请仲裁，对于仲裁裁决不服的，可向人民法院提起诉讼。

二　工资权是个别劳动法上的个人权利

劳动法依照其规范内容，一般有二分法或三分法。三分法是将劳动法分为：个别劳动法、集体劳动法和劳动保护法。二分法是将劳动保护法纳入个别劳动法，不再独立。个别劳动法是规范个别劳动者与用人单位之间劳动关系，包括劳动关系建立、劳动合同订立、履行、变更、继承、终止、解除等劳动契约问题之法律，也包括对于劳动条件等保护性强制法。集体劳动法则指规范劳动者团体与用人单位或用人单位团体相互间，以及此等团体与所属成员相互间关系的劳动法部分，其核心是团结权、集体谈判权、集体行动权或劳资争议权，即所谓的"劳动三权"，包括工会法、集体合同法、劳资争议处理法以及其他有关员工代表制之法律。集体劳动法是弥补个别劳动法对劳动者保护不足而产生。劳动力市场价格由供求关系决定，劳动者是劳动力市场上的劳动力供应者，用人单位是劳动力市场上的需求者，通常情况下，普通劳动者往往供大于求，加之劳动力的不可储存性，个别劳动者与需求方议价能力天然不平等。个别劳动者联合起来通过结社方式，组成工会，对劳动力市场劳动

---

① 高野敏春．"賃金の意義：賃金をめぐる法の対応と賃金請求権"．國士舘法學 51（2018）：63 - 83．

力供给形成垄断,是加强劳动者缔约时谈判协商力量的重要途径。早期劳动者的集体一致行动以及工会组织被认为限制贸易并对受影响企业造成不可挽回的损失。如美国在19世纪的前几十年,劳动者为支持其提高工资和改善劳动条件的一致行动被视为普通法上的共谋而构成犯罪。19世纪后半叶到20世纪早些年,民事禁令则是对抗劳动者一致行动的有效武器。1890年《谢尔曼法》作为对抗市场上经营者联合起来限制竞争的法律被联邦下级法院频繁适用于工会。[①] 当今社会,虽然经济学对工会及其垄断行为依然颇有争议,但基于报酬正义的需求和劳工运动的压力,促使国家考虑并选择劳动力市场主体的谈判力量平衡以实现劳资自治之政策。宗教也在这种国家政策选择中起到了积极推动作用。1935年美国国会通过《国家劳资关系法》,该法第七节宣布劳动者有组织的权利、通过选出的代表进行集体谈判的权利,以及出于集体谈判或其他互助或保护目的而参加一致行动的权利。[②] 国际劳工组织于1949年6月8日在日内瓦举行第三十二届会议,并经决定采纳本届会议议程关于组织权利和集体谈判权利原则的实施的某些建议,并经确定这些提议应采取国家公约方式,由此通过了国家劳工组织第98号公约《组织权利和集体谈判权利原则的实施公约》,以国际劳工法形式明确了"组织权利和集体谈判权利"及其保障措施。

集体劳动法中,劳动者个体以联合方式形成组织,通过劳动力垄断,以集体力量强化与用人单位议价能力,争取更高的工资和其他劳动条件,劳动者据此享有的结社自由权,包括组织和加入工会的积极自由,以及退出和拒绝加入工会的消极自由,此种权利属于劳动者个人权利。为了保障劳动者组织的生存和行动能力,集体劳动法赋予劳动者组织(主要是工会)一定的权利,该权利为团体权或集体权,[③] 其内容包括对劳动者组织(主要是工会)的生存或存

[①] [美]罗伯特·A. 高尔曼:《劳动法基本教程——劳工联合与集体谈判》,马静等译,中国政法大学出版社2003年版,第4页。

[②] [美]罗伯特·A. 高尔曼:《劳动法基本教程——劳工联合与集体谈判》,马静等译,中国政法大学出版社2003年版,第6页。

[③] 黄程贯:《劳动法》(修订再版),中国台湾:空中大学2001年印制,第147页。

续权和集体行动权。劳动者组织（主要是工会）生存或存续权是指劳动者组织（主要是工会）得自由而不受任何限制的组织，且在法律上应具有合法地位，国家不得肆意对其组成科以不必要限制。国际劳工组织第98号公约第1、2、3条则是针对劳动者组织生存或存续保障的规定。劳动者组织（主要是工会）集体行动权则是指赋予劳动者组织（主要是工会）就提升与维护劳动者劳动条件和经济条件目的达成的集体合同具有必要性的一切集体行动的权利，主要是集体谈判权和罢工等行动之集体争议权。[1] 国际劳工组织第98号公约第4条则要求成员国广泛通过自愿集体谈判方式确定就业条款和条件。

有观点认为，工资权内容除了基于工资债权发生的工资债之请求权外，还包括工资谈判权。工资谈判权则包括劳动者与雇主之间就工资进行个别谈判的权利，也包括劳动者通过工会组织与雇主或雇主组织之间就工资问题进行集体谈判的权利。[2] 该观点让工资权陷入个人权和集体权混合的误区。应该说，劳动者个人并不享有集体谈判权。只有劳动者行使团结权所形成的组织（主要是工会）才是工资集体谈判权的权利主体，表现为劳动者组织（主要是工会）有权就工资条件与雇主或雇主组织进行集体谈判，谈判破裂或无结果时，有权发动罢工等集体行动迫使雇主或雇主组织重新开始谈判或尽快签订集体合同。集体合同当事人是劳动者组织（主要是工会）与雇主（雇主团体），劳动者个人并非集体合同的当事人。劳动者个人与雇主通过协商决定劳动合同中的工资价格条款行为，是要约和承诺的工资合约形成过程，双方都无强迫对方接受要约的法律赋予之"特权"。并不存在劳动者工资个别谈判权一说，当双方要约承诺，签订了劳动合同，劳动者依据合同约定和法律规定享有工资债权及相关工资支付请求权等私法上的个人权利。

虽然劳动者个人并不享有工资集体谈判权，但具有合法权限的劳动者团体通过集体谈判与雇主及雇主团体所签订的集体合同有关工资条款直接影响着劳动者个人工资权的形成。依照集体合同双重

---

[1] 黄程贯：《劳动法》（修订再版），中国台湾：空中大学2001年印制，第147页。
[2] 胡玉浪：《劳动报酬权研究》，博士学位论文，厦门大学，2007年，第19页。

效力说，集体合同之效力分为"法规性效力"与"债权性效力"。依照集体合同的法规性效力，集体合同约定的工资条款即成为集体合同当事人（工会或雇主/雇主组织）所属成员的劳动合同、规章制度等内容，而无论劳动者和雇主是否知悉或同意集体合同之内容。除非依据有利于劳动者之原则，劳动合同或规章制度做出较集体合同约定更为有利于劳动者的工资规定，否则不同部分无效，无效部分由集体合同规定代替。劳动合同当事人不得通过双方约定抛弃集体合同所约定的劳动合同上的工资权利。依照集体合同债权性效力，集体合同对于当事人（工会或雇主/雇主组织）有私法之效力，违反合同约定，应承担相应的违约责任，以此确保工会或雇主/雇主组织对集体合同义务的履行，包括工资条款约定的履行。

第二节 工资权的理论基础

一 工资权的财产权属性及对价理论

（一）工资权的特殊财产权属性

财产是以金钱估计人类生活上利益的总称。财产权是以财产上利益为目的的权利，凡具有经济上的利益而得为之交易客体之权利，为财产权。所谓经济上的利益，兼指交换价值及使用价值。[①] 财产权分为债权、物权及无体财产权。债权是对他人（债务人）请求为一定行为的权利，而拥有此权利者为债权人。物权则为支配物之权利，典型为所有权。在法令限制范围内，所有权人得自由使用、收益、处分其所有物，并排除他人干涉。无体财产权是指以发明、著作等知识创造物为客体的权利。

当代社会，大部分劳动者是受雇劳动者，依靠为他人提供劳动获得工资，工资作为受雇劳动者及其家庭赖以生活的主要来源，对于受雇劳动者而言具有非常重要的经济利益，因此，工资当然是劳动者的重要财产，即"我出卖的是我的劳动力使用，我的劳动力的

[①] 林诚二：《民法总则》（上），法律出版社2008年版，第70页。

交换价值就是我的资产"①。亚当·斯密提出,"由于一个人通过自己的劳动得到的财产是所有财产的原始基础,所以这种财产是最神圣不可侵犯的"②。劳动有价值,劳动本身也是一种财产,工资则是劳动者通过交换自己的劳动力使用权获得的财产收入,这种财产收入通常并非产品而是通用的无形财产,即货币。劳动合同是两种财产之间交换的债之关系。从法律关系来看,用人单位雇佣劳动者,成立劳动合同,劳动者和用人单位得向对方请求给付工资和劳动的特定行为,此种特定人之间的请求特定行为的法律关系,为债之关系。③ 劳动者作为得向用人单位请求给付工资的一方当事人,享有工资债权,谓之工资债权人;用人单位作为负有给付工资义务的一方当事人,称为工资债务人。相应地,用人单位作为得向劳动者请求给付劳动的一方当事人,享有劳动债权,谓之劳动债权人,劳动者作为负有劳动给付义务的一方当事人,称为劳动债务人。

　　债权是债之关系的集中体现,权利之作用,通说认为,主要有请求权、抗辩权、形成权和支配权,其虽称为权,究其实质并非权利,而为一种权能,即权利产生之作用,仅因学理上方便称其为权。④ 工资权作为一种重要的债权,其主要权能为请求权,包括工资债务履行请求权和损害赔偿请求权。工资债务履行请求权是指劳动者基于工资债权得向工资债务人为一定行为的权能。工资债权请求权只是为实现工资债权之单纯手段,为主给付请求权。工资债务人不履行工资债务则产生损害赔偿请求权,劳动者得向不履行工资债务的用人单位为一定的损害赔偿请求权。此请求权后于债之履行请求权,又称为次给付请求权。除了债务人不履行债务而产生损害赔偿请求权外,一般合同之债务人违反主给付义务,还可能产生因契约解除而发生的回复原状请求权。然而,由于劳动给付具有不可返还性特点,劳动法领域劳动合同解除难以适用回复原状之法律后

---

①　[美]约翰·R. 康芒斯:《资本主义的法律基础》,寿勉成译,商务印书馆2003年版,第35页。

②　[美]约翰·R. 康芒斯:《资本主义的法律基础》,寿勉成译,商务印书馆2003年版,第283页。

③　王泽鉴:《债法原理》第1册,中国政法大学出版社2001年版,第3页。

④　林诚二:《民法总则》上,法律出版社2008年版,第70页。

果，工资给付义务不履行，劳动者可以依法提出解除劳动合同，但不会因此产生回复原状请求权。

关于债权与请求权的关系，学界多将债权等同于请求权，认为，债权基本属性就是请求权，没有债权人请求权的行使，债权没有意义。① 但债权与请求权并非等同，债权之本质在于有效地受领债务人的给付，请求权仅是债权的一项作用或权能。请求权还包括物上请求权等，债权的作用或权能还包括解除、终止等权能。② 民法基于特殊状况之考量，若请求权单独让与和其权利并无牵连关系时，或经当事人同意，仍有例外规定允许单独让与请求权，即，债权和请求权特殊情况下可以分离，③ 如《德国民法典》第285条规定的债权人之代偿请求权，即在债权人不变的情形下，请求权单独让与。债权人可以向债务人主张因标的物灭失而获得的代偿利益，或主张其让与对第三人的代偿请求权。请求权具有权利与诉讼间媒介之机能。④ 一方面，工资请求权是劳动者向用人单位请求给付工资行为的权能；另一方面，当用人单位不履行工资给付义务时，劳动者可提起劳动仲裁及诉讼请求工资义务之履行。

（二）工资权作为财产权的特殊性

工资权是一种特殊的债权，不同于一般的财产法上之财产权。财产法权之基本原则为：⑤（1）人格之自由平等。诸如奴隶社会里，奴隶农奴虽为自然人，但不被承认法律上之人格，而将其视同为物，属于奴隶所有人所有。（2）所有权绝对。所有权人就自己所有物自由使用、收益、处分。（3）契约自由。（4）过错责任。反映出经济上自由竞争之观点。

（1）就人格自由平等而言，劳动合同之债中，虽然劳动合同当事人表象上平等自由，但实际上作为经济弱者的劳动者毫无自由可言，为了获得工作机会，以劳动给付换取工资收入，他唯有接受他

---

① 杨立新：《债法》，中国人民大学出版社2014年版，第23页。
② 王泽鉴：《债法原理》第1册，中国政法大学出版社2001年版，第9页。
③ 王泽鉴：《债法原理》第1册，中国政法大学出版社2001年版，第88页。
④ 林诚二：《民法总则》上，法律出版社2008年版，第81页。
⑤ 刘得宽：《法学入门》，中国政法大学出版社2006年版，第270—271页。

能找到的雇主向他提供的劳动条件，包括工资，而无论好恶。同时，劳动合同当事人之间存在实质上的类似于地主拥有佃农那样的劳动活动从属性，但契约自由制度并未考虑这种实质从属关系的存在，仅是将劳动与工资看作两种财产之间的交换，忽视了劳动并非等同其他财产的财产，它与整体的人及其形成的劳动关系相对应，契约自由制度只是将劳动力当作物，不视为人。① 现代劳动法的任务之一就是承认劳动关系的人格从属性，并通过劳动基准、集体合同等法律制度恢复劳动者之法律人格。

（2）就契约自由而言，自由本身是空洞无意义的东西，它的意义在于它的自由权，这种自由权存在于机会的选择中。自由与力量是不可分割的。机会和力量是行为意志的一个外在方面，以区别于经济，经济是财产的一个内在方面。"自由"意味着某个人在其意志和资财扩张上没有受到抑制或强制的那种情况。② 劳动合同中，劳动者出卖的是劳动力使用权，交换过程中，这种财产支出换来的是工资收入。双方当事人之间选择机会多寡不同和对于交易的急迫性不同，决定了双方并不平等，一方力量在没有机会选择的情况下直接增大。市场选择机会取决于供给状况。一方面，一般情况下劳动者对于企业的选择机会少于企业对劳动者的选择机会，经济全球化进一步扩大了双方选择机会的差距，劳动者越发弱势；另一方面，劳动力不具有可储存性，劳动者不能待价而沽，对于交换需求远远大于企业雇佣需求。所以，对于普通劳动者而言，在劳动合同订立、履行过程中，其个人意志和资产扩张是受到压抑或强制的，所谓"自由"并非真正意义上的自由。

（3）就工资债务履行而言，在工资债务履行约定中，一般是劳动给付在前，工资给付在后，即工资往往是以劳动给付一个周期为单位支付，如工作一个月后支付。这种工资后付的方式容易发生工资积欠的风险。一旦雇主陷入经济困境，劳动者工资债权则会面临

---

① ［德］拉德布鲁赫：《法学导论》，米健等译，中国大百科全书出版社1997年版，第81—82页。

② ［美］约翰·R. 康芒斯：《资本主义的法律基础》，寿勉成译，商务印书馆2003年版，第48页。

债务人给付不能的现实。加之,劳动合同的长期性和依附性,一旦雇主出现工资债务不履行或不完全履行,劳动者为了避免被解雇,而不会及时行使工资请求权,更不会诉诸劳动仲裁和诉讼。这容易导致长期违约现象的存在,劳动者工资债权难以保障。市场债务履行的动机信用基础来自市场主体的地位强弱,对于强势债权人,债务人的债务履行动机明显,反之,履行债务动机信用则弱。一般而言,市场主体经济力量越大、选择机会越多,越具有强势地位。由于劳动者在市场上属于经济弱者,就业选择机会少,相对于雇主处于弱势地位。那么,当雇主同时面临强势债权人(例如银行)和弱势债权人(劳动者)时,对于强势债权人履约动力更为明显,特别是在财产不足以同时履行所有债务时。

一般财产诉之请求权难以确保工资债权之实现。当债务人不履行债务,债权人可以行使程序上请求权,寻求司法救济,但依照普通民事程序法则难以实现权利之救济,主要表现为:(1)司法救济需要经济成本,如律师费、立案费等,劳动者作为经济弱者,依靠工资收入作为生活来源,债务人不履行工资债务已经造成劳动者生活困难,更难以负担额外的司法救济的经济成本。(2)一般民事诉讼程序二审程序周期较长,时间成本大,如我国一般民事诉讼程序一审、二审审限法定为9个月,加上执行周期。漫长的等待期间,不仅影响了劳动者再就业,而且迟迟拿不到被拖欠的工资严重影响劳动者正常生活。(3)败诉风险大。劳动关系是一种从属关系,工资债务人作为管理者制作和保存了许多证据,而工资债权人往往无法掌握足够证据,依照一般债权债务案件的"谁主张、谁举证",劳动者作为主张债权者负有举证义务,往往因为举证不能而败诉。此外,由于失业的威胁,劳动关系期间,工资债权人对于工资债务人不履行或不完全履行工资债务行为不敢提出债务履行请求,劳动关系终止后方才提出,一旦受限于诉讼时效规定,超过诉讼时效的劳动者工资债权请求权将不再受司法保护。

(三)工资债的意思表示理论与对价理论

零工资就业一度成为社会讨论的热点。用人单位不愿意直接雇佣没有工作经验的刚毕业的大学生,有些大学生为了就业不惜主动提出以零工资换取工作。对于这种零工资就业,社会有两种观点,支持方认为这是大学生的自己选择,旨在获得工作经验和就业机会,这种回报虽然不是货币工资,但回报了其他,如就业机会和工作经验,只要双方协商同意即可;反对方认为,这种零工资就业违背了劳动价值理论,破坏了劳动力市场公平公正的竞争机制。也有观点认为,无偿劳动不属于劳动合同法的调整范围,这种零工资就业无法得到劳动合同法的保护。[1] 上述几种观点涉及合同法的理论问题以及劳动法适用问题。

就现代合同法理论而言,有主观意思表示论和客观对价论两种。大陆法系合同法采用主观意思表示论。该合同理论以个人主观意思表示为中心,强调个人意志在法律行为中的决定作用,一切债权债务关系根据当事人的意思表示而成立才具有合理性,否则就是法律上的"专横暴虐"。[2] 这是绝对的个人自由主义者的原则。大陆法判断合同的执行力和约束力的标准主要有:[3](1)当事人是否有相应行为能力;(2)意思表示是否真实;(3)标的是否违反法律和公序良俗。当事人意思表示是合同发生拘束力和执行力的核心要素。只要是当事人在自由意志下意思表示真实,就能产生法律效力,所形成的合同具有约束力和可执行力,即使是完全无偿的赠与允诺或协议对当事人依然有拘束力。大学生零工资就业类似于一种赠与合同,即就业大学生将自己劳动力使用权无偿赠与用人单位,而不求对价给付之工资。按照主观意思论,这种赠与合同是双方的真实意思表示,应具有法律拘束力。英美法系合同法采用客观对价理论(theory of consideration)。该理论主要用来解决英美法系合同法中何种允诺该被执行的问题。对价理论,又称"约因理论",最早来自古希腊哲学家亚里士多德和托马斯关于德性(virtue)的道德观念与事物本质的形而上学的观念上。例如合同的订立要么是一个人使另

---

[1] 程刚:《全国人大法工委提醒:大学生零工资无法得到法律保护》,2014年2月16日,《中国青年报》2006年4月22日,http://news.sina.com.cn/o/2006-04-23/04058766082s.shtml。

[2] 尹田:《法国现代合同法》,法律出版社1995年版,第13页。

[3] 梁慧星:《民法总论》,法律出版社1996年版,第160页。

一个人财产慷慨德性的践行，要么是交换同等价值物品的交换正义德性的践行。① 慷慨和交换正义都是德性。然而，上述慷慨和交换都是一种自愿转让的行为，方才符合德性。② 对价原则实质上起源于清偿债务之诉中的"相等补偿"原则。经历了一个从实物对等（所谓相等补偿或报酬）到抽象对等（一般意义上的对等原则）。③ 依照现代私法自治原则，基于诚信、契约自由及当事人自己负责，法官不宜评价当事人之间交易的价值是否适当或相当……，对价无须适当，交易价格的价值，由当事人自行判断，法院无权处理。除非存在胁迫和不正当影响或压力。④ 英美法系的对价理论和原则发展实际上越来越趋同于主观意思理论，以大学生零工资就业换取就业经验或者积累工作经验的允诺而言，依照现代对价原则的理解，用人单位提供工作就是一个对价，那么，合同就存在合理对价而发生约束力。

无论是主观意思表示论的合同法还是对价理论的合同法，前提都是意思表示的真实。任何胁迫和不正当影响或压力所订立的合同都为瑕疵契约，被胁迫和被不正当影响或压力的一方可行使撤销权。我国《民法典》将欺诈、胁迫以及显失公平合同规定为瑕疵合同，一方当事人可行使撤销权。然而，劳动者与用人单位是天然不平等的，很难说雇佣劳动者和用人单位（雇主）之间的合意是双方意思表示真实的结果。普通劳动者一般对劳动合同做出附和性的意思表示，即，格式化劳动合同内容由用人单位（雇主）提供，劳动者只能做出同意或不同意的意思表示，合同订立和履行的主观意思表示功能明显弱化。明显地呈现出，一方市场强势主体以其经济地位和选择机会优势强迫另一方市场主体接受其合同条件，而无论是

---

① ［美］詹姆斯·戈德雷：《现代合同理论的哲学起源》，张家勇译，法律出版社2006年版，第8页。

② ［美］詹姆斯·戈德雷：《现代合同理论的哲学起源》，张家勇译，法律出版社2006年版，第17页。

③ 刘承韪：《英美法对价原则研究：解读英美合同法王国中的"理论与规则之王"》，法律出版社2006年版，第313页。

④ 刘承韪：《英美法对价原则研究：解读英美合同法王国中的"理论与规则之王"》，法律出版社2006年版，第180页。

否公平。现代社会，古典契约法的主观意思论受到质疑，作为当事人意思产物的契约变得越来越少，如个别劳动合同、消费者合同等。[①] 合同的客观性被强调，如麦克尼尔认为，契约的概念并不要求是真实的，只要人们像是在选择一样行为就行了。[②] 他认为现代契约关系不但通过承诺而且通过等级结构行程命令权力。契约关系经常产生大量的依赖和相互依赖，它们反过来产生大量的权力。[③] 正是这种劳动力市场特殊性和雇佣权力结构的存在，现代法律对雇佣关系进行干预，以强化相互性，实现权力平等。干预有直接也有间接，后者更为重要。[④] 这是契约法发生的最富有戏剧性的重大变化。[⑤]

大学生零工资就业绝对不是所谓的无偿提供劳动，所谓无偿提供劳动应是以公益为目的提供的劳动，如义工、宗教服务等，这类劳动基于人类的信仰和善行奉献，不以报酬为目的。然而，大学生就业则旨在通过劳动获得报酬，以维持自己及家庭的生活，零工资的承诺实则是因为就业压力所致，这种慷慨的劳动力使用权的赠与绝对不是大学生的本意，因为这种劳动力使用权转让不是自愿，并非其真实意愿的结果，毫无自由可言，这不仅违背了意思自治原则，也违背了合同法之公平正义之基本原则。同时，这种零工资就业不符合市场经济的规律和竞争秩序。即使是亚当·斯密也认为，劳动力市场中，劳动力供给者有一个自然价格，低于该自然价格，劳动使用权交换毫无意义。"尽管雇主处于优势，却始终有一个特定的比例，即使是最低廉的那种劳动的普通工资，也似乎不可能长期降到这个比例以下。一个人总得靠工作来维持生活，而他的工资至少要足以维持他的生活，大多数情况下，他的工资甚至必须要多

[①] [日] 内田贵：《契约的再生》，胡宝海译，中国法制出版社 2005 年版，第 49 页。
[②] [美] Lan R. 麦克尼尔：《新社会契约论》，雷喜宁等译，中国政法大学出版社 2004 年版，第 3 页。
[③] [美] Lan R. 麦克尼尔：《新社会契约论》，雷喜宁等译，中国政法大学出版社 2004 年版，第 31 页。
[④] [美] Lan R. 麦克尼尔：《新社会契约论》，雷喜宁等译，中国政法大学出版社 2004 年版，第 80 页。
[⑤] [美] 格兰特·吉莫尔：《契约的死亡》，曹士兵等译，中国法制出版社 2005 年版，第 6 页。

一些，否则他不能供养一个家庭，而这类工人的种族就不可能延续到下一代。"① 如果放任这种零工资以及过低工资竞价行为则会直接影响劳动力市场正常的价格竞争机制，探底竞价的结果是劳动者劳动条件不断恶化，工资收入不断降低，产生大量贫困人口，继而引发严重的社会问题。因此，为了防止用人单位（雇主）滥用优势地位，以经济力量迫使广大劳动者实行探底的工资竞价，目前，大部分国家（地区）通过制定最低工资标准直接干预劳动合同之工资约定，以促进健康的劳动力市场工资议价行为。

二 工资权的人权属性及人权理论

工资权本质上是债权，属于财产权的范畴，但其不同于普通债权，该权利的内容对人权实现具有重大价值和需求，这是国家干预劳动契约自由的合理性和理论基础所在。也正因如此，工资债权保护远远优于普通债权之保护，如工资债权的刑法保护、社会法保护、优先权保护等。

我国《宪法》在"公民基本权利和义务"一章第33条第3款明确规定，"国家尊重和保障人权"。至于何为"人权"，学界有多种解读。例如英国学者詹姆斯·格里芬在《论人权》一书中提出，人权可以被认为旨在保护我们作为人的资格，或者说保护我们的人格。人格的概念分解为以下几个更加清晰的要素。②（1）自主性。即一个人必须选择自己的生活途径，没有受到其他人或者某种其他东西的支配或控制，一个人的选择必须是真实的。（2）最低限度供给。做出选择后，一个人必须能够行动，也就是说，一个人至少要有资源和能力方面的最低限度供给。（3）自由。其他人必须不要强制性地组织一个人去追求他为自己设想的值得过的生活，即自由。自主权、自由权和福利权构成了最高层次的人权的一个三元组合。③

---

① ［英］亚当·斯密：《国富论》，唐日松等译，商务印书馆2007年版，第35页。
② ［英］詹姆斯·格里芬：《论人权》，徐向东等译，译林出版社2015年版，第39—40页。
③ ［英］詹姆斯·格里芬：《论人权》，徐向东等译，译林出版社2015年版，第179页。

该学者认为，基于人格说明应该能够把所有的人权推衍出来，如生存权和某种形式安全权是人格能动的必要条件，自主权、自由权是构成能动性的两个基本要素，福利权与自由权、自主权不可分割，还有诸多为实现上述人权的其他人权等。① 另一个英国学者米尔恩则认为，人权一定要是普遍道德权利，应该从低限道德推求普遍权利。生命权、公平对待的公正权、获帮助权、自由权、诚实对待权、礼貌权以及儿童的受照顾权。② 我国有观点认为，人权是每一个人都享有或应该享有的权利，主要有道德性、普遍性和反抗性三种属性。③ 虽然上述观点对"人权"这一术语的定义存在一定差异，但也有共性：普遍权利和作为人的一般道德权利。而广义的人格尊严是人权的一项重要的人类价值，是权利保障的共同基础，但不是一项具体人权。它把人作为一种道德存在，强调人是具有尊严的存在，国家首要义务正是保障每个人的尊严受到适当保护。④ 实现人的尊严的主要人权有：生存权、安全权、自由权、平等权、福利权，这也是作为人所普遍需要的权利。我国《宪法》第二章所规定的"公民基本权利"则具体包含了：平等权（第33、34、48条）、自由权（第35、36、37、38、39、40条）、福利权（第40、43、44、45、46、47、49条）。工资是近代社会以来大部分劳动者获得收入的主要来源，对于人格尊严的实现具有重要意义，⑤ 承载了受雇劳动者诸多主要人权实现之功能。

2018年12月10日，习近平总书记在致信纪念《世界人权宣言》发表70周年座谈会时强调："人民幸福生活是最大的人权。中国共产党从诞生那一天起，就把为人民谋幸福、为人类谋发展作为奋斗目标。"习近平强调，"中国坚持把人权的普遍性原则和当代实

---

① ［英］詹姆斯·格里芬：《论人权》，徐向东等译，译林出版社2015年版，第229页。
② ［英］A. J. M. 米尔恩：《人的权利与人的多样性——人权哲学》，夏勇等译，中国大百科全书出版社1996年版，第171页。
③ 夏勇：《人权概念起源——权利的历史哲学》，中国政法大学出版社2001年版，第169—170页。
④ 张千帆：《宪法学导论》，法律出版社2004年版，第507页。
⑤ 胡玉浪：《劳动报酬权研究》，博士学位论文，厦门大学，2007年，第34—36页。

际相结合，走符合国情的人权发展道路，奉行以人民为中心的人权理念，把生存权、发展权作为首要的基本人权，协调增进全体人民的经济、政治、社会、文化、环境权利，努力维护社会公平正义，促进人的全面发展"。很明显，习总书记站在时代发展的角度、站在中国立场，对于人权的最新界定无疑是高瞻远瞩而又极其精确的，与我国《宪法》及其他部门法所保障的基本人权和具体人权是紧密相连的。

（一）生存权实现之功能

人的生存是根本，如果无法维持生存，则生命难以维系，人格尊严无从谈起。生存权当然毫无疑义地成为重要人权。生存权的基本内涵应当是指人人都有能够生存下去，并过上体面的、有尊严的生活的权利。[①] 生存权是一种依靠国家的积极干预来实现的"像人那样生存"的权利，是一种积极权利。[②] 产业革命之后，资本雇佣了大量劳动者，这类劳动者除了劳动力之外一无所有，只能交换劳动力使用权来获得劳动报酬，即工资。工资对于劳动者及其供养家庭的生存起着至关重要的作用。自由竞争的表象下，劳动力市场劳资双方供给关系决定了劳动者工资议价能力远远弱于资本。为了提高工资议价能力，早期的技术工人开始联合，通过劳动力垄断与资方讨价还价，提高工资水平。男性为主的劳动力为了提高工资，自发地通过破坏机器、怠工等行为来要求增长工资。而资本为了进一步弱化劳动者议价能力，不断扩大劳动力供给范围，将妇女和儿童纳入雇佣对象中，以失业为威胁来降低雇佣劳动力的价格。结果是，在劳动力供大于求的情况下，劳动者之间发生了恶性的低价竞争，导致工资水平不断下降，劳动者依靠工资所得难以维持自己和供养家庭成员的生存，贫困人群和家庭越来越多，乃至引发普遍饥饿，更遑论体面有尊严的最低生活条件。《新事通谕》（Rerum Novarum，1891）强调[③]，生命之保存是每一个人和一切人不可摆脱的

---

① 李步云：《发展权的科学内涵及重大意义》，《人权》2015 年第 4 期。
② ［日］大须贺明：《生存权论》，林浩译，法律出版社 2001 年版，第 16 页。
③ 劳动关系研究会元典工作小组：《罗马教廷劳动通谕选编》，内部刊印，2014 年 10 月 21 日，第 44 页。

义务，不能保存生命，实是一种罪恶。有一条自然律比人与人之间的任何合约都更为重要，更为年代悠久，那就是"报酬必须使工资获得者能够维持其合理而节约的安适生活"。为了确保劳动者通过自己劳动能获得公正报酬，以满足劳动者及其家庭成员的基本生活条件，国家通过干预劳动契约自由，通过法定最低工资标准限制双方约定工资价格。美国从契约自由到干预自由的发展历程中，妇女工资案影响巨大。美国 1923 年的"妇女工资第一案"和 1936 年的"妇女工资第二案"中，法官认为，立法机构制定最低工资干预契约自由构成立法权力的任意行事。然而，1937 年的"西滨旅社案"判决维持了一项州对妇女最低工资的规定。大法官认为，立法机构显然有权把妇女考虑为接受最低报酬的阶层，她们的谈判能力相对软弱，且因生计所迫，容易成为贪婪雇主的牺牲品。立法机构有权采取措施减少"血汗体制"的罪恶。这种体制通过低的不能维持生存的工资对工人实行剥削，并利用她们的无力状况进行最有害的竞争。[①] 国际劳动组织先后制定了《确定最低工资制订办法公约》（1928 年）、《农业中确定最低工资办法公约》（1951 年）、《确定最低工资并特别考虑发展中国家公约》（1970 年）等工资方面的公约。《世界人权宣言》作为人权清单，将"工作的人应享受公正和合理报酬，以确保本人和家属有符合像人那样的生活条件"列入其中。目前，尽管社会各界对最低工资干预契约自由颇有争议，但大部分国家（地区）从生存权保障考虑，对于无法通过集体合同或其他方法有效形成公平工资，且工资特别低的行业或部门工作的劳动者确定了最低工资率。[②] 例如，《欧洲社会宪章》第 4 条第 1 项明确规定劳工有权要求具有社会正义的工资，欧盟成员国也多有关于最低工资的法律规定。[③]

为了确保劳动者有休息时间，以及在疾病、生育等情况下的生

[①] 张千帆：《宪法学讲义》，北京大学出版社 2011 年版，第 484 页。

[②] Bhorat, Haroon, Ravi Kanbur, and Benjamin Stanwix, "Minimum Wages in Sub-Saharan Africa: A Primer", *The World Bank Research Observer*, Vol. 32, No. 1, 2017, pp. 21 – 74.

[③] 杨通轩：《欧哲联盟最低工资法制之研究：兼论德国之法制》，（中国台湾）《政大劳动学报》2007 年第 22 期。

活维持，国家通过强行法对劳动对价理论进行突破，即规定了某些法定情形下的用人单位（雇主）的工资给付义务，即劳动者未提供劳动时，用人单位（雇主）依法支付工资。前述对工资定义论述中谓之拟制工资群。其目的在于保障劳动者生存权之实现。同时，国家通过制定法律豁免劳动力垄断的违法性，赋予劳动者团结权，并为实现团结权之集体谈判权和集体争议权，同时，赋予集体合同法规效力，以期通过劳动者团体的力量来强化劳动者工资议价能力，以提高工资水平，确保劳动者通过劳动能获得维持像人一样生活的劳酬水平。

（二）平等权实现之功能

根据身体与灵魂的自然本质以及不可侵犯的尊严，任何人都是平等的。[①] 平等源于人与生俱来的需求。法国大革命《人权宣言》第1条就提出，"在权利面前，人生来就是而且始终是自由平等的"。平等自由是普世价值，平等的关切是政治社会至上的美德。[②] 国际人权法和各国宪法无一不将平等权作为一项基本权利。关于什么是平等，有不同含义，更多体现在正义的学说中。罗尔斯在《正义论》中提出，平等包括:[③]（1）对每个公民应该做到一视同仁，平等相待；（2）差别原则和补偿原则，即调节各种社会财富、资源的分配，不同公民可以在分配过程中存在差异，但这种差异应当受到限制，且针对弱势群体（如天赋较低或处于不利社会地位的人）应当获得相应的补偿。英国学者米尔恩泽认为，"给每个人以其应得"为表现形式的公正原则是社会权利的道德基础，公平对待的权利是无论何时何地都要尽可能恰当运用该原则的权利。作为一项人权，它不仅赋予同一共同体成员而且赋予了全人类以公平对待的权利。[④] 何谓公平对待，米尔恩认为，"对于在所有相同的方面都相同

[①] ［德］伯恩·魏德士:《法理学》，丁小春等译，法律出版社2003年版，第164页。
[②] ［美］罗纳德·德沃金:《至上的美德：平等的理论与实践》，冯克利译，江苏人民出版社2012年版，第1页。
[③] ［美］约翰·罗尔斯:《正义论》，何怀宏等译，中国社会科学出版社1988年版，第56页。
[④] ［英］A.J.M.米尔恩:《人的权利与人的多样性——人权哲学》，夏勇等译，中国大百科全书出版社1996年版，第160页。

的情况，必须同样对待；对于在相关方面不相同的情况，必须不同对待"，归纳为"比例平等原则"。两位学者都是正义论和人权集大成者，他们都承认了平等应有形式平等和实质平等。形式平等是相同的情况应同样对待；实质平等是不同情况差别对待，对弱势群体的补偿是为了实现实质平等。形式平等又有机会平等和结果平等之分，前者只是要求个人获得平等机会去争取；后者则要求个人同样获得最后所要实现的结果。与平等相对应的是歧视，即不同群体不同对待。认为人与人之间存在重要的价值差别，即是原本的歧视，如男女之间的价值差别。如果涉及的不平等对待并不触及人的价值平等，反而是以人的价值平等为前提，即是派生歧视，如对女职工的特殊保护，立法者必须对派生歧视承担说明义务，即因为女职工与男职工生理上的差别而需要差别对待。[1]

平等权是权利的一种保障形式，1948 年联合国《人权宣言》就宣布"人人有同工同酬的权利，不受任何歧视"。1951 年《男女同工同酬公约》是国际劳工组织的八大核心公约之一。我国《宪法》所规定将"男女同工同酬"作为基本权利之一，则是对人权保障承诺之实现。男女同工同酬就是指男女劳动者只要提供相同的劳动，就应该获得相同的报酬。女职工享有同工同酬权是平等权在工资给付上的实现，需要国家通过立法赋予政府采取积极行动消除其不作为导致的工资歧视状态，因此，同工同酬权作为平等权的实现方式之一，是一种积极权利。[2] 由于这种积极干预与契约自由必然存在一定矛盾，所以有大批学者、法官、企业主等持批评意见，大多认为工资水平应由市场决定，推定男女同酬的方法会干扰劳动力市场、扭曲工资水平、降低效率，也不一定有利于女性劳动者就业。我国目前同工同酬司法审判观点中，不少法官认为，工资属于企业自主经营权范畴，应当允许用人单位自主决定，即使同一岗位劳动者工资有所差别。也有观点从契约自由角度出发，认为工资薪酬是

---

[1] ［德］伯恩·魏德士：《法理学》，丁小春等译，法律出版社 2003 年版，第 164—165 页。

[2] 崔勝溟．"日本の［同一労働同一賃金］論再考"．일본근대학연구 57（2017）：479–498．

双方当事人合意的结果，即使同一岗位工资有差别，只要是劳动合同自愿约定的工资条款就应该遵守。上述理由成为不支持同工同酬主张的重要理由。此种观点实然是忽视了劳动合同当事人之间的不平等性，这种不平等性导致合同合意非真实性。利用当事人不平等地位，对男女价值进行人为性的差别对待，即使女性劳动者与男性劳动者从事同一工作给付同样劳动报酬，但就是因为是女性，而被给予低于男性劳动者的劳动力价格，这不是正常的市场定价机制，而是人为对女性劳动者歧视的结果，违背了市场平等对待的本质要求，直接侵犯了女性劳动者的人格尊严和人权意义上的平等权。

此外，由于妇女承担了孕育抚养新生劳动力的社会重任，在劳动力提供上较之男性劳动者有一定差距，如女性劳动者因怀孕、生育、哺乳而无法正常提供劳动，因此，长期以来，女性与男性相比处于就业弱势地位。为了确保女性劳动者的生育权，实现社会新生劳动力供给，国家通过立法干预契约自由，赋予女性劳动者孕期产检时间、产假、哺乳期哺乳时间的劳动义务豁免，而用人单位（雇主）仍然有按提供了正常工作时间工作给付工资的义务。这种差别对待和补偿原则的适用是基于实质平等保障的需求。

（三）发展权实现之必然要求

发展权是一项首要的基本人权，为第三代人权。[1]《发展权利宣言》第1条明确："发展权权利是一项不可剥夺的权利。"第2条明确："发展权的主体是人民。"发展权的终极追求是人的自由发展。[2]美国总统罗斯福曾极力申明：没有经济上的安全和独立，也不可能有真正的个人自由。贫困的人不是自由人。[3] 只有发展才能保障基本权利和社会发展。贫穷是实现人权的最大障碍。发展既是消除贫困的手段，也为实现其他人权提供了条件，还是人实现自身潜能的

---

[1] 第一代人权是以17、18世纪的经典自由权（言论、机会、信仰自由）为代表的消极权利，第二代人权是以20世纪社会福利为代表的积极权利，第三代人权是集体生存与发展权。参见［英］詹姆斯·格里芬《论人权》，徐向东等译，译林出版社2015年版，第307页。

[2] 张永和：《发展是人类社会的永恒权利》，《人民日报》2016年12月20日。

[3] ［英］詹姆斯·格里芬：《论人权》，徐向东等译，译林出版社2015年版，第212页。

过程。发展权贯穿于其他各项人权之中，其他人权为人的发展和发展权的实现创造条件。① 我国奉行人民至上的价值取向，……使人民成为发展的主要参与者、促进者和受益者。我国国务院新闻办公室明确提出，全面建成小康社会和实现中华民族伟大复兴的中国梦，就是让人民有更好的教育、更稳定的工作、更满意的收入、更可靠的社会保障、更高水平的医疗服务、更舒适的居住条件、更优美的环境，让每个人都能更有尊严地发展自我和奉献社会，共同享有人生出彩的机会，共同享有梦想成真的机会。②

我国人民多数是以工资为主要收入来源的劳动者。工资所得直接关系到劳动者个人自由的实现。因而，我国政府有义务积极促进劳动者稳定就业，确保劳动者通过稳定就业获得公平而体面的工资报酬，并通过行政救济和司法救济手段和措施来维护劳动者获得工资的权利，以实现发展权，例如，欠薪案件的法律援助机制，给低收入劳动者提供法律援助，保障劳动者通过司法程序实现自己工资请求权。劳动监察则可预防用人单位侵害劳动者工资权，并能通过行政处罚权快速实现工资权救济。劳动争议调解组织以及劳动仲裁机构快速发展在工资争议案件中起着依法定分止争、制裁侵权的程序性保护功能。③

---

① 中华人民共和国国务院新闻办公室：《发展权：中国的理念、实践和贡献》，《经济日报》2016年12月2日。
② 中华人民共和国国务院新闻办公室：《发展权：中国的理念、实践和贡献》，《经济日报》2016年12月2日。
③ 中华人民共和国国务院新闻办公室：《发展权：中国的理念、实践和贡献》，《经济日报》2016年12月2日。

第四章

工资请求权基础体系

第一节 工资请求权一般理论

劳动法律关系中,工资给付与劳动给付为劳动合同两项主给付义务,体现了民法契约的对价等值原则。同时,基于社会保护之需要,劳动法规定了工资续付义务,即拟制工资给付义务,这是对民法"对价"原则的修正。① 一旦用人单位违反了工资给付义务或以违反工资给付义务相威胁,劳动者就对用人单位享有了工资请求权。请求权是权利体系中的核心权利,是为债权、物权等权利之行使或保护的权利。② 工资请求权是为实现工资债权所延伸出来的关于工资债权之行使或保护的权利。③

一 工资请求权的定义

通说认为,请求权是权利人向他人请求作为或不作为的权利。工资请求权是指劳动者基于劳动合同而产生的、请求用人单位给付工资的权利,属于债权请求权。④ 作为实现债权之保护的权利,有观点认为,请求权为实体法和程序法所通用,债权人要求给付的权

---

① 黄越钦:《劳动法新论》,中国政法大学出版社2003年版,第91—92页。
② 黄茂荣:《债法总论》第一册,中国台湾:植根法学丛书编辑室2003年版,第64页。
③ 皆川宏之."ドイツにおける賃金請求権の法的根拠".千葉大学法学論集30.4 (2016).
④ 髙野敏春."賃金の意義.:賃金をめぐる法の対応と賃金請求権".國士舘法學 51 (2018):63–83.

利可分别从实体法及程序法上表现出来。依此权利，债权人可以直接向债务人请求给付或向法院起诉，请求判令债务人给付。① 也有观点认为，请求权仅是实体法上的权利，但区别于诉权，后者是请求法院判令债务人给付的权利，属于程序法上的权利。② 在法制史上，罗马法先有诉权（Actio）的思想，而后历史法学派认为 Actio 包含实体法上请求权与程序法上诉权，后来 Windscheid 利用请求权（Anspruch）概念将实体法上的内容由 Actio 分离出来，剩余部分归于诉讼法，为诉权（Klagerecht）概念。现代观点一般认为，先有实体法上请求权，后有程序法上的诉权，前者是后者的基础。③ 由此，工资请求权与工资诉权应有所分离，前者属于实体权利，由劳动实体法规定，后者属于程序性权利，由劳动争议处理程序法规定。劳动者作为权利人除了寻求司法程序上的救济，也可以基于工资请求权向用人单位请求工资给付，或向劳动监察投诉寻求行政权力救济等。④ 作为劳动法上的工资请求权，基于劳动法社会保护之特点，具有不同于民法债权请求权之特点。⑤

（一）工资请求权人与被请求人之间具有人身附属性

劳动者是基于劳动关系而享受工资债权，虽然劳动关系也是基于交换而产生，是一种合同债的关系，但劳动关系不同于一般合同债的关系，它是一种具有人身属性的债权债务关系，其人身属性表现为用人单位与劳动者之间是一种支配与被支配的关系，即劳动者劳动给付是在用人单位管理支配下完成，所形成的关系类同于封建社会人身依附关系。而民法上合同之债中，债权人与债务人之间相互平等，彼此独立。我国《民法典》第 2 条明确规定，民法是调整平等主体之间的人身关系和财产关系。

---

① 黄茂荣：《债法总论》第一册，中国台湾：植根法学丛书编辑室 2003 年版，第 69 页。

② 王利明：《论债权请求权的若干问题》，《法律适用》2008 年第 9 期。

③ 黄茂荣：《债法总论》第一册，中国台湾：植根法学丛书编辑室 2003 年版，第 69 页。

④ 皆川宏之．"ドイツにおける賃金請求権の法的根拠"．千葉大学法学論集 30.4（2016）．

⑤ 高野敏春．"賃金の意義．：賃金をめぐる法の対応と賃金請求権"．國士舘法學 51（2018）：63 - 83．

(二) 工资请求权通常后于劳动给付义务履行产生

工资支付与劳动给付时间安排可以由劳动合同予以约定，很少由国家强制法对此予以干预。劳动关系是一个持续关系，不同于普通商品的一次性短期交易关系，很难做到一手交钱，一手交货。除了小时工之类的特殊灵活用工方式可能出现日结工资约定外，长期雇佣关系中，一般是按周、月为周期给付工资。对劳动者比较有利的是工资预付约定，即先支付工资，再提供劳动给付；对劳动者不利的是工资后付约定，即先提供劳动给付，再支付工资。通常国家（地区）法律允许工资后付原则，如德国《民法典》第614条规定，"报酬应在提供劳务后支付"；日本《民法典》第624条也规定，"受雇人除非于约定劳务完毕后，不得请求报酬"，日本《劳工基准法》则没有例外之规定，仅是规定"每月至少在一定日期支付一次"；我国台湾地区"劳动基准法"第23条则规定，"工资之给付，除当事人有特别约定或工资预付者外，每月至少支付两次"。而我国《劳动法》第50条也只是规定了工资支付周期，但未对工资预付还是后付予以规定，属于用人单位和劳动者自由约定之范畴。由于劳资双方地位不平等，契约自由下，劳动者往往无法获得工资预付的有利约定。用人单位与劳动者通常约定工资给付在劳动给付义务履行后的隔月月初或月中，若其不依照约定日期支付工资，则发生拖欠工资的情形。约定给付周期越长，拖欠工资的风险越大。

(三) 工资请求权实现关系到社会安全

如前所述，工资债权是一种承载了人权属性的财产权，关系到雇佣劳动者及家庭成员的生存权与发展权的实现。[1] 正如科斯在《企业的性质》一文中写道，"一些人为了能在某个人手下工作，会愿意接受一份较低的报酬，企业便由此自然而然地出现了"[2]。企业作为一个组织雇佣多名劳动者，通过指挥命令权确保组织的高效运

---

[1] 薄木公平．"権利としての生存権―生活保護法改正から考える―"．豊岡短期大学論集 = Bulletin of Toyooka Junior College 15（2019）：147-156．

[2] ［英］路易斯·普特曼、兰德尔·克罗茨纳：《企业的经济性质》，孙经纬译，上海财经大学出版社2003年版，第81页。

行。企业一旦未按照约定履行工资给付义务，特别是经营困难，无财产履行工资给付义务时，通常会拖欠企业所雇劳动者的集体性工资。在市场经济中，企业都会面临着各种风险，一旦企业因为市场风险而转嫁给劳动者，可能导致多数劳动者无法通过劳动获得工资以维持自己及家庭成员生活，企业规模越大，欠薪风险也就越大。一旦出现诸如2008年国际金融危机下大量企业倒闭所引发的工资支付不能的情形，则不再是简单的个别合同违约，而是企业对所有劳动合同的违约，从而导致大量劳动者拿不到工资，生存受到威胁，引发集体行动等影响社会安全之行为。因此，工资请求权确保，不同于一般债权请求权的确保，除了一般的民法保护外，还有劳动法、民商事法、刑法、社会法、程序法等之特殊保护，构成工资债权请求权之保护系统。[1]

二 工资请求权的类型

债之关系的核心在于给付，给付义务分为原给付义务（第一次给付义务）及次给付义务（第二次给付义务）。原给付义务在履行过程中，因特定事由演变而发生的义务，为次给付义务，主要有债务不履行而产生的损害赔偿义务和契约解除时所产生的恢复原状义务。[2] 劳动合同是双务合同，劳动者的劳动给付和用人单位的工资给付是基于劳动合同的原给付义务（第一次给付义务），劳动者有工资给付请求权（主契约请求权），用人单位有劳动给付请求权（主契约请求权）。原给付义务在履行过程中因特定事由会产生次给付义务，但基于劳动关系的特殊性，用人单位未依合同和法律履行工资给付义务所产生的次给付义务，以及劳动者相应享受次契约请求权有一定的特殊性，如因劳动给付不可返还，劳动合同解除无法产生恢复原状义务，劳动者也就无相应恢复原状之请求权。工资请求权主要类型如下。

---

[1] 高野敏春．"賃金の意義．：賃金をめぐる法の対応と賃金請求権"．國士舘法學 51 (2018)：63-83.

[2] 王泽鉴：《债法原理》第一册，中国政法大学出版社2001年版，第38页。

（一）工资给付请求权

1. 工资给付请求权定义及要件

工资给付请求权是基于劳动合同而发生的主给付请求权，即劳动者得向用人单位请求给付工资的权利。工资给付请求权的基础是有效劳动合同，如我国《工资支付暂行规定》第 4 条规定，"本规定所称工资是指用人单位依据劳动合同的规定，以各种形式支付给劳动者的工资报酬"。工资给付请求权应具备以下要件。

（1）劳动合同成立

劳动合同成立必须有用人单位和劳动者雇佣和被雇佣的要约和承诺之合致。由于我国《劳动法》《劳动合同法》特别强调书面劳动合同签订之义务，以至于大家通常误解为书面劳动合同文本就是劳动合同，其他形式的雇佣和被雇佣合意并非劳动合同，因此才出现劳动关系成立的"合意论"和"事实论"，尤其是《劳动合同法》第 7 条、第 10 条之规定更是让人误解以为，劳动关系无须合意，仅有"用工"事实即可。此种争议已经在前述劳动关系认定中有所论述，劳动合同不等同于书面劳动合同书（载有劳动合同条款及双方签字盖章的文件）。由于我国《劳动合同法》并没有明确规定，未签订书面劳动合同书的，劳动合同不成立，所以，无法解释出我国劳动合同是要式合同。所谓雇佣和被雇佣要约和承诺的合致，除了通过书面劳动合同书外，我国司法实践中对于劳动合同成立形式予以了扩大化解释：①书面合同表现形式的多样化。除了正式当事人签字盖章的劳动合同书之外，信件、数据电文也是合同的书面形式。有的法院判决书认定，有劳动合同主要条款经过劳动者签名的入职登记表等文书，也是书面劳动合同的表现形式。②口头合同形式和默示合同形式的实际承认。《最高人民法院关于审理劳动争议案件适用若干问题的解释（四）》（以下简称《司法解释四》）第 11 条规定明确承认了口头合同形式，同时，其以实际履行变更后合同一个月作为认定口头变更的劳动合同的关键依据，无法证明口头变更合同存在的情况下，最高法应是以合同实际履行作为推定变更合意的一种方式，即默示合意的形式。即使《劳动合同法》将劳动合同认定为一种要式合同，必须履行特定形式合同才能成立，例如未履行书面合同书形式，但只要用人单位与劳动者已经实际履行劳动合同义务，即劳动者给付劳动行为和用人单位接受劳动给付行为，则可以从实际履行合同义务的行为中推定当事人已经形成了雇佣和被雇佣的合意和合同关系，劳动合同成立。《劳动合同法》第7条所谓的"用工"应该理解为劳动合同主要义务的履行。《瑞士债务法》（修订截至2016年1月1日）第320条明确了默示合意，该条规定，"雇佣人同意受雇人在一定期间内为其提供劳务，受雇人依情理有理由认为雇佣人会因其提供劳务而支付工资者，亦视为已订立了个人劳务契约"。

当劳动合同对所提供的劳动给付达成合意，但对工资约定不明的，则应适用《劳动合同法》第18条之规定，首先，由劳动者个人与用人单位就工资条款予以协商，形成工资合意。无法形成工资合意的，可适用已有集体合同约定的工资条款。其次，劳动合同和集体合同都不能形成工资合意的，则适用劳动基准。即依据同工同酬原则来确定工资给付。

（2）劳动合同有效

劳动合同有效是指已经成立的劳动合同在当事人之间产生法律拘束力。劳动合同法律拘束力源于法律的赋予，只有具备一定生效要件的，劳动合同才产生法律拘束力。劳动合同的有效要件主要有以下几点。

①双方当事人具有相应劳动法上主体行为能力。劳动者具有相应的劳动能力，即必须达到一定就业年龄、有从事一定工作的智力和体力。用人单位具有相应的用人能力，一般认为依法成立的企业、个体经济组织、民办非企业单位等组织，以及国家机关、事业单位和社会团体具有劳动法上用人能力，可以雇佣劳动者并与之签订劳动合同。然而，正如康芒斯所言，"劳动契约不是一种契约，而是每一分钟和每一小时不断默许更新的契约"[1]。劳动者和用人单位在签订劳动合同时不具备劳动法上主体能力并不代表以后不会具备行为能力，如劳动者签订合同时未达到最低就业年龄，为童工，

---

[1] [美] 约翰·R. 康芒斯：《资本主义的法律基础》，寿勉成译，商务印书馆2003年版，第361页。

但提供劳动一段时间后，达到法定最低就业年龄，则具备了主体要件，劳动合同应自其达到法定就业年龄而生效。用人单位亦是如此。关于分支机构是否具有用人主体行为能力的问题，我国《劳动合同法实施条例》第4条规定，依法取得营业执照或登记证书的，具备用人行为能力，可作为用人单位与劳动者签订劳动合同。

②意思表示真实。劳动合同双方当事人的表示行为应当真实地反映内心的效果意思。我国《劳动合同法》第26条第1款第1项将真实意思作为劳动合同有效要件之一。这里的"真实意思"应当与《劳动合同法》第8条的告知义务相联系。由于用人单位与劳动者地位不平等性，该条对用人单位和劳动者告知义务规定是不平等的，依据该条规定，用人单位负有对劳动合同主要条款（工作内容、工作条件、劳动报酬等）主动如实告知义务以及对劳动者要求了解的其他情况如实告知义务，劳动者则对用人单位想了解的与劳动合同直接相关的基本情况有如实告知义务。劳动者隐瞒事实或违背事实回答用人单位提出的问题，则存在是否构成恶意欺诈的争议。首先，《劳动合同法》并未规定劳动者有主动告知义务，这可理解为，用人单位应当根据雇佣需要对劳动者情况予以主动了解询问。因用人单位未主动了解询问而劳动者未告知事项不构成违反告知义务。其次，对于用人单位了解情况的如实告知义务限于与劳动合同直接相关的基本情况。如已婚劳动者在用人单位入职调查表上填写"未婚"，用人单位基于了解的情况与该劳动者签订劳动合同，虽然劳动者隐婚，但婚姻状况与劳动合同约定的提供劳动义务并无直接相关，劳动者行为不构成欺诈。也就是说，用人单位提出不被允许的问题时，法律允许劳动者对不被允许的提问做出违背事实的回答，欺诈在这种情况下并不违法。德国司法判决和主流学说也是如此观点。[①]

③不违反法律和社会利益。合同之所以产生法律效力在于当事人意思表示符合法律规定，不合法的合同显然不受法律保护，也不能产生当事人预期法律效果。依据《劳动合同法》第26条第1款

---

① ［德］雷蒙德·瓦尔特曼：《德国劳动法》，沈建峰译，法律出版社2014年版，第143页。

第2、3项的规定，劳动合同不得违反法律法规的强制性规定。第2项虽然规定"用人单位免除自己法定责任、排除劳动者权利"为合同无效情形，但此规定依然是违反法律法规强制性规定之结果，以工伤责任为例，法律规定用人单位必须承担工伤责任，缴纳工伤保险费。那么，用人单位与劳动者在劳动合同中约定"工伤概不负责"表面看是"用人单位免除自己法定工伤责任、排除劳动者权利"，实质上是对国家法律法规强制性规定的违反。《劳动合同法》并没有直接将合同内容符合"社会公共利益和公共道德"作为劳动合同效力要件，社会公共利益和公共道德在德国民法中称为"善良风俗"，日本民法和我国台湾地区"民法"称为"公共秩序和善良风俗"，我国民法称为"社会公共利益"。① 我国法院在个案中也会将其作为生效要件之一。例如最高人民法院《司法解释四》第11条规定，"……口头变更后的劳动合同内容不违反法律、行政法规、国家政策及公序良俗"，则为有效。

　　通常情况下，劳动合同可基于其他法律行为同样的原因无效，但就违反法律强制性规定和违反善良风俗而言，所涉及的多不是合同本身的无效而是合同条件（如工资合意、工时合意等）的无效。……部分无效在劳动法中并不立刻导致整个合同无效。如果劳动合同在某一个方面（工资、工时等）违反了法律规定，视整个合同无效，则违反了法律目的。② 我国《劳动法》第18条明确规定，确认部分条款无效不影响其他部分效力，可仅确认部分条款无效，其余部分依然有效。当劳动合同约定的工资和劳动条件等标准约定违反劳动基准法或依法订立的集体合同约定时，该条款无效。无效条款由劳动基准法规定和集体合同约定的工资和劳动条件标准替代，例如，日本《劳动基准法》第13条规定，"劳动合同中规定的劳动条件，低于本法所规定标准部分的无效，在此情况下，失效部分以本法所规定的标准为依据"。我国《最低工资规定》第12、13条亦规定，劳

---

　　① 王利明、崔建远：《合同法新论·总则》（修订版），中国政法大学出版社2000年版，第248页。
　　② ［德］雷蒙德·瓦尔特曼：《德国劳动法》，沈建峰译，法律出版社2014年版，第144页。

动合同约定工资标准低于最低工资标准的,约定无效,最低工资标准替代无效约定,劳动者有最低工资标准给付工资请求权。又如依据《劳动法》第35条、《劳动合同法》第55条的规定,劳动合同中的劳动报酬标准不得低于集体合同规定的标准,低于集体合同标准的,集体合同约定的工资标准取代劳动合同约定的工资标准,即执行集体合同标准。

工资给付请求权要件还必须是有效的劳动合同存在,未被解除、终止等事由而消灭。当劳动者主张被违法解雇或终止劳动合同,依据《劳动合同法》第48条的规定,向劳动仲裁和法院请求继续履行劳动合同,并得到支持的,劳动合同并没有因为合同解除和终止而消灭。劳动者被违法解除或终止劳动合同当日到裁决或判决生效之前的期间,劳动者未提供劳动给付义务如归因于用人单位拒绝受领的,劳动者依据存在的劳动合同享有工资给付请求权。用人单位对劳动者工资给付请求权并无拒绝给付的抗辩权。

(3)劳动合同无效之法律后果

一般民事合同不成立、无效、被撤销或不发生效力,不发生契约上履行请求权,但会产生损害赔偿、给付返还请求权等法律效果。劳动合同不同于一般民事合同,有其特殊性。由于劳动给付无法返还,所以,对于已经实施的劳动关系几乎不可能按照不当得利的原则恢复原状。劳动合同无论是被撤销也好,还是认定无效也好,其所产生的法律后果应限于面向将来发生的效力。如果已得以实施,对于过去而言被视为劳动关系并根据有效劳动关系的规则来对待。《瑞士债务法》(修订截至2016年1月1日)第320条规定,"受雇人基于事后被认定为无效的劳务契约,善意为雇佣人提供劳务者,双方当事人应按劳务契约有效情形下所负劳务关系上的义务,履行之,至该劳务契约被一方当事人以契约无效为由废止时为止"。有观点认为这是劳动合同在实施或履行之后,始发现其无效或因意思表示瑕疵致撤销而产生了有瑕疵的劳动关系这一法律构造所致。① 也有观点认为,是劳动合同在实施或履行之后,始发现其

---

① [德]雷蒙德·瓦尔特曼:《德国劳动法》,沈建峰译,法律出版社2014年版,第144—145页。

无效或因意思表示瑕疵致撤销，但因纳入团体关系的事实即应成立契约关系，即事实劳动契约，并依此处理彼此发生之权义关系。事实上契约关系说由德国学者 Haupt 教授提出，对以意思中心论的传统合同理论无疑是很大之挑战。依此观点，契约关系之创设不必采取缔约方式，借助默示，甚至纯粹拟制意思表示，期能解决传统合同之思维模式。[①] 虽然两种观点所持理论不同，前者强调意思表示合致是合同成立方式，后者强调事实对意思表示拟制以成为合同成立方式。然而，两种观点对劳动合同在实施或履行后，因意思表示瑕疵被撤销或确认无效所产生的法律后果则是完全一致，即仅是面向将来产生无效后果。之前，除了不存在不当得利返还之请求权外，劳动者基于劳动给付行为，用人单位仍有工资给付义务，劳动者享受工资给付请求权。

我国《劳动合同法》没有因意思表示瑕疵致劳动合同被撤销之规定，仅有劳动合同无效，无论是意思表示瑕疵还是违反强制性法律后果就是劳动合同无效。该法第 28 条规定了劳动合同被确认无效之法律后果，显然并未仅限于面向将来发生效力，而是采取自始无效的传统合同无效之观点。只是劳动力不具有可返还性，无法恢复原状，基于不当得利之原则，当劳动者已付出劳动的，用人单位支付劳动报酬。因为劳动合同自始无效，不能作为支付劳动报酬的依据，劳动报酬数额则参照本单位相同或相近岗位劳动者的劳动报酬确定。这种立法设计虽然适用了民法所谓的等价交换之原则，但忽略了劳动合同不同于民法上的雇佣合同。劳动合同实施或履行中所发生的交换不仅仅是劳动给付与工资给付之间的交换，还有附着于劳动关系的社会保险、福利（例如户籍、免费提供住房）、岗位培训投入等给付与劳动者忠诚义务履行等之间的交换，既然基于劳动者实际提供了劳动，用人单位按照不当得利原则有工资支付义务，那么，因为劳动者欺诈导致的劳动合同无效，用人单位是否对于劳动对价之外，附着于劳动关系上的给付有损害请求权和返还请求权？实际上，已缴纳的社会保险、

[①] 王泽鉴：《民法学说与判例研究》，中国政法大学出版社 1998 年版，第 105—107 页。

办理好的户籍等皆无法适用返还给付、损害赔偿等一般合同无效之法律后果。由此,《劳动合同法》仅规定对于已经实施或履行的劳动合同被确认无效后,用人单位有劳动报酬给付义务,但对于合同被确认无效后的法律后果仅有"因意思表示瑕疵导致合同无效的,无过错方有单方合同解除权"之规定,并无损害赔偿请求权和返还给付请求权之规定。被确认无效的劳动合同双方当事人没损害赔偿请求权和返还给付请求权,应该认为,合同无效溯及力实际上受到了限制,被确认无效仅是面向将来发生效力。为了解决立法与法理冲突,有必要参考《瑞士债务法》第320条之规定,对我国劳动合同无效溯及力予以明确限制。

2. 劳动法上工资给付的特殊规则

劳动者工资给付请求权是以用人单位工资给付义务为基础。劳动者对于用人单位的工资给付义务享有请求权。用人单位工资给付义务一般源自劳动合同约定。为了保护劳动者,劳动法对用人单位工资给付义务有强制性规定,包括最低工资给付义务和遵守工资支付规则义务,直接干预了劳动合同约定之内容,形成了劳动合同之当然内容。最低工资给付义务是指用人单位有至少支付法定最低工资额度的劳动报酬义务。此外,为了在发生工资请求权时确保劳动者能够直接切实得到工资,我国《劳动法》《工资支付暂行规定》规定了工资支付的一般规则,即货币支付规则、直接支付规则、全额支付规则和定期支付规则,用人单位有按照工资支付规则支付工资的义务。

(1) 通货支付的规则

我国《劳动法》规定,工资必须以法定货币支付,不得以实物和有价证券代替货币支付。我国法定货币是人民币,禁止用外币、实物(免费食宿)、支票等有价证券支付,以防止交换困难、价格不明确和任意给付。这也是国际劳工组织第95号公约以及成员国立法确定的一般支付原则。现在以银行转账方式进行工资支付比较常见,已经成为我国通常使用的工资支付方式,法定货币直接支付反而非常少见。此种支付方式,日本学界有观点认为是属于通货支付规则之例外,也有观点认为不属于通货支付原则的例外,是直接支付原则的例外。① 依照《工资支付暂行规定》第 6 条的规定，我国允许用人单位委托银行代发工资，将其作为直接支付原则之例外，而非通货支付原则之例外。但未对此种支付方式予以进一步规范。日本则规定，通过银行账户进行工资支付需要与工会或职工代表签订协议，以确定的工资支付日可以从账户上取出工资为要件，将工资汇入劳动者指定的以本人名义的银行或其他金融机构的储蓄账户上，并向劳动者交付工资支付清单。我国应借鉴日本的立法经验，规定用人单位委托银行支付工资应征得劳动者同意，工资需汇入劳动者本人名义账户，并可从账户上取出为要件。

（2）直接支付的规则

工资必须向劳动者本人直接支付。这也是国际劳工组织（ILO）第 95 号公约以及成员国立法确定的一般支付原则。第 95 号公约规定，"工资应直接发给有关工人，除非国家法律或条例、集体协议或仲裁裁定另有规定，或有关工人同意的其他办法"。此种支付规则是为了确保劳动者能够获得自己的工资，防止第三人通过代领工资对劳动者应得工资的中间榨取盘剥或侵占。在日本，工资受领的委托和代理应是无效，代理人受领工资根据法律规定要被科以 30 万日元以下罚金，但法解释上，雇主向该劳动者秘书或配偶支付工资是被认可的。② 然而，我国《工资支付暂行规定》第 6 条规定了直接支付规则之例外，工资受领可以由亲属或其委托人代领。但对于亲属及委托人并没有予以限定，这不可避免会产生家长对未成年子女工资的侵占，也可能导致工资被委托人代领侵占。借鉴日本的立法经验，我国工资直接支付规则之例外应将代领人限定于劳动者的直系成年亲属，并应获得劳动者本人代领工资之正式委托。

依照我国《民事诉讼法》第 243 条的规定，对于劳动者之工资债权超过维持劳动者及所扶养家属的生活必需费用部分可以强制执行，改由劳动者之债权人受领。若劳动者任意将工资债权转让与第三人，其效力如何？我国台湾地区有三种见解。①无效说。该学说认为，直接支付原则立法本意在于防止第三人假借名目夺去劳工工

---

① 田思路、贾秀芬：《日本劳动法研究》，中国社会科学出版社 2013 年版，第 146 页。
② 田思路、贾秀芬：《日本劳动法研究》，中国社会科学出版社 2013 年版，第 146 页。

资，确保工资能够直接给付于劳工，以维护劳工之生活。若允许劳工转让工资债权给第三人，将使本条立法目的落空。②有效说。认为直接支付规则仅是规范劳雇双方如何给付工资之法律关系，一旦劳动者将工资债权任意让与第三人，雇主即得给付第三人。③相对有效说。民法并未禁止工资债权之转移，故劳动者本可以自由转移工资债权与第三人，但工资债权转让以后，雇主仍受到劳动基准法直接给付原则之限制，仍须将工资给付劳动者。其中相对有效说为台湾地区通说。① 我国《劳动法》未对工资债权是否转让有明确规定，现实中存在工资债权转让情形，如义乌市总工会推出"工资债权让渡办法"，被拖欠工资的劳动者，如果经济确实困难或有特别情况，可以向工会提出申请，签订工资债权让渡协议，由工会先支付劳动者被拖欠工资，再以债权人名义来行使请求权。② 工资债权转让在司法实践中亦有诸多争议，有的认为工资债权具有人身性，不是单纯的财产权，不可以转让；也有观点认为，工资债权本质上是一种财产权，是可以通过协议转让的。ILO 第 95 号公约第 10 条明确规定："只有在国家法律或条例规定的方式下和范围内，始得对工资进行扣押或转让"，并规定"在维持工人及其家属生活所需的范围内，工资应受保护，不得扣押或转让"。也就是说，工资债权转让与一般民事债权转让不同，应受到一定限制。例如《瑞士债务法》第 325 条明确规定，"受雇人对其将来的工资债权，得在可扣押的范围内，为担保其亲属法上的扶养扶助义务而为让与或出质。……为担保其他债务而让与或出质将来的工资债权者无效"。依照该条规定，工资债权应分为到期的工资债权和将来的工资债权，前者可以转让，后者因为是未来之债权，其转让严格限制。如前述，义乌市工会此种"到期工资债权转让给工会"的创新之举，对于解决劳动者欠薪问题具有积极意义。因此，应允许劳动者转让

---

① 台湾劳动法学会编：《劳动基准法释义——施行二十年之回顾与展望》，中国台湾：新学林出版股份有限公司 2005 年版，第 284 页。
② 金卯刀：《"工资债权让渡工会"的标本意义》，2020 年 11 月 17 日，正义网—检察日报，2007 年 10 月 8 日，转引自新浪新闻（http：//news.sina.com.cn/o/2007 - 10 - 08/011612684540s.shtml）。

到期工资债权给第三人，但为防止通过转让之名获取劳动工资，应建立转让协议"公允价格"的司法审查机制，假如转让价格与工资债权之间显失公平，转让协议应认定无效。而将来的工资债权实现依靠劳动者劳动行为的未来给付，具有很强的人身属性和不确定性，其转让应严格予以限制和禁止。对于转让的工资债权，台湾地区通说采用的相对有效说在实际操作上极为复杂和矛盾。一方面，允许劳动者转让工资债权给第三方；另一方面，强制用人单位将工资直接支付给劳动者，劳动者将会获得转让工资债权之利益和用人单位支付工资之利益，而第三方付出对价所受让工资债权实现难度增大。因此，对于依法转让的工资债权，第三方应当以债权人身份行使债权请求权，用人单位应向第三方履行债务，即给付工资给第三方。

（3）全额给付的规则

工资必须全额支付。禁止雇主对工资部分余留或扣除，以保障劳动者经济生活的安定。这也是ILO第95号公约以及成员国立法确定的一般支付原则。当然，如果劳动者无故旷工，未履行劳动合同义务，雇主对其不负有工资给付义务，不予全额支付工资不构成对法律之违反。我国《工资支付暂行规定》第15条规定了禁止工资扣除之原则及其例外。关于工资债权债务抵消问题，我国《劳动法》虽没有明确规定，但在《工资支付暂行规定》第16条有所体现，该条允许用人单位从个人工资中扣除部分来补偿劳动者因个人原因对其造成经济损失的赔偿，这实际上是债权债务之抵消。该条对此种抵消规定了两大有效要件：①需有劳动合同约定。限制用人单位单方抵消的行为。②每月抵消工资额的限制。每月扣除的部分不得超过劳动者当月工资的20%。扣除后的剩余工资部分不得低于当地月最低工资标准。

关于企业罚款之工资扣除问题则存在很大争议，有的地方立法承认企业有罚款权，罚款数额可以从劳动者工资中予以扣除。如《深圳经济特区和谐劳动关系促进条例》第16条规定，用人单位有权依照规章制度对劳动者依法行使经济处分，即罚款。有的地方立法规定企业实施罚款行为违法，因罚款扣除工资行为违反了工资全额支付的规则,如《广东省劳动保障监察条例》第 51 条规定,"用人单位对劳动者实施罚款……,由人力资源和社会保障行政部门责令限期改正;……"。有观点认为对劳动者实施经济处罚有利于企业管理,只要在劳动规章制度中予以规定,可以对劳动者实施罚款。但在我国工会力量不足,劳资之间缺乏平等现实背景下,如果允许用人单位罚款,可能会被滥用成为企业任意扣除工资的一种手段。因此应对罚款予以禁止。只有劳动者违反劳动合同约定,未给付劳动或给用人单位造成损失的,方可对工资予以合法扣除。

(4) 定期支付的规则

工资必须每月一次以上在确定的日期支付。ILO 第 95 号公约第 12 条规定了工资定期支付的规则,其成员国立法也有如此规定。该规定是为了防止支付周期过长给劳动者带来生活不安定,也是为了劳动者有计划地生活。《工资支付暂行规定》第 7 条规定了工资定期支付的规则,我国工资至少每月支付一次,并在约定的日期支付。如果与节假日或休息日相重合,则应提前在最近的工作日支付。临时劳动或某项具体工作支付的工资,超过一个月期限的奖金、津贴、补助等不属于该条规定的适用范围。一般来说,支付周期越短,欠薪风险就越小,如我国台湾地区为避免因工资支付间隔过长或者支付日期不确定,"劳动基准法"第 23 条第 1 款规定,除当事人有特别约定或按月预付者外,每月至少定期发给二次。按件计酬者亦同。

实践中,有企业往往会因故晚于确定的日期支付,或约定工资支付日超过支付周期。一般情况下,这属于违反工资定期支付的规则,未依法履行工资给付义务。但我国有地方立法对定期支付规则做出可合理延长的特殊规定,如《深圳市员工工资支付条例》(2015) 第 9、11、12 条规定,由用人单位与劳动者约定工资支付日。工资支付周期不超过一个月的,约定的工资支付日不得超过支付周期期满后第七日,用人单位因故不能在约定的工资支付日支付工资的,可以延长五日。虽然照顾了企业需求,但违反了《劳动法》第 50 条规定,有违反立法法之嫌,而且对劳动者工资债权保护也极为不利。例如,用人单位与劳动者约定工资支付日在支付周期满的第 7 天，当月因故不能在约定工资支付日支付工资，可延期 5 日，那么意味着用人单位可以在工资支付周期满后 12 日内支付工资。支付周期越长，欠薪风险越大，劳动者生活越不安定。

（二）次工资契约上请求权

劳动者根据劳动合同和相关法律法规履行了劳动给付义务，用人单位工资给付义务发生，因用人单位未履行工资给付义务则发生替代主合同上请求权的次契约上请求权。一般民事合同次契约上请求权主要是债务不履行的损害赔偿请求权、合同解除发生的恢复原状请求权等。如前所述，劳动合同解除，劳动关系不可能恢复原状，当用人单位不履行工资给付义务时，次契约请求权类型如下。

1. 债务不履行的损害赔偿请求权

工资债务不履行分为履行不能和履行延迟，前者指债务人不能依照债之本意而履行债务，如因企业经营困难而无力支付工资，后者是指债务人有给付可能，债务届清偿期而未给付，此为所谓的无故拖欠工资。我国《劳动法》第 91 条、《劳动合同法》第 85 条、《劳动保障监察条例》第 26 条等，都是次契约上请求权的法律基础。因用人单位工资债务不履行，劳动者会产生利息损失及其他损失。依据现有规定，我国劳动者对于克扣工资和无故拖欠工资行为等债务延迟履行除了享有给付履行请求权外，并不享有延迟利息给付请求权和其他损害赔偿请求权，但享有一定的经济补偿或赔偿请求权。经济补偿请求权或赔偿请求权的相关规定之间存在一定冲突，主要表现在：（1）请求权类型不一样。依据《劳动法》第 91 条，次契约上请求权有经济补偿请求权和赔偿请求权；依据《劳动合同法》第 85 条和《劳动保障监察条例》第 26 条，次契约上请求权有赔偿请求权，而没有经济补偿请求权。（2）赔偿请求权的赔偿额不一样。《违反〈中华人民共和国劳动法〉行政处罚办法》第 6 条规定，劳动者享有相当于支付劳动者工资报酬、经济补偿总和的一倍至五倍的赔偿请求权；《劳动合同法》第 85 条和《劳动保障监察条例》第 26 条则是，应付金额 50% 以上 1 倍以下的标准计算的赔偿金请求权。就目前关于用人单位债务延迟履行赔偿责任主要是适用《劳动合同法》第 85 条规定，经济补偿请求权鲜有支持，同时，损害赔偿请求权受到限制而难以实现。原因在于，一旦劳动行政单位下达责令支付的通知，用人单位一般都会在期限内支付，劳动者则无损害赔偿请求权。此外，劳动者赔偿金请求权必须是"劳动行政单位责令限期支付工资"之前置，未有劳动行政单位责令限期支付的程序，劳动者也无赔偿金请求权。以法定赔偿金替代实际损害赔偿并不能达到预期效果。此赔偿金是一种由行政劳动部门做出的行政处罚措施，是特殊行政罚金，与劳动者损害并无联系，其特殊性在于支付对象是劳动者而不是上缴国库，违背行政法之规定，也不符合债务不履行的损害赔偿制度之法理。

  金钱债务的不履行或延迟履行所引起的主要损害赔偿应是支付延迟利息，《瑞士债务法》《日本民法典》《德国民法典》等都对延迟利息有相关规定，例如《瑞士债务法》第104条规定，"债务人延迟履行金钱债务者，虽有更低利息之约定，仍应按照百分之五的年利率，支付延迟利息。约定利率超过百分之五时，不论其为双方直接约定利率，或者双方约定按照银行同期的定期利率，在债务人延迟期间，债权人均有请求权"。《德国民法典》第288条规定，在延迟履行期间，对金钱债务应支付年利率为百分之四的利息。如果债权人可以根据其他法律上的原因要求提高利息时，债务人应继续支付，不排除主张其他损害。此种损害赔偿请求权无须经过劳动行政执法程序，容易实现，只要存在金财债务延迟履行的事实，则需支付利息。我国劳动法关于工资债务延迟履行的赔偿金规定，类似于延迟利息的规定，只是延迟利息根据延迟支付时间计算，拖欠时间越长，利息越多，工资债务延迟履行的赔偿金则仅与延迟支付的工资额有关，与拖欠时间长短没有关系，难以体现违法程序处罚的公平性。因此，建议我国引入延迟利息作为工资债务不履行的损害赔偿之一，即劳动者对于被拖欠或克扣工资除了工资给付履行请求权外，还有延迟利息给付请求权。为了防止劳动合同对于延迟利息过低约定，立法应该规定，延迟利息应按照同期银行贷款的年利率支付，当事人约定高于此标准的，按照有利于劳动者原则，按约定利息计算。因工资债务延迟履行造成劳动者的其他损害，劳动者如有证据证明，则除了延迟利息请求权外，还应有其他损害请求权。

2. 劳动合同解除的经济补偿请求权

劳动合同属于双务合同，用人单位作为债务人陷于工资债务的延迟履行，劳动者作为债权人有权诉请债务人继续履行合同并赔偿因延迟履行而发生的损害赔偿，也可以表示放弃请求继续履行合同，而请求解除合同，由于劳动关系无法恢复原状，与一般民事合同不同，劳动合同解除不能使合同效力溯及地消灭而发生恢复原状的请求。劳动合同解除仅是导致劳动关系终止，如《瑞士债务法》仅规定劳动关系终止，而无解除一说。第339条规定，所有基于劳务关系而产生的债权，均因劳务关系终止而届其清偿期。第339c条规定，一定条件下，劳动关系终止，雇佣人有向受雇人支付离职金的义务。我国《劳动合同法》第38、46条赋予了劳动者在用人单位延迟履行工资给付义务时的劳动合同单方解除权的同时，赋予了劳动者经济补偿请求权。有了经济补偿请求权的激励，以用人单位未足额支付劳动报酬通知用人单位解除劳动合同，并请求经济补偿的案例时有发生。由于没有进一步对"未及时足额支付劳动报酬"情形予以解释，一般认为，只要用人单位客观上未履行工资给付义务，劳动者可以提出解除劳动合同，并有经济补偿金给付请求权。实践中，假如用人单位不存在工资延迟给付主观故意，即并未恶意克扣或拖欠工资，例如用人单位发工资时因为工作人员计算当月工资有误，导致当月少发了50元工资，劳动者依据《劳动合同法》第38、46条规定提出劳动合同解除，并请求经济补偿给付，是否有悖立法本意以及法定解除权之法理。因为我国《劳动法》第50条规定的是"不得克扣和无故拖欠劳动者工资"，即禁止无正当理由不足额支付劳动报酬。《劳动合同法》第38条应是为实现《劳动法》第50条之立法目的，通过给予劳动者经济补偿请求权，增加用人单位违反《劳动法》第50条之成本。但因为工作人员错误计算工资而导致工资未及时足额发放，不是无故拖欠，而应是工资数额争议事项，一旦支持劳动者据此提出解除劳动合同，并请求经济补偿金给付，则违反立法本意。此外，因为偶然一个月少发50元工资，并未构成严重违约，而各国立法规定，只有在一方严重违约的情况下，才能导致合同的单方解除。我国合同法亦是在第94条采纳了根本违约的概念,① 对法定解除权行使予以了严格限制。虽然劳动合同中工资债务履行对于劳动者生活安定具有重要意义,应特殊予以保护,但也应当谨慎对待法定解除权之行使,防止权利滥用。建议对《劳动合同法》第 38 条解除权之规定予以必要限制：（1）用人单位未及时足额支付工资,经劳动者催告后合理期限内仍不支付的,劳动者可解除劳动合同,并请求给付经济补偿金；（2）用人单位未及时足额支付工资,严重影响到劳动者及家庭成员生活的,劳动者可以提出解除劳动合同,并请求给付经济补偿金。

三 劳动给付请求权之抗辩权

我国《民法典》第 525、526 条规定双务合同履行中的抗辩权,以对抗请求权或否认对方的权利主张,该权利可以使对方请求权消失,也可以使其效力延期发生。前者为永久抗辩权,如时效届满所产生的抗辩权,后者为延缓的抗辩权,如同时履行抗辩权和不安抗辩权。双务合同延缓的抗辩权仅是使对方请求权效力延期发生,促使对方积极履行合同,或确保合同得以履行。劳动合同为双务合同,在用人单位拖欠工资或经济状况恶化可能无力支付工资时,劳动者可否行使同时履行抗辩权和不安抗辩权？由于我国《劳动法》对于工资债务履行没有抗辩权之规定,我国劳动争议案件鲜有援引《民法典》相关规定作为裁判依据,劳动者只能依据《劳动合同法》第 38 条行使单方解除权,有关抗辩权的规定仅隐见于《劳动合同法》第 32 条,"劳动者拒绝用人单位管理人员违章指挥,强令冒险作业的,不视为违反劳动合同",劳动者有工资请求权。

（一）同时履行抗辩权

如前分析,近些年劳动者因用人单位欠薪而采取集体停工等方式来主张工资给付请求权,是我国主要群体性劳资纠纷,涉及人数多,影响社会稳定。以集体停工等方式来请求工资给付行为是否构成了劳动合同劳动给付义务的违反,用人单位是否能以严重违纪方式解除劳动合同,并请求损害赔偿,或者以劳动给付义务未履行为

---

① 王利明、崔建远：《合同法新论·总则》（修订版）,中国政法大学出版社 2000 年版,第 449 页。

由，不支付劳动者停工期间的工资？由于法律没有规定，对于因劳动者集体停工解除劳动合同及拒绝给付停工工资而发生的劳动争议案件，往往产生不同的裁审结果。

在工资债务不履行的情况下，劳动者希望能够促使用人单位履行工资给付义务，但也不愿意以失去工作为代价，集体留置劳动给付，通过经济损失向用人单位施压是一种比向劳动仲裁或法院提起争议更有效实现工资债权的方式。德国劳动法认为，如果雇主违反工资支付义务，劳动者享有劳动给付的留置权（《德国民法典》第320条），留置其劳动给付，但他依然享有工资请求权，这或者是雇主可归责的履行不能的结果（《德国民法典》第324条第1款或者第2款）或者是雇主受领延迟的结果（《德国民法典》第298、615条）。受领延迟以劳动给付可弥补为前提。[1] 实际上这里所谓的留置权[2]更准确地说是劳动者行使劳动给付请求权之抗辩权，也称为请求权之反对权。《德国民法典》第320条规定的是"双务合同不履行的抗辩，即因双务合同而负有义务的人，在另一方当事人履行对待给付义务之前，可以拒绝履行自己的给付，但自己负有先给付义务的除外"[3]。我国台湾地区对雇主未履行届期已满的工资支付义务，受雇人可拒绝提供劳务，基本上采取肯定说。自此情形下，受雇人提供劳务纵因时间经过而成为不能，雇主在以下两种情况下仍负有支付工资义务：其一，此项给付不能，基于可归责于雇主之事由；其二，受雇人对雇主表示若支付积欠工资，即愿服务劳务时，可认为业已提供给付，雇主应负债权人受领延迟之责任。[4] 通常情况下，劳动合同约定劳动合同履行过程中，劳动给付先付，而工资后付。我国《民法典》第526条规定："当事人互负债务，有先后

---

[1] [德] W. 杜茨：《劳动法》，张国文译，法律出版社2005年版，第88页。
[2] 留置权是指债权人按照合同的约定占有债务人的动产，债务人不按照合同约定的期限履行债务的，债权人有权依照法律规定留置财产，以该财产折价或者以拍卖、变卖该财产的价款优先受偿。而劳动者拒绝给付劳动行为，留置的是自己的劳动给付，不是用人单位的动产，所以，不是留置权而应是同时履行抗辩权。
[3] 《德国民法典》，郑冲、贾红梅译，法律出版社1999年版，第320页。
[4] 王泽鉴：《民法学说与判例研究》（6），中国政法大学出版社1998年版，第150页。

履行顺序，应当先履行债务一方未履行的，后履行一方有权拒绝其履行要求。先履行一方履行债务不符合约定的，后履行一方有权拒绝其相应的履行要求。"依此规定，劳动者有劳动先付义务的，不得在工资债务清偿期前行使同时履行抗辩权，当用人单位未在约定工资支付日支付工资，劳动者应有权拒绝向用人单位提供劳动。由于劳动力不具有可储藏性，劳动者因行使同时履行抗辩权而未提供劳动的，就抗辩权实施期间仍享有工资请求权。用人单位不得以未提供劳动给付为由解除劳动合同并拒绝给付工资。集体停工应被定性为一种对抗劳动给付请求权的同时履行抗辩权之合法行使。劳动者有工资请求权，用人单位不得以此为由解除劳动合同。

（二）不安抗辩权

大陆法系设立不安抗辩权制度旨在当后履行当事人财产状况明显恶化，应先为给付乙方可以主张不安抗辩权，在对方未履行或提供担保前，拒绝自己债务履行。① 我国《民法典》第 527 条规定："应当先履行债务的当事人，有确切证据证明对方有下列情形之一的，可以中止履行：（一）经营情况严重恶化；（二）转移财产、抽逃资金，以逃避债务；（三）丧失商业信誉；（四）有丧失或者可能丧失履行债务能力的其他情形。"

我国劳动合同通常约定劳动给付义务先于工资给付义务履行。劳动者先行履行劳动义务至工资支付日，即已届清偿期，用人单位一旦丧失或可能工资义务履行能力，劳动者工资债权将无法实现。由于我国《劳动合同法》并未赋予劳动者不安抗辩权。当用人单位经营困难，财产显性减少，或有转移财产、抽逃资金等行为，只要未到工资支付日，劳动者就不能拒绝自己劳动给付义务履行，否则容易产生欠薪风险。《瑞士债务法》第 337a 条则规定，当用人单位有不能支付工资之虞，受雇人得通知立刻终止劳务关系，但雇佣人在合理期限内对基于劳动关系而产生的债权提供担保者，不在此限。为保护劳动者工资债权，我国劳动法应依据《民法典》第 527 条的规定，建立劳动者不安抗辩权制度，赋予劳动者不安抗辩权，

---

① 王利明、崔建远：《合同法新论·总则》（修订版），中国政法大学出版社 2000 年版，第 349 页。

当用人单位有丧失或可能丧失工资支付能力时，劳动者可通知用人单位中止劳动合同履行，拒绝劳动给付义务履行。

  工资债权属于金钱债权，用人单位无支付能力之判断在于其财产状况恶化程度的判断。对方财产恶化到何种程度，各国立法不尽相同，例如《瑞士债务法》第83条限定为"一方陷入支付不能（特别是宣告破产或无可扣押财产），且因财产状况恶化，他方请求权有不能实现之虞"；《德国民法典》第321条则限于"一方当事人的财产于订立合同之后明显减少，致有妨碍对待给付请求权给付的行使之虞"。有观点认为，德国民法典规定更有利于债权之保护，只有在破产或无可扣押财产时才允许行使不安抗辩权，意味着行使该权利的机会已经丧失大部分。[①] 劳动合同履行是一种生产资料与劳动力相结合的过程，当用人单位出现经营困难，财产明显减少，劳动者以此为由行使不安抗辩权，拒绝继续履行劳动给付义务，将会进一步让用人单位陷入倒闭危机，增加更多人失业的风险。因此，对于用人单位财产状况判断应该严格限制并且较为客观。鉴于我国破产宣告程序冗长，为了避免对用人单位工资支付不能判断的随意性，建议劳动法明确用人单位财产恶化程度判断标准应是财产明显减少，且无扣押财产。同时，为了防止不安抗辩权滥用，损害用人单位利益，劳动法应明确规定，劳动者必须有确切证据方可中止劳动合同履行，否则应承担劳动法上的责任。在用人单位对于工资债权提供了履行担保的，劳动者不得中止劳动合同履行。在程序上，可要求劳动者先向劳动行政部门投诉，劳动行政部门接到投诉，应及时核实用人单位履约的财产能力。确实无履约财产能力的，劳动行政部门或劳动者应向用人单位请求提供工资支付的担保。对于实行了地方工资支付担保制度的，如工资支付保证金、欠薪垫付基金等，用人单位在工资支付担保制度担保范围之内，应认为用人单位对工资支付担保制度担保范围内的工资债权提供了担保，劳动者不得行使不安抗辩权。用人单位确无履约能力，又不能提供履约担保的，劳动者可中止劳动合同履行。

[①] 王利明、崔建远：《合同法新论·总则》（修订版），中国政法大学出版社2000年版，第350页。

第二节　无过错劳动给付障碍与工资请求权

　　劳动合同是劳动给付和工资交换的合同，建立在劳动合同基础上的劳动关系是劳动给付和工资持续性交换的债的关系。此种债之关系具有人身依附性和构成了劳动者家庭的生存之根本。这种特殊性使得工资请求权与一般的合同债之请求权有重大区别。一般合同债之请求权遵循对价理论，如果依照劳动对价理论，在雇员不履行其劳务给付义务时雇主也应有权拒绝履行其工资支付的义务，而无论是否有过错。如《浙江省企业工资支付管理办法》（2017 年 5 月 5 日施行）第 16 条第 2 款则是确立了劳动对价之原则，即劳动者请事假或无正当理由未提供劳动的，用人单位可以拒绝履行工资支付。从一般债之履行看，当债的关系成立后产生不可归责于债务人的事由，致使给付不能的，债务人免除其给付义务。《日本民法典》第 536 条第 2 项规定，因可归责于债权人之事致债务人不能履行债务的，债务人不失受对待给付之权利。德国法学界通说认为，在劳动关系中劳务给付属于绝对固定债（absolute fixschuld），如果在规定的劳动时间内因可不归责于雇员的事由而履行不能的，则属于不可补救之债，雇主不可在阻碍事由消失后要求雇员再履行其劳务给付义务。[①] 用人单位受领延迟导致劳动者劳动给付不能，用人单位当然有工资支付义务。除了民法上的延迟受领产生的劳动给付障碍时的劳动者工资请求权，为了保护劳动者及其家庭成员的生存权，劳动法上还规定了多种无过错劳动给付障碍时的用人单位工资续付义务，[②] 即免除了劳动者劳动给付义务，突破了劳动对价理论，形成了特殊的工资请求权。除了法定的劳动给付义务免除与用人单位

[①] Dietrich Boewer, *Münchener Handbuch zum Arbeitsrecht*, Verlag：C. H. Beck, München, 2009, § 69 Rn. 1; Jacob Joussen, *Beck' scher Online—Kommentar Arbeitsrecht*, Verlag：C. H. Beck, München, 2017, § 611 Rn. 361.

[②] 胡玉浪：《劳动给付障碍法的体系构建与责任限缩》，《法治研究》2014 年第 7 期。

工资续付义务外，双方也可以通过劳动合同或集体合同约定。

一　劳动给付义务免除与工资续付请求权

我国工资规范群体系中，拟制工资规范群是源于劳动给付义务法定免除的工资给付。依据《劳动法》第51条、《工会法》第40条等的规定，用人单位在法定医疗期、法定节假日、带薪休假等期间有继续支付工资的义务。此外，我国还特别规定依法参加社会活动的劳动给付义务免除，劳动者享有工资请求权。在法定劳动给付义务免除之外，有的用人单位为了提高劳动者福利待遇约定延长休假时间，劳动者在约定延长的休假时间内有工资请求权。致使无过错劳动给付障碍的事由有很多，可以是法律强制性规定的或者劳动合同双方约定的。有约定的，只要不违反强制性规定，一般从其规定，包括工资支付的标准。法律强制性规定的阻碍事由出现的情况下，雇员依法对雇主享有的工资继续支付请求权。依据《劳动法》《工会法》《工资支付暂行规定》等法律法规和部门规章，我国工资续付义务的劳动给付阻碍法定事由主要有：（1）依法参加社会活动，包括依法行使选举权和被选举权，作为代表参加的相关机关和部门组织的会议；出庭做证、不脱产的基层工会委员依法参与的工会活动等。（2）依法享受带薪假期，包括年休假、探亲假、婚假、丧假、产假、病假、法定节假日等。关于这些劳动给付障碍期间的工资给付标准已经在工资界定中有所论述。实践中，病假期工资争议和年休假工资争议较多，且理论实务颇有争议。以下就病假期的劳动者工资请求权与年休假工资请求权问题展开论述。

（一）病假期的工资续付请求权

病假期是为了保护劳动者生病期间，不被解雇，免予劳动给付义务的期限。病假期分为法定病假期和约定病假期，前者基于法律法规规定，为法定医疗期；后者由用人单位和劳动者约定，为约定医疗期。依据法律规定或合同约定，劳动者可享有劳动给付义务免除和工资续付请求权。《企业职工患病或非因工负伤医疗期规定》（劳部发〔1994〕479号）是我国医疗期工资请求权的重要依据，各地在此基础上有一些地方性规定。病假期制度是确保劳动者因病或非因工负伤能够停工治疗休息,恢复健康。而工资续付义务则是确保劳动者停工期间,能获得一定的劳动关系维持费用。根据本人参加工作实际年限和本单位工作年限,医疗期最少三个月,最长二十四个月。特殊疾病医疗期,经企业和劳动主管部门批准,可以适当延长。《关于贯彻执行〈中华人民共和国劳动法〉若干问题的意见》第59条规定,病假工资或疾病救济费不得低于当地最低工资标准的80%。就目前我国病假期工资续付请求权设计现状看,我国法定医疗期工资续付请求权存在以下问题,应予以完善。

1. 我国法定医疗期工资续付请求权存在的问题

(1) 与"过错责任自负原则"相悖

我国病假期间工资续付请求权的构成要件为:①存在合法有效的劳动关系;②劳动者患病或非因工负伤;③需要停工治疗。从构成要件看,我国用人单位法定医疗期间工资续付义务是以劳动关系存续期间劳动者患病或非因工负伤客观情况为发生前提,而不问患病或非因工负伤的原因以及劳动者是否有主观过错。实践中,根据劳动者患病或非因工负伤的原因可以分为:①因劳动者自身过错而陷入疾病或负伤,如劳动者因酒驾或其他违反严重交通规则的行为,致使其在交通事故中受伤的;酗酒吸毒而患病的等情形。②非因劳动者过错而陷入疾病或负伤。非因劳动者过错而陷入疾病或负伤,又可以分为劳动者自己原因非过错性生病或负伤以及第三人导致劳动者生病或负伤。劳动合同作为双务有偿合同,劳动给付和工资给付是一对合同主义务。劳动者必须按照合同约定履行劳动给付义务。用人单位则应按照合同约定履行工资给付义务。一般而言,劳动者因个人原因导致无法提供劳动给付义务的,因违反合同约定,用人单位有权拒绝工资给付,如劳动者因醉驾被限制人身自由,用人单位有权拒绝期间工资给付。考虑到生老病死是人之常态,人生病就必须停工治疗,从保护劳动者健康权和生存权角度出发,法律赋予劳动者一定时间因病或非因工负伤停工休息的权利,并通过给付病假工资和解雇禁止的制度设计让该权利得以保障,实现私法与社会法之连接。然而,如果是因为劳动者自身过错致使其失去工作能力,阻碍其完成工作任务,应属于可归责于劳动者的原因，如雇员在因其挑衅他人而引起的斗殴中受伤，用人单位应该有权拒绝工资给付，造成其损害的，有权要求损害赔偿。第三人造成劳动者患病或负伤的，劳动者基于被侵权事实，有向侵权人主张侵权损害赔偿，其中包括误工费。误工费根据受害人误工时间和收入状况确定。工资收入的劳动者，其收入状况则由其工资确定。也就是说，劳动者因第三人侵权而获得了误工损失，用人单位如果再行负担工资续付义务，不仅违反了过错责任自负原则，还会出现劳动者双重所得的获利，亦违反了损害填补原则。

(2) 客观要件设计过于粗糙

依据我国法定医疗期的相关规定，劳动者要实现其病假期间的工资继续支付请求权，需要满足因病或非因工负伤需停工治疗作为客观要件。应该来说需要停工治疗是法定医疗期工资续付请求权的客观要件。因为如此，现有研究大多关注法定医疗期期限，但对客观要件研究，学界并没有论著。① 客观要件构成应从以下两个方面分析。①生病或非因工负伤。关于生病或非因工负伤的界定，无论是《劳动法》，还是劳部发〔1994〕479号文等都没有予以概括解释，也没有对生病或非因工负伤情形进行列举式立法。或许立法者认为，生病或非因工负伤并不是一个法学讨论的问题，而是属于医学讨论的范畴，所以不应该从法律角度出发对"生病"进行解释。只是这种医学角度的"疾病"和受法律保护的"疾病"也有一定差别，如医学角度上通常不会将怀孕认定为疾病，但妊娠等特殊情形在实践中也被纳入生病范畴，如怀孕期间保胎休养，女员工请病假也是获得支持。《广东省实施〈女职工劳动保护特别规定〉办法》（粤府令第227号）第10条则明确"经医疗机构诊断确需保胎休息的，保胎休息的时间按照病假处理"。因而，劳部发〔1994〕479号文中所谓"疾病"作为法律概念用医学方面的解释并不合理。②需停工治疗。按照文义理解，我国法定医疗期客观要件并不是劳动能力的丧失，而是需要停工治疗。实践中一般认为，是否需要停

---

① 参见郭颖华、邱星美《我国劳动者病假保障制度的问题和完善》，《河北法学》2014年第8期；蒋四清《医疗期常见疑难问题探讨——以司法实务为视角》，《中国劳动》2018年第5期等。

工治疗，不是司法判断问题，而是由医疗机构根据劳动者的病（伤）具体情况和严重程度做出判断，决定是否患病或非因工负伤是否需要停工休息来治疗，以及停工治疗的时间。劳动者根据医疗机构出具的病假证明，向用人单位申请病假，在法定医疗期内有免予解雇权和工资续付请求权。实践中存在一定争议，主要是：第一，治疗结束，需要休养，是否属于需要停工治疗情形，如为了防止传染而需要在家休养。第二，有医疗机构诊断证明和休假证明，但并没有完全丧失劳动能力，病假期间去旅游、培训等，能不能成为用人单位拒绝劳动者享受医疗期待遇的抗辩理由。北京阿里巴巴云计算技术有限公司（以下简称阿里巴巴公司）与丁某劳动争议一案中，丁某请病假去巴西旅游，被阿里巴巴公司解除劳动合同，一审二审支持丁某主张，判决继续履行劳动合同，再审则支持阿里巴巴公司主张，判决解雇合法。分歧点在于，一审二审认为，"阿里巴巴公司所认为不能到'全休'程度仅是其主观判断，丁某的病情是否需要全休显然应当以医疗机构出具的休假证明为准"。再审则认为，"按照一般生活常识判断，阿里巴巴公司有理由质疑丁某请病假的目的并非休养或治疗"。[1] 该案凸显了"是否应全休"，以及是否一定以医疗机构诊断和病假证明为准的争议问题。第三，劳动者疾病或非因工负伤并未导致劳动能力完全丧失，调整其工作强度或变更工作岗位即可避免其健康状况恶化，用人单位可否调整其工作强度或变更工作岗位而请求其能力范围内提供劳务。

（3）法定医疗期过长

我国法定医疗期是劳动者享受解雇禁止权利和工资续付请求权的法定期间。法定医疗期长短直接关系到用人单位工资续付义务履行成本高低。我国医疗期长短与劳动者实际参加工作年限和本单位工作年限有关，最低法定医疗期为3个月，最长为24个月。对于特殊疾病在满了24个月后，经企业和劳动主管部门批准可适当延长医疗期。依此规定，劳动者第一天入职生病或非因工负伤即可享受3个月的法定医疗期。法定医疗期间用人单位不仅存在因劳动者给付

---

[1] 参见北京市高级人民法院"北京阿里巴巴云计算技术有限公司诉丁佶生劳动争议纠纷再审案"，民事判决书（2017）京民再65号，北大法宝。

不能的合同损失，还必须负担病假工资给付义务。法定医疗期过长，用人单位负担就越重。相对于其他国家或地区，我国法定医疗期明显过长。如德国《节假日及病假期间工资支付法》第 3 条第 1 款规定，雇主仅有"6 周为限的工资续付义务"，超出 6 周的病假则由法定公保支付生病补贴，生病补贴三年内最长可领 78 周。[①] 并规定，雇员必须已经为该雇主不间断工作四周，在此之前雇员不受本法保护不享有工资继续支付请求权。这一法条设置是为了保护雇主的利益，降低其用人成本。[②] 我国台湾地区《劳工请假规则》则分为普通伤病假和普通伤病假届满而仍未痊愈者两种情况。普通伤病假者，未住院的，一年内合计不超过三十日；住院者，两年内合计不超过一年；未住院伤病假和住院伤病假二年内合计不超过一年。普通伤病假届满仍未痊愈的，则有一年为限的留职停薪期。

（4）法定医疗期劳动者病假工资标准不统一

依据劳部发〔1995〕309 号文规定，法定医疗期续付的工资由双方约定处理，约定可以低于劳动者正常工作时间工资以及最低工资标准，但不得低于最低工资标准的百分之八十。在此基础上，各地对医疗期内的工资支付标准有不同的标准，不尽相同。大致有三种模式：①按约定支付病假工资。如北京市、江苏省、广东省等。②病假工资支付标准不低于本人正常工作时间工资的 60%。如深圳市。③根据医疗期长短和连续工龄，按不同本人工资比例支付。如上海市、重庆市等。只是上海和重庆在病假工资支付标准上也有不同。这种模式延续了已被撤销的原劳动部《〈中华人民共和国劳动保险条例〉实施细则》（1953）关于病假工资支付标准的规定。

各地病假工资支付标准的差异性产生诸多问题。一方面，由于地方病假工资标准存在差异性，全国性集团或企业按照地区标准支付则会产生内部同工不同酬的问题。另一方面，在允许约定的情形

[①] 《德国关于病假工资和生病补贴的规定》，德国热线，https://mp.weixin.qq.com/s?__biz=MjM5NDMxOTMwNg%3D%3D&idx=4&mid=2653045960&sn=1bc2bc64ada83c59886530fa603aba13，2019 - 02 - 12 访问。

[②] Jochem Schmitt, *Entgeltfortzahlungsgesetz und Aufwendungsausgleichsgesetz*, Verlag: C. H. Beck, München, 2012, s. 142; Martin Gutzeit, *Das arbeitsrechtliche System der Lohnfortzahlung*, Verlag: Duncker & Humblot, Berlin, 2000, s. 39.

下，大多企业会约定按照最低工资标准的百分之八十支付病假工资。即使按照本人工资一定比例支付，但本人工资为约定的正常工作时间工资，我国很多企业将最低工资标准作为约定正常工作时间工资标准的参照，本人工资不会高出最低工资标准很多。以此做基数的病假工资标准往往过低，无法维持家庭基本生活。基于此考虑，上海市才继续用"正常情况下工作实得工资"作为病假工资计算基数，以防止企业约定的正常工作时间工资偏低。只是按照上海市的病假工资支付基数和比例，我国现有的法定医疗期过长，企业难以承担医疗期间的病假工资续付成本。小企业容易受市场风险影响，其经济负担能力较差，更是无力承担。

2. 我国法定医疗期工资续付请求权保障制度之完善

从被撤销原劳动部的《中华人民共和国劳动保险条例》及实施细则到原劳动部《关于贯彻执行〈中华人民共和国劳动法〉若干问题的意见》（劳部发〔1995〕309号），不难发现我国医疗期工资续付请求权改革的脉络，主要体现在以下几个方面。(1) 工资续付义务从用人单位有限负担到全部负担。《劳动保险条例》规定连续停工六个月内的工资续付义务由用人单位承担，六个月以上的，则由劳动保险基金按月支付救济金。劳部发〔1995〕309号文则规定由用人单位全部负担。(2) 工资续付标准跟企业工龄挂钩到与企业工龄脱钩。《劳动保险条例》根据企业工龄长短，续付工资及救济金高低也不相同，工龄越长，额度越高。劳部发〔1995〕309号文则无论企业工龄多长，统一适用一个最低支付标准。(3) 从医疗期期限无限制到医疗期最长期限限制。《劳动保险条例》仅规定正式工人或职员医疗终结，而未限定期限。而劳部发〔1995〕309号文有法定医疗期最长期限限制。对比不难发现，医疗期工资续付请求权改革旨在适应市场化用人单位用工需求，对医疗期期限做了限制，取消了正式工和临时工等身份差别，统一适用医疗期规定。但另一方面，又或多或少延续了原有计划经济体制下用工特点，如医疗期限过长，最低医疗期为3个月，也未考虑市场经济体制下的劳动合同履行过错责任负担问题，等等。现行法定医疗期工资续付义务既没有很好保护劳动者，也给作为市场主体的用人单位造成了巨大的成本压力。有必要完善法定医疗期制度，实现两造利益之平衡，方是劳资和谐之根本。

（1）工资续付义务以"劳动者无过错陷入疾病或受伤"为前提

德国工资续付义务是以劳动者没有过错地陷入疾病为前提。假如因为劳动者自身过错致使其失去工作能力，阻碍其完成工作任务的，根据《德国民法典》第245条第1款的规定，该劳动者则无权要求其雇主在其病假期间继续支付其工资。[①]《节假日及病假期间工资支付法》中的过错指的是，致使劳动者失去工作能力的行为严重违背一个有完全行为能力的正常人为其个人利益而应为之行为。[②]"过错责任自负"这一原则的适用也存在例外情况，比如劳动者因自愿捐赠其器官、组织或血液而失去工作能力的，按照《德国民法典》第254条的规定，该雇员本应自行承担其捐赠行为而造成的后果。但按照《节假日及病假期间工资支付法》第3a条的规定，劳动者仍然有权要求其雇主继续支付其病假期间工资。[③] 又如，当劳动者自愿进行非法律禁止的绝育手术或非法律禁止的中止妊娠手术的，该劳动者依照本法第3条第2款的规定仍然拥有病假期间工资继续支付请求权。

如果是第三人过失造成雇员失去工作能力的疾病发生的，则需要区分雇员的疾病是第三人过错单独造成的，还是雇员与第三人的共同过错造成的两种不同情况。若该劳动者的疾病单纯是因为第三人的过错造成的，则仍然有权要求雇主在其病假期间继续支付其工资，同时如果雇主已经依照法律继续支付了工资并且支付了应该由雇主承担的社会保险金、护理保险金以及进入养老机构的费用，该雇主可依据《节假日及病假期间工资支付法》第6条向有过错的第

---

① ［德］雷蒙德·瓦尔特曼：《德国劳动法》，沈建峰译，法律出版社2014年版，第178页。

② Barbara Reinhard, in: Rudi Müller – Glöge/Ulrich Preis/Ingrid Schmidt, *Erfurter Kommentar Zum Arbeitsrecht*, Verlag: C. H. Beck, München, 2017, § 3 EFZG Rn. 23; Schmitt Jochem, *Entgeltfortzahlungsgesetz und Aufwendungsausgleichsgesetz*, Verlag: C. H. Beck, München, 2012, s. 102.

③ Barbara Reinhard, in: Rudi Müller – Glöge/Ulrich Preis/Ingrid Schmidt, *Erfurter Kommentar Zum Arbeitsrecht*, Verlag: C. H. Beck, München, 2017, § 3a EFZG Rn. 1, 3.

三方提出损害赔偿请求。如果该劳动者与第三人存在共同过错的情况，则不影响《节假日及病假期间工资支付法》第3条第1款规定的适用，劳动者因其过错失去工资继续支付请求权。[①]

借鉴德国病假工资续付请求权的立法经验，结合我国国情，应确立"罪责自负原则"，将劳动者没有过错地陷入疾病作为工资续付义务发生的前提。基于劳动者健康保护和生活困难帮扶之社会法理念，这里的"过错"应做严格限制，即劳动者导致自己生病或非因工负伤而无法提供劳动的行为为严重违背一个完全行为能力的正常人为其个人利益的行为。这里排除劳动者的非正常人行为导致自己受伤或生病，比如劳动者因为抑郁症导致自己受伤或生病；又如，或劳动者因压力过大，精神恍惚，违反交通规则而受伤等。对于国家鼓励行为或其他正常人为个人利益行为应该是"罪责自负原则"适外，如见义勇为受伤、妊娠行为终止等，拥有病假期间工资继续支付请求权。

对于第三人过失导致劳动者生病或受伤而失去劳动能力的情形，劳动者对用人单位有工资续付请求权。由于第三人过失导致劳动者患病或负伤而无法提供劳动给付，形成了对契约履行之阻碍。用人单位如果按照法律规定向劳动者支付了病假工资，在劳动者劳动给付不能的情形下，用人单位基于工资续付义务给付的工资是因为第三人过错所致损失，则有权向过错第三方提起损害赔偿请求权。第三人与劳动者共同过错造成劳动者生活或负伤的，如果主要过错方是第三方，劳动者享受工资续付请求权，但如果主要过错方是劳动者，劳动者则丧失工资续付请求权。

（2）明确病假期间工资续付请求权的客观要件

我国病假期间工资续付请求权客观要件应是劳动者生活或非因工负伤而失去劳动能力形成劳动给付阻碍，而不能仅限于需停工治疗。首先，应明确法律意义上的"生病"定义。生病的定义不能简单采纳医学上生病的定义，360百科定义疾病为"人体正常形态与

[①] Peter Feichtinger und Hans Malkmus, *Handkommentar – Entgeltfortzahlungsrecht*, Verlag: Nomos, 2010, § 3 EFZG Rn. 172; Jochem Schmitt, *Entgeltfortzahlungsgesetz und Aufwendungsausgleichsgesetz*, Verlag: C. H. Beck, München, 2012, s. 103.

功能的偏离"。在法律定义上，可进一步明确法律上定义"生病"为"人体正常形态与功能的偏离而需要停工治疗和休养方能恢复劳动能力以消除劳动给付障碍"。因为我国是将生病与负伤分开表述，所以，生病法律定义宜采用狭义定义，不包括受伤。妊娠需要养胎等特殊情况也纳入"生病"范畴，按照病假享有工资续付请求权。为了恢复劳动能力，遵医嘱的在家休养也应算作法定医疗期享受工资续付请求权。其次，因生病或非因工负伤而丧失劳动能力与劳动给付阻碍有直接因果关系。如果劳动给付障碍与丧失劳动能力无关，劳动者就不能享受病假工资续付请求权。例如，德国劳动者在参加罢工期间生病就不享有工资继续支付请求权。[①] 此外，我国现有规定"连续医疗期包含公休假与法定节假日"，这一规定尚需商榷。公休假与法定节假日是为确保劳动者休息权而法定劳动给付免除期间，医疗期则是劳动能力丧失而劳动给付障碍期间。两者因果关系并不相同。当医疗期与公休假、法定节假日竞合时，医疗期不应该包括公休日和法定节假日在内，否则缩减了劳动者休息休假法定时间。我国有关医疗期规定应明确连续法定医疗期不包含公休日和法定节假日。再次，因病或非因工负伤导致的是劳动能力丧失。一般认为，如果因病或非因工负伤使劳动者不能完成劳动，或者完成劳动将在可预见的近期内导致疾病状况恶化，则出现丧失劳动能力的情况。[②] 对于劳动能力丧失程度以及需要停工治疗休养时间以医生出具的医疗证明为准。我国司法判决赋予医生出具的劳动能力证明为很高的证明力，要推翻无劳动能力结论难度很大。如北京阿里巴巴云计算技术有限公司（以下简称阿里巴巴公司）与丁某劳动争议一案中，一审二审判决书都认为，丁某提供医院出具的诊断证明、病例手册、病休两周证明真实，法院确认丁某就诊情况属实……，丁某是否全休应以医疗机构出具的休假证明为准。支持了劳动者违法解雇主张；再审判决书也没对质疑医疗机构证明力，而

[①] ［德］雷蒙德·瓦尔特曼：《德国劳动法》，沈建峰译，法律出版社2014年版，第178页。

[②] ［德］雷蒙德·瓦尔特曼：《德国劳动法》，沈建峰译，法律出版社2014年版，第177页。

是通过事实认定劳动者请病假目的并非休养而治疗，违背"诚信原则和企业规章制度"为由支持了用人单位合法解雇的主张。鉴于我国医疗机构开具病假证明存在诸多问题，如人情病假证明等事实。应明确劳动者有遵守医嘱治疗和休养的义务，如果用人单位有证据证明劳动者并未遵守医嘱，而是从事其他工作或活动，就足以产生重大怀疑，以动摇医疗机构病假证明效力。最后，用人单位不能因劳动能力部分丧失而单方调整劳动者工作岗位和内容。我国医疗期规定对于劳动能力丧失程度并没有具体规定，只是在劳动合同解除中有所规定。《劳动合同法》第40条第1款第（1）项实际上是对劳动能力丧失的规定，"患病或非因工负伤，医疗期满后不能从事原工作的"，如果劳动能力部分丧失的，用人单位可依法单方另行安排工作。"劳动者仍然不能从事另行安排工作的"则认为劳动能力完全丧失，用人单位可以预告解除劳动合同。对该条解释，在医疗期间用人单位是不能单方调整岗位和内容，劳动给付义务暂停，是否需要停工治疗或休养，还是半停工治疗或休养（如治疗时间为每天半天）都是由医疗机构诊断证明和病假证明为准。劳动者可以病假条上规定的期间内获得请求工资继续支付。

（3）实现劳动法与社会保险法之连接

现有医疗期工资续付制度并没有兼顾好用人单位和劳动者两造利益：一方面，过长法定医疗期的工资续付义务，用人单位负担过重；另一方面，过低的病假工资数额不利于生病或负伤劳动者医疗期间的生活保障。工资续付义务源于劳动法与社会法之连接，减轻用人单位用工成本是未来改革之趋势，如我国现有的降低税收、社保费率等措施。针对现有医疗期工资续付请求权存在的问题，应从以下几个方面予以完善，通过社会保险基金分担用人单位工资续付负担。

第一，缩短用人单位病假工资续付义务期间。法定医疗期制度主要是劳动者生病或非因工负伤需要治疗休养而劳动给付障碍，用人单位不得解雇的期间。病假工资突破债权法上对价给付原则，科以用人单位工资续付义务，是基于社会法理念贯彻，确保劳动者病假期间生活保障。就工资续付义务时间看，一般都比较短，如德国雇主工资续付义务是6周，我国台湾地区雇主工资续付义务是30日，法国则都是由医疗保险发放医疗津贴。我国1953年《劳动保险条例》规定的是用人单位有6个月的工资续付义务。6个月以后的由劳动保险基金支出救济金。有学者建议为3个月，之后的病假津贴由企业与医保基金分别按照50%比例分担。[①] 目前上海市、重庆市是以6个月作为病假工资标准区分的一个时间界限，如上海连续停工治疗6个月以内的发放病假工资标准高于连续停工6个月以上的发放疾病救济费。重庆市亦是如此。延续1953年《劳动保险条例》以及上海、重庆地方实践，建议我国规定用人单位病假工资续付义务期限为6个月，超过6个月的由医疗保险基金支出疾病津贴。

第二，提高用人单位工资续付标准。在缩短用人单位工资续付义务期限同时，可适度提高病假工资标准。上海市、重庆市延续了《劳动保险条例》规定，将病假工资标准与本人企业工龄挂钩，工龄越长，病假工资标准越高。这种设计虽然考虑到企业服务贡献，有一定合理性，但病假工资主要功能并不是对价给付而是生活保障，且本人工资大多包含了工龄工资，一般是工龄越长，工资标准越高。建议按照本人工资的一定比例来确定病假工资标准，即借鉴深圳市病假工资标准确定方式。参照深圳市、上海市、重庆市比例标准，建议劳动者生病或非因工负伤停工治疗6个月内，用人单位按照本人工资百分之七十支付病假工资，超过6个月的，由社保基金按照缴费工资的百分之五十支付疾病津贴。未足额缴费，导致疾病津贴降低的，由用人单位补足差额。本人工资为正常工作时间工资，可由劳动合同、集体合同约定，为防止约定正常工作时间工资偏低，可借鉴上海市经验，当约定正常工作时间工资低于正常情况下实得工资的，本人工资按照正常情况下实得工资的70%计算。为了确保病假工资或津贴的生活保障功能，病假工资或津贴不应低于最低工资百分之八十。

第三，建立小微企业工资续付补偿制度。小微企业一直是国家

[①] 郭颖华、邱星美：《我国劳动者病假保障制度的问题和完善》，《河北法学》2014年第8期。

帮扶对象，2019 年财政部发布《关于实施小微企业普惠性税收减免政策的通知》在税收上对小微企业大幅度减免。小微企业生存能力差，我国法定医疗期工资续付义务假如无差别地适应于任何规模企业，不利于小微企业发展。德国《工资继续支付时雇主花费补偿法（AAG）》第 1 条至第 6 条的规定，雇佣少于 30 名劳动者的雇主就继续支付的工资可以得到一定的补偿。① 此制度设置的目的，首先是保护无过错的雇员度过其失去工作能力的困境，其次保障生病的雇员不因其经济上的原因致使病情恶化，最后通过雇主为雇员缴纳的社保金转移工资续付义务的巨大压力，以实现强雇主对弱雇员的保护。借鉴德国经验，根据我国小微企业特殊情况，对于经济困难小微企业可根据企业申请，由政府给予一定的病假工资续付的经济补偿，以确保困难小微企业劳动者病假工资续付请求权实现，同时也有利于就业稳定之维护。

（4）带薪年休假的工资续付请求权

带薪年休假是世界通行休假制度。国际劳工组织于 1936 年通过了《带薪年假公约》（第 52 号公约），并于 1970 年修订《带薪年假公约（修订本）》（第 132 号公约）。根据国际公约的规定，服务一定期限的劳动者有享受带薪年假的权利。并规定，病假、产假等雇员无法控制的缺勤，应计入服务期，公共例假和传统节日与年休假同时发生的，不能计入年休假之中。早在 1991 年，我国国务院就下发《关于职工年休假问题通知》规定，企业可以安排职工年休假，但并不强制，作为企业福利。《劳动法》第 45 条原则性规定，劳动者连续工作一年以上，享受带薪年休假。带薪年休假由用人单位福利变为强制义务。但因为规定过于原则，不具有可操作性，带薪年休假制度形同虚设。直到 2007 年国务院通过《职工带薪年休假条例》，带薪年休假制度才具有可操作性，因带薪年休假发生的争议也逐渐增多，主要集中于未休年休假工资给付争议。

3. 带薪年休假工资续付请求权的构成要件

依照《职工带薪年休假条例》和《企业职工带薪年休假实施办

---

① ［德］雷蒙德·瓦尔特曼：《德国劳动法》，沈建峰译，法律出版社 2014 年版，第 177 页。

法》规定，劳动者享受带薪年休假和工资继续支付请求权的构成要件为：

（1）主体要件

带薪年休假所使用的"职工"概念外延大于劳动法上劳动者概念外延。我国劳动法覆盖范围有限，目前一般覆盖于企业、民办非企业单位、个体经济组织等市场主体与所雇劳动者，两者之间存在劳动法上的劳动关系。另外，国家机关、事业单位和社会团体与之形成劳动关系的劳动者也依照劳动法执行，属于劳动法上的劳动者。除了劳动法上劳动者，依照《职工带薪年休假条例》的规定，职工范围还包括与国家机关、事业单位和社会团体具有公务员编制或事业编制的雇佣人员。

（2）服务年限要件

我国劳动者享受带薪年休假必须满足一定的服务年限。依照《劳动法》及《职工带薪年休假条例》的规定，必须在用人单位连续工作一年以上，《企业职工带薪年休假实施办法》进一步解释为连续工作满12个月以上，才有享受年休假的资格。带薪年休假长短与劳动者累计工作时间有关。累计工作时间是指劳动者在同一或者不同用人单位工作时间，以及依法视同工作期间。在实务中，对"用人单位连续工作满一年以上"存在一定适用疑义，即到底是在现有用人单位连续工作满一年以上，还是只要连续工作满一年以上即可，而不论是在现有用人单位或原用人单位。依照《企业职工带薪年休假实施办法》第3条的规定，应该是后者的解释，即只要劳动者参加工作后连续工作满一年就有享受带薪年休假的资格，而不需要在现有用人单位工作连续满一年。

具备上述要件，但同时具备《职工带薪年休假条例》第4条规定的法定情形的，劳动者丧失带薪年休假请求权。[①]

4. 带薪年休假工资请求权的行使

一旦带薪年休假请求权的要件条件成就，劳动者劳动给付义务

[①] 《职工带薪年休假条例》第4条规定了带薪年休假请求权丧失的法定情形，包括：（1）依法享受的寒暑假天数多于年休假天数的；（2）带薪事假累计20天以上的；（3）累计病假超过法定期限的。符合上述情形的，劳动者不享受当年的带薪年休假。已享受了当年年休假的，不享受下一年度的年休假。

法定免除，并享有休假期间工资续付请求权。当带薪年休假与法定节假日、公休日、国家规定的假期（法定探亲假、婚丧假、产假等）以及工伤停工留薪期发生竞合时，因法定节假日、公休日、国家规定的假期以及工伤停工留薪期不计入带薪年休假，劳动者可以主张带薪年休假的工资继续支付。劳动者行使带薪年休假工资继续支付请求权有以下要点。

（1）用人单位依照法律规定或约定负有安排劳动者休假义务

劳动者享有带薪年休假工资继续支付请求权的基础是用人单位有义务安排劳动者带薪年休假。义务产生源于法律规定和双方约定。首先，带薪年休假是劳动法赋予劳动者的休息权。依照我国现有规定，用人单位有安排本单位劳动者休年休假的法定义务。为了兼顾用人单位生产经营的需要，带薪年休假并非仅依劳动者意愿提出申请就必须予以安排，而是用人单位根据生产、工作的具体情况，并考虑劳动者本人意愿予以安排。也就是说，虽然法定带薪年休假是劳动者的休息权，但劳动者不得擅自休假，必须由用人单位依法主动安排或同意劳动者休假申请。一般带薪年休假必须当年安排完毕，但确因工作需要不能安排职工年休假或跨1个年度安排休假的，可以与劳动者协商，只要征得劳动者同意即可。同时，用人单位安排了带薪年休假，但劳动者因本人原因书面提出不休年休假，也就等于放弃了带薪年休假权，此种情况，意味着用人单位已经履行了安排带薪年假法定义务，法律允许劳动者有放弃法定带薪年休假权利。一旦放弃权利，劳动者不得再行主张法定带薪年休假工资继续支付请求权。

在国家规定的法定年休假期限以上，用人单位可以通过劳动合同、集体合同和劳动规章制度约定延长带薪年休假的时间。劳动者依照双方约定，享有带薪年假请求权，用人单位必须依照约定履行安排劳动者带薪年休假的合同义务，劳动者在年假期间享有工资继续支付请求权。[1]

---

[1] 皆川宏之. "ドイツにおける賃金請求権の法的根拠". 千葉大学法学論集 30.4 (2016).

(2) 休假时间的确定

我国法定年休假时间最低5天，最高15天，根据劳动者累计工作时间来确定。法律允许用人单位在一个年度内集中安排年休假，或分段安排休假，也就是说，我国用人单位可以单方分割年休假时间，无须征求劳动者同意或意见。相比较而言，连续休假和分段休假对劳动者休息权保障并不相同，一旦休假被分段成若干短时间的休息，劳动者就无法利用年休假实现外出旅游、短期继续培训等劳动力再生产之目的，休息权质量无法得以提高。因此，大多国家虽然尊重雇主的生产经营需求，但考虑到劳动者年休假目的之实现，必然会对带薪休假时间分段给付予以一定限制。以德、法两国为例，德国休假原则上应当在自然年度当年以连续方式给予。如重大经营原因或劳动者本人意愿有必要分开提供休假，则分开休假中必须有一次达到连续12个工作日（《联邦休假法》第7条第2款）。[1] 法国法律则规定，12个工作日内的年休假必须连续给予，但连续一次性使用的年休假天数不得超过24个工作日。在12工作日至24个工作日之间的年休假可以由雇主与劳动者协商确定连续给予或分段给予。法国为了让劳动者提前安排年休假活动，还特别规定雇主必须提前确定劳动者年休假安排并予以公布的法定义务。[2]

(3) 带薪年假的工资继续支付

带薪年休假制度的意义在于"带薪"二字，年休假期间用人单位工资继续支付义务履行方能确保劳动者休息权之实现。关于年休假期间给付的劳动者收入性质，实务中有一定争议，主要有两种观点：①休假津贴。法国将年休假期间雇主给付的收入称为年休假津贴，因为该笔收入不是劳动对价。但其性质与工资相同，是对工资的替代，纳入社会保险缴纳的计算基数内。[3] ②工资。德国《联邦休假法》规定，在休假期间工资应该继续支付。雇主通常基于劳动

---

[1] [德] 雷蒙德·瓦尔特曼：《德国劳动法》，沈建峰译，法律出版社2014年版，第216页。

[2] 郑爱青：《法国带薪年休假制度及启示》，《比较法研究》2014年第6期。

[3] 郑爱青：《法国带薪年休假制度及启示》，《比较法研究》2014年第6期。

合同、团体协议或工厂协议在法定义务之外支付额外的休假补助。[①]我国带薪年休假期间的收入性质为工资。与德国法规定不同在于，我国用人单位在法定支付义务之外，依照约定高于法定标准部分支付部分也属于工资报酬。休假期间，劳动者享受与正常工作期间相同的工资收入。

（4）未休年休假的工资支付

如前所述，我国将带薪年休假作为劳动者一项法定权利，允许用人单位与劳动者通过合意方式不安排劳动者休年假（《企业职工带薪年休假实施办法》第9条）。因而，带薪年休假对于劳动者而言并非一项法定义务，劳动者本人可以自由决定是否享受年休假以及年休假期间是否从事其他工作。为了促使用人单位安排劳动者享受带薪年休假，我国法律仅是规定用人单位未安排年休假必须向劳动者支付高溢价比例的未休年休假工资，旨在通过提高用工成本来抑制用人单位占用劳动者年休假的动机。如果用人单位履行了法定义务，安排劳动者休年休假，劳动者个人原因不愿意休假，且提出书面请求，用人单位则免予高比例议价给付工资的法定义务。所以，经过协商或劳动者同意，用人单位可以用未休年休假的高溢价报酬给付来替代带薪年休假安排。此外，年休假请求权因劳动关系结束而无法实现时，我国规定必须通过高溢价的未休年休假工资给付来替代事实上的休假提供。未休年休假工资的溢价比例为劳动者日工资收入的300%。按照劳动者累计工作时间折算不足1整天的部分不支付未休年休假工资报酬。

实务中，因未休年休假提出的劳动争议往往是关于工资给付请求权的争议。依据《企业职工带薪年休假实施办法》第10条规定，未休年休假工资报酬包含了用人单位支付职工正常工作期间的工资。从而，我国未休年休假工资报酬由两部分构成：正常工作期间工资和相当于正常工作期间工资200%的溢价工资。由于我国《劳动合同法》第38条规定"用人单位未及时足额支付劳动报酬的，劳动者可以解除劳动合同并有经济补偿金请求权"，《劳动争议调解

---

① ［德］W. 杜茨：《劳动法》，张国文译，法律出版社2005年版，第96页。

仲裁法》第 27 条规定"劳动关系存续期间因拖欠劳动报酬发生争议的特殊仲裁时效",这就产生了未休年休假工资报酬中 200% 溢价部分是否属于劳动报酬的性质争议。有观点认为是劳动报酬,跟加班工资中溢价给付部分性质相类似。也有人否定此部分为劳动报酬,认为是对未休年休假的经济补偿。此种定性分歧体现在相关判决书中的不同判决结果。① 要准确定位未休年休假溢价部分报酬性质应当从立法本身来解释理解。《职工带薪年休假条例》第 5 条第 3 款是立法者通过立法方式确立用人单位未安排劳动者年休假时应付出的劳动报酬法定标准,即劳动者未休年休假的劳动报酬应是正常工作时间工作所得劳动报酬的 3 倍,其制度功能类似于加班工资制度的设计。《企业职工带薪年休假实施办法》第 13 条进一步明确规定,约定的未休年休假工资高于法定标准的,从其约定。也就是说,用人单位购买劳动者带薪年休假时间劳动给付的交换价格不得低于法定基准。由此可见,未休年休假工资报酬从性质上应属于劳动对价,即是劳动法上的劳动报酬。

(5) 用人单位违反工资给付义务时劳动者次契约请求权

虽然《职工带薪休假条例》明确用人单位不安排劳动者休年假需有双方合意,但第 7 条行政责任设计上似乎只要依照法定基准支付了未休年休假工资报酬即可免除行政法律责任。但如果用人单位违反工资支付义务,经劳动保障部门责令限期改正,逾期不改的,用人单位除了支付年休假工资报酬,还应当按照年休假工资报酬数额向职工加付赔偿金。而《劳动合同法》第 85 条规定的未及时足额支付劳动者劳动报酬的赔偿金是应付金额 50% 以上 100% 以下,由劳动行政部门责令支付。这里就产生一个歧义,赔偿金到底是行政责任还是民事责任。赔偿金原本是一种民事责任,基于合同违反和侵权行为导致损害出现而发生,没有损害即无赔偿责任。但为了惩罚违法者,达到一种威慑功能,近现代产生了一种超出填补损失的惩罚性赔偿,如我国在《消费者权益保护法》和《食品安全法》中都有适用,惩罚性赔偿请求权人是法律保护对象——消费者。

---

① 高战胜:《劳动者不能以用人单位未付未休年休假报酬为由解除劳动合同》,《法学杂志》2015 年第 11 期。

《劳动合同法》第 85 条及《职工带薪年休假条例》第 7 条都是将其作为行政处罚措施规定，由劳动行政部门责令支付，那么，在用人单位未及时足额支付未休年休假工资报酬时，劳动者向劳动行政部门投诉，而劳动行政部门怠于行政，劳动者是否能够依照惩罚性赔偿金规定之标准，享有赔偿金请求权，依法提起劳动仲裁或诉讼？还是只能基于劳动行政部门的不作为提起行政诉讼？依照现有的法律规定，赔偿金作为一类行政处罚措施只能由劳动监察做出处罚决定，劳动者不得直接向劳动仲裁提出赔偿金仲裁请求。在劳动监察力量有限的情况下，赔偿金条款规定形同虚设。而《违法和解除劳动合同经济补偿办法》（劳部发〔1994〕481 号）第 3 条则规定了拖欠工资的 25% 经济补偿金的赔偿责任。

基于未休年休假工资报酬性质为劳动报酬的结论，用人单位未履行工资给付义务，劳动者依法享有的次契约请求权应有：（1）法定赔偿金请求权。按照劳部发〔1994〕481 号文的规定，用人单位克扣或无故拖欠劳动者工资的，劳动者除了享有工资给付请求权，还享有被拖欠工资的 25% 经济补偿金。（2）劳动合同解除及经济补偿金请求权。依照《劳动合同法》第 38 条第 1 款第（2）项规定，劳动者享有单方解除劳动合同及经济补偿金之请求权。司法裁判中，有地方认为只要用人单位在劳动者离职前已经发放被拖欠工资，即已经履行工资给付义务，劳动者次契约请求权丧失基础，劳动者以拖欠工资为由提出辞职，并要求被拖欠工资的 25% 及经济补偿金不予支持。① 应该来讲，用人单位延迟履行工资给付义务，劳动者可以行使次契约请求权，但劳动者未及时行使请求权，而用人单位又履行了工资给付义务，劳动者依照现有规定的次契约请求权丧失。然而，用人单位延迟履行工资给付义务必然会给劳动者造成一定损失，即使用人单位已经履行，也须承担延迟履行给劳动者造成的损失，如延迟利息及其他直接损失，而我国劳动法并没有规定

---

① 深圳市中级人民法院：《关于审理劳动争议案件若干问题的指导意见（试行）》第 98 条规定，对于用人单位有延期发放工资的情况，但在劳动者离职前已经发放，劳动者以用人单位拖欠工资为由提出辞职，并要求用人单位支付拖欠工资的 25% 经济补偿金及经济补偿金，不予支持。

因用人单位延迟履行工资给付义务对劳动者造成实际损失的赔偿责任，被拖欠工资的25%经济补偿金则是作为损害赔偿的法定标准。一旦法院不支持劳动者被拖欠工资的25%经济补偿金请求，劳动者因用人单位延迟履行工资给付义务而造成的损失则无法填补。这种司法裁判结果并不符合损害赔偿之机制，也不利于劳动者之利益保护。

（二）相关立法完善建议

带薪年休假制度作为我国劳动者休息权保障措施，不仅有利于劳动力再生产，确保劳动者有一段时间休整恢复和家庭相处时间，也对于解决我国旅游期集中于法定节假日之堵塞弊端，分散旅游景点及交通压力，带动内需等问题具有积极意义。然而该制度实施以来效果并不理想，已有学者就其原因进行了深入分析，也提出了若干完善建议。[①] 通过对现有法律制度设计的分析，不难发现带薪年休假跟加班工资制度一样存在一定缺陷，导致原本旨在确保休息权的制度异化为促使劳动者放弃休息权的制度。主要问题在于：（1）休息权被定位为劳动者可以放弃的法定权利。带薪年休假制度中，劳动者可以因个人原因书面提出放弃带薪年休假，选择继续工作。当然，因为用人单位已经履行了安排年休假义务，劳动者不可主张未休年休假的300%工资报酬。同时，只要用人单位不愿意安排年休假，可以与劳动者协商，以300%工资报酬来替代年休假给付。由此，大多数人支持劳动者可以放弃休息权，以休息换取收入，甚至劳动监察在执法过程中认为，只要用人单位依法支付了加班工资或未休年休假工资报酬就可以了，并不违法。在劳动者处于弱势地位时，为了获得就业机会和工作岗位，往往违背本意签署放弃带薪年休假协议、承诺，甚至提交因个人原因不休年休假的书面申请。如前所述，劳资双方合意很难是劳动者真实意愿的体现，才有法律对合意之干预。允许劳动者以个人原因书面提出放弃年休假实则违反劳动法立法保护整体社会利益之目的。（2）制度设计诱发劳动者以牺牲年休假来换取高工资的动机。正如在加班工资计算基

[①] 郑爱青：《法国带薪年休假制度及启示》，《比较法研究》2014年第6期。

数部分分析一样,高溢价给付的假期工作工资报酬往往是用人单位压低正常时间工资和提高劳动者牺牲假期换取高额假期工作报酬的主要动因。在现有法律允许劳动者自由处分自己的休息权,也允许用人单位用金钱给付替代休假给付的情形下,劳动者休息权实现难有保障。

借鉴德、法两国带薪年休假法律制度经验,结合中国国情,建议从以下几个方面完善我国带薪年休假制度。

(1)明确法定带薪年休假是法定基准,不能通过双方契约来排除。法定带薪年休假是赋予劳动者一段时间休息休养的权利,其意义不仅是对劳动者个人休息权的保护,也是通过对整体劳动者休息权保障来确保劳动者身心健康而避免过劳;增加劳动者家庭生活时间,有利于家庭和谐和增强家庭成员幸福感;改善现有旅游业旺季过于集中问题而促进旅游业发展,继而带动社会经济发展等。因而,带薪年休假不是一个纯私法上的个人权利,而是具有人权属性的法定权利,此权利不得通过双方契约来排除。除非是劳动关系结束导致年休假无法安排,才能允许用金钱给付替代未休年休假给付,其他情形下禁止以金钱给付代替年休假给付。

(2)带薪年休假应以连续给付为原则。带薪年休假不同于公休日之处在于,劳动者可以享受一段较长时间来计划自己的休息,例如旅游、再教育等。假如允许被用人单位分段安排,带薪年休假意义就会丧失。考虑到用人单位作为市场主体生产经营需要和劳动者本人原因,无法实现年休假的连续安排的,允许用人单位分段安排年休假,但分段安排的年休假必须有一次达到连续的一定比例的工作日,例如按照规定享受5个工作日年休假的,一次应达到连续3个工作日;享受10个工作日的,一次应达到6个工作日,以此类推。

(3)禁止劳动者休假期间从事与休假相悖的营利活动。带薪年休假目的是保障劳动者休息权,如果劳动者利用休息时间从事与休假目的相违背的职业活动,不仅带薪年休假制度目的落空,对该劳动者所在用人单位也极为不公平。德国《联邦休假法》第8条明确规定劳动者不得从事与休假目的相悖的营利活动。雇主可以根据

《民法典》第 1004 条第 1 款第 2 句要求停止被禁止的活动,该活动违反了劳动合同中的从义务。① 在雇员重复这一行为(在警告之后)时,雇主对其进行与其行为相关的解约被证明是正确的。而之前德国判例认为,雇员违背了这一禁止规定,则丧失《联邦休假法》规定的工资继续支付请求权,已经支付的休假工资雇主可以按照《民法典》第 812 条第 1 款第 2 项的观点返还。② 我国应借鉴德国立法经验,明确规定劳动者在年休假期间不得从事与休假目的相悖的职业活动。用人单位可以依法要求劳动者停止被禁止的活动,经过用人单位警告后,劳动者仍然从事的话,用人单位可以以劳动者从事被禁止活动为由而行使工资继续给付请求权之抗辩权,拒绝继续支付年休假工资,已支付的休假工资则可依据不当得利请求返还;或通知劳动者解除劳动合同。

二 企业危险情况与工资续付请求权

企业等市场主体在生产经营中不可避免会遇到诸多危险情况,如经营困难、原材料供应中断、台风等自然灾害、停水停电、政府强制命令等,导致企业无法正常生产经营,劳动者无法提供劳动给付,而劳动合同、集体合同和劳动规章对此并没有予以约定,就会产生劳动落空的风险由谁负担的问题。此种风险最有代表性的例子有:(1) 2008 年国际金融危机导致我国出口减少,国内大量企业生产经营萎缩,劳动者不是停工待命就是被裁员。(2) 2008 年佛山南海本田汽车零部件制造有限公司工人不满工资低、福利差而大罢工,导致广州本田汽车零部件公司全面停产,本田增城和黄埔组装厂停产、继而武汉组装厂停产,最后本田在中国有四家组装厂都暂时停产。(3) 自然灾害等天灾导致企业停工停产。如 2017 年 8 月 23 日台风天鸽登陆,深圳市政府宣布进入台风紧急防御状态,全市停工停业停市停课。与用人单位故意受领延迟不同在于,用人单位是因为非自己过错而停产导致无法受领劳动者的劳动给付。这种

---

① [德] 雷蒙德·瓦尔特曼:《德国劳动法》,沈建峰译,法律出版社 2014 年版,第 218 页。
② [德] W. 杜茨:《劳动法》,张国文译,法律出版社 2005 年版,第 96 页。

基于企业危险情况所致的工资危险如何分配，则成为需要厘清之问题。

（一）受领延迟与企业危险理论

所谓危险负担，台湾地区学者见解分为三种状态：物质危险、给付危险以及对价给付危险。民法上危险负担是指双务合同因不可归责双方之事由，致使一方债务给付不能，其因给付不能所生损失由何方来负担。① 这是一种嗣后不能履行所产生的后果分配。在双务合同中，通常适用"无给付、无对待给付"的原则，即因不可归责双方当事人之事由，致一方之给付全部不能者，他方免为对待给付之义务。从而契约危险分担上，分配债权人承受给付危险，债务人承受对待给付（价金）风险。以此原则运用到劳动合同中，则转化为"无工作、无工资"。依照该原则来分配工资风险，则劳动者必须承担对价给付（工资）风险，劳动给付危险虽然由用人单位承受，但劳动力不像一般商品，不具有可储存性，停工期间，劳动力随着停工时间而流失，劳动者也承担了劳动力不能给付的流失危险。工资是劳动者及家庭生活成员的生活来源，承载着生存之人权功能。德国于2002年1月1日施行的德国新修民法第615条引入了企业危险理论，以领域范围来划分工资危险负担，即在受领延迟一般规定之外，增加了不可归责于劳雇双方原因导致劳动给付不能时的工资风险分担规定，即"于第一、二句亦适用于雇主承担无法工作的风险"。并将标题改为"受领延迟与企业危险情况之报酬"。②《瑞士债务法》（修订截至2016年1月1日）第324条也将非因双方过错造成的劳动给付不能的工资风险分配纳入雇佣人受领延迟情形，规定"受雇人因雇佣人过错而不能提供劳务，或者雇佣人因其他原因延迟受领者，雇佣人应向受雇人支付工资，且受雇人不负有事后补偿劳务的义务"。依此规定，无论是否有归责事由，雇主都有义务受领劳务，怠于受领应给付报酬。德国联邦法院的司法判决

---

① 陈彦良：《劳资争议期间工资危险分担问题研究——德国法制之启示》，（中国台湾）《台大法学论丛》2006年第35卷第2期。

② 陈彦良：《劳资争议期间工资危险分担问题研究——德国法制之启示》，（中国台湾）《台大法学论丛》2006年第35卷第2期。

理由是，雇主应承担经营风险，因为其领导着经营过程、经营成果归属于他。和他经营机会相匹配的是经营风险。在经营风险所导致的运营障碍时，雇主有继续支付工资的义务。除非该障碍（如罢工时）源于劳动者领域。[1] 故德国新修民法第615条第3项并不适用于解决劳动争议问题。该规则源自1923年德国帝国法院对于基尔电车案判决，该判决认为，民法之条文无法适用到罢工争议，而应基于社会性劳动与企业共同体思想为基础来解决。民法典仅能处理个人性质之私法关系，而该案所涉及者非劳工与雇主之私法关系，而是雇主团体与劳工团体的事。……劳工不再单单是企业组织之部分，而是劳工共同体内活生生之组成部分。[2] 所有工人被认为是靠休戚相关的理念团结在一起，这就是所谓的球体理论。[3] 然而，劳资争议领域，假如并非劳动者原因产生的劳动给付阻碍，而是由于雇主锁厂造成的劳动给付不能，劳动者仍有工资继续支付请求权。

然球体理论后来备受质疑，有批评观点认为，基于劳动争议所引致的企业障碍所产生的工资支付拒绝权不应以企业危险理论来解决。继而德国联邦劳工法院摒弃了企业危险理论，改以协议自治强调的对等原则作为劳动争议危险负担分配原则。联邦法院认为，劳资冲突发生行业内雇员是否属于拟定的集体协议所覆盖的地区，都丧失获得工资的权利。如果他们不属于发生劳资冲突的行业，至少在原则上仍保有工资给付请求权。但如果劳资冲突中的企业和那些间接受到影响的劳动者之间经济上关系密切，则他们丧失工资请求权。其目的在于，通过工资负担风险分配，给劳资冲突双方——雇主和工会施加压力，促使冲突尽早结束。[4] 依具体而言，对于该企业有直接效果之争议行为，该企业所有劳动者无工资继续支付请求

---

[1] ［德］雷蒙德·瓦尔特曼：《德国劳动法》，沈建峰译，法律出版社2014年版，第185页。
[2] 陈彦良：《劳资争议期间工资危险分担问题研究——德国法制之启示》，（中国台湾）《台大法学论丛》2006年第35卷第2期。
[3] ［德］曼弗雷德·魏斯、马琳·施米特：《德国劳动法与劳资关系》（第4版），倪斐译，商务印书馆2012年版，第121页。
[4] ［德］曼弗雷德·魏斯、马琳·施米特：《德国劳动法与劳资关系》（第4版），倪斐译，商务印书馆2012年版，第243页。

权；对于其他企业仅具有间接效果之争议行为，对于领导抗争之工会组织领域劳工无工资继续支付请求权；其他范围组织之劳工有工资继续支付请求权。①

在劳动给付受领延迟的工资继续支付请求权行使中涉及工资扣除之规定，如《瑞士债务法》第324条、《德国民法典》第615条和我国台湾地区"民法"第487条，除了受领延迟的工资继续支付请求权规定外，特别规定了工资扣除之情形，即受雇人在劳动给付未履行期间的，因劳务未提供而节省的费用，或者因从事其他劳动而取得的收入，或者能够取得收入但故意怠于取得者，雇佣人可从其工资中扣除。

（二）我国企业危险情况下的工资风险分担

我国《合同法》主要是针对一般民事合同为对象设计，并未将雇佣合同纳入其中。《合同法》并没有就债权人受领延迟做专门规定，仅在第101条规定，债权人无正当理由拒绝受领的，债务人可以将标的物提存。当标的物不适于提存或者提存费用过高的，债务人依法可以拍卖或者变卖标的物，提存所得的价款。第103条规定，提存后的标的物风险转移给债权人，孳息归债权人所有，提存费用由债权人负担。显然此规定根本无法适用于雇佣合同受领延迟之处理，因为劳动力不具有可储存性，也不可以变卖和拍卖。同时，对于非因双方过错导致的给付不能之报酬风险负担亦无任何规定。

由于企业等经济组织作为市场主体不可避免地会面临着经营风险而无法受领劳动给付，导致劳动者给付不能；也会出现用人单位故意通过放长假等方式，拒绝受领劳动给付。目前，我国仅《工资支付暂行规定》第12条规定了用人单位停工停产工资风险分担。对于用人单位无正当理由拒绝受领劳动给付的工资支付则无明确规定，司法实践中，虽然没有受领延迟法律规定，但因为是用人单位原因导致的劳动给付不能，通常认为用人单位有工资给付义务，支持劳动者工资给付请求权，这实际上与德国、瑞士、我国台湾地区

---

① 陈彦良：《劳资争议期间工资危险分担问题研究——德国法制之启示》，（中国台湾）《台大法学论丛》2006年第35卷第2期。

等地民法所规定的雇佣合同受领延迟相同。此外，劳动者还可依据《劳动合同法》第38条第1款第1项，以"用人单位未按照劳动合同约定提供劳动保护或劳动条件"为由提出解除劳动合同，并请求经济补偿金。

《工资支付暂行规定》第12条是针对非劳动者原因造成单位停工停产期间工资风险分担的规定，但因为该条规定存在一定问题，导致地方相关规定有一定的差异性。我国停工停产期间工资风险负担现行规定存在以下问题。

（1）依照该条文义解释，所有因劳动者原因造成的停工停产，用人单位都不承担工资风险，即有拒绝工资给付的权利。即使不是劳动者本人过错导致的停工停产，劳动者也丧失了工资给付请求权，无疑是让劳动者承担了用人单位生产经营风险，违背了劳动立法保护劳动者之目的。以南海本田罢工事件为例，组织和参与南海本田罢工的劳动者因为没有自己提供劳动行为，依照"无劳动/无对价"之风险分配原则，劳动者应承担工资风险，用人单位不负有工资给付义务。但是因为罢工行为导致企业停产停工，其他未参加罢工活动的劳动者无法给付劳动，包括南海本田和其他受影响的劳动者，是否也应承担工资风险呢？《广东省工资集体协商条例》（2010年8月征求意见稿）曾试图对此类情形工资风险分配确立规则：参与停工、怠工未提供劳动期间，企业可以不支付劳动报酬，但因部分职工停工、怠工造成企业停工、停产的，企业应按照《广东省工资支付条例》相关规定发放未参与停工、怠工职工的工资或生活费。再例如，某个或某几个劳动者过错导致的停工停产（如违规操作引发火灾等），那么其他劳动者是否在没任何过错情况下也要承担停工期间的工资风险？《深圳市员工工资支付条例》第28条明确规定，非因员工本人过错，用人单位部分或者整体停产、停业的，用人单承担工资风险，应当依法支付工资给停工劳动者。《上海市企业工资支付办法》第12条则规定，用人单位停工、停产的，应依法继续支付工资。从深圳和上海两地工资立法来看，已经开始采纳了企业经营风险理论，即用人单位应承担经营过程中的风险，与之经营利润相匹配。劳动者只要愿意提供劳动给付，由于用人单位无法受领而导致给付不能，劳动者本人并无过错，工资风险应当由用人单位承担。这跳脱了一般给付阻碍以过失责任为中心，而是以领域范围来分配工资危险负担。

劳动者集体停工导致的企业停产，未参与停工的其他劳动者是否承担工资风险？以我国现在的集体劳动立法，根本无法借鉴德国法理论。德国企业风险理论与劳动争议危险理论运用在集体行动所致给付不能的工资风险分配基础是对团结权、集体谈判权和集体争议权三权的宪法承认和保障。企业风险理论以维持劳工团结性为由将雇主在劳动争议中产生的企业停工停产发生时的工资给付义务给免除，而劳动危险理论则以其强调的是协约自治中所强调的对等原则来分配工资风险，适用集体劳动法上的原理来处理。我国集体劳动关系立法实际上缺乏对上述三权的明确承认和具体制度保障，至少企业工会是没有组织劳动者罢工的权利。由此，若干或多数劳动者因利益之争停工导致的停产不属于法律上保障的集体争议权行使之结果，尚属多个人行为直接结果，对于自己未依合同给付劳动行为，用人单位当然有拒绝给付工资之权利，但对于因停工停产而无法给付劳动的其他劳动者，则应依照企业风险理论，归属于用人单位受领延迟，用人单位有继续给付工资的义务。《广东省工资集体协商条例（2010年8月征求意见稿）》拟运用企业风险经营理论对因劳动者停工造成未给付或给付不能时的工资风险负担确立分配原则。

（2）停工停产期间工资风险分配并不合理。《工资支付暂行规定》第12条将工资负担风险按时间分段分配。一个工资支付期，用人单位承担全部工资支付风险。超过一个月工资支付期，提供正常劳动的按照不低于最低工资标准支付工资，没提供正常劳动的，按国家规定办理。该条规定存在重大问题，首先规定矛盾，如果劳动者能够提供正常劳动，用人单位必须按照依法依约支付工资报酬，这是对价原则的要求。如果劳动者不能提供正常劳动，则存在劳动给付不能时的工资负担风险分配问题。其次，所谓"按照国家规定处理"至今没有明确规定，由地方自行安排工资支付标准。广东、深圳、北京、上海、江苏、浙江等地工资支付地方性法规规定了停工停产期间工资支付标准，存在一定的地方差异性。归纳起来：①停工停产未超过一个月的，工资支付标准大致有两类：其一，按照正常工作时间工资标准支付，大部分地方规定采纳此种标准，如北京、上海、广东、浙江、江苏等地；其二，按照员工本人标准工资的一定比例支付，如深圳市规定按照本人标准工资的百分之八十支付。此种标准极为少见。②停工停产超过一个月的工资支付标准大致有以下三类：其一，根据劳动者提供的劳动，按照双方新约定的标准支付工资，但不得低于当地最低工资标准。没安排劳动的，应当按照不低于当地最低工资标准的一定比例支付生活费，如广东省和浙江省规定不低于最低工资百分之八十支付生活费，北京市规定比例为不低于最低工资百分之七十支付生活费。其二，根据劳动者提供的劳动，按照双方新约定的标准支付工资，但不得低于当地最低工资标准，如上海市。其三，统一按照不低于最低工资的一定比例支付停工期间工资，如深圳市规定不低于最低工资的百分之八十支付。由以上归纳可知，超过一个月的停工停产期间工资风险由劳动者负担或双方共同负担。按照提供的劳动重新约定工资标准实际上还是依照传统的"无劳动、无对价"的民法风险分担原则。按照不低于最低工资一定比例支付停工工资实际上是通过降低劳动者工资标准来让劳动者和用人单位共担停工期间工资负担风险。这种工资风险负担分配原则让劳动者承担用人单位经营风险而又不能享受经营利润，实则不公。并且，最低工资标准原本就是维持劳动者及其家庭成员的基本生活费用，低于最低工资标准的工资给付无法负担劳动者及家庭的基本生存。停工时间越长，劳动者无工作可做，劳动者及家庭的生存危机越重。劳动者要么出去打工获得收入维持生存；要么离职寻找工作，选择后者的并不多见，因为我国现有《劳动合同法》及《社会保险法》规定，主动离职不仅没有经济补偿，如果暂时找不到工作也因为是主动失业而不能享受失业保险待遇。

  结合国外立法经验，立足于我国国情需求，我国劳动法应明确规定劳动合同中用人单位受领延迟的工资续付义务，引入企业经营危险理论。当企业陷入经营危险，非因双方过错造成的劳动给付不能的工资风险分配应纳入用人单位受领延迟情形,由用人单位按照提供正常劳动的工资标准承担工资续付义务。我国法律没有规定集体争议权,因劳动者本人原因(如组织参与集体停工)等造成用人单位停工停产的,劳动者本人应承担未依法给付劳动之责任,用人单位有拒绝工资支付的权利,对于造成其他劳动者停工的情形,用人单位应以经营危险理论对其他劳动者承担工资续付之义务。劳动者在停工期间,因未提供劳动而节省的费用,或者因从事其他劳动而取得的收入,或者能够取得收入但故意怠于取得者,用人单位可从其工资中扣除。用人单位确实无力按照正常工作时间工资标准支付工资的,可以与劳动者进行协商,或通过集体协商,以劳动合同变更和签订集体协议方式约定新的工资给付条款和其他条款。否则,用人单位应该依法解除或终止劳动合同。同时,应该修改失业保险的申请条件,即以失业作为享受资格,而不再区分主动失业和被动失业。在用人单位无力支付工资情形下,劳动者可以选择离职而享受失业保险并积极寻找新的工作。在就业困难情况下,为实现政府确保就业岗位需求,用人单位也可在承诺不解除和终止合同情况下,向政府申请岗位就业补贴,以补偿其工资续付损失。

第五章

用人单位无偿债能力情况下工资权的特殊保护

第一节 工资优先权保护

国际劳工组织的工资保护公约将工资优先权作为工资请求权保护的重要手段。工资优先权亦见于各国民法典、破产法、劳动法等法律规定，成为优先权的重要内容。我国破产法起草过程中，破产还债程序中工资优先权顺位设定问题引发争议，也引起民法、劳动法等学者关注。最终破产法将工资优先权定位为一般债权优先。实践中企业进入破产程序，一旦严格遵循破产法之规定，其财产往往因抵押而不能作为破产财产分配，劳动者工资债权难以保护。此外，我国企业进入破产程序尤为困难，在一般诉讼执行程序中，《民事诉讼法》并没有规定工资债权之优先受偿，法官从依法执行角度，对于采取财产保全的财产，无法优先执行工资债权，政府从稳定角度，希望法院能优先执行工资债权，凸显我国现有工资优先权立法与现实的矛盾和冲突，值得进一步研究。

一　工资优先权的性质及功能

工资债权是劳动债权的最核心部分。1949年《保护工资公约》（第95号公约）第11条规定了工资优先债权，优先次序由各国法律或条例确定。工资优先权属于法定优先权，而非意定优先权，该权利依法律强制规定而发生，不容当事人任意创设。这是基于劳动关系特殊性和劳动者保护原则之需要而确定的。① 通常情况下，工资优先权存在于债务人总财产上，为一般优先权。一般优先权之间受偿顺序安排，完全视各种社会关系在立法者的价值体系中的位置而定，是一个立法政策选择问题。② 同时，由于本国工资保障机制不同，国家与国家之间对于本国工资优先权序位安排并不相同。例如，在法国，工资有超级优先权。而德国则不承认劳动债权具有优先权，而是通过替代支付制度来实现对工资债权的保护。一旦债务人将其特定财产让与其他人时，不再属于债务人总财产，工资债权人则不能对该特定财产行使法定优先权。

工资优先权之法理基础在于工资债权特殊性理论，其立法理由是基于社会政策（保护劳工的社会政策）原则。通过破除债权平等性来对弱势群体给予特殊保护，从形式公平到实质公平，调和社会矛盾，维护弱势群体最基本的生存需求，以实现社会秩序之和谐。工资债权是各国法律特殊保护的特殊权利。具体而言，主要有以下理由。

（1）确保劳动者及其家庭的生活来源。工资是现代社会劳动者以提供劳动所获得生活来源的主要方式。不同于一般债权，工资债权承载着劳动者乃至其赡养家庭成员的生存保障功能。市场经济活动中，企业面临着经济风险，如天灾人祸、经营不善、政策变动等，正是因为工资债权的生存权属性，现代法律明确规定，劳动者只需完成劳动给付义务即有工资给付请求权，并不需要承担市场主体经营风险。然而，一旦企业资不抵债，劳动者即使享有工资给付请求权，也可能因为可偿债的资产有限，债权人按债权比例分配进行清偿的话，难以偿还劳动者被积欠工资。对于普通债权人而言，不能完全受偿仅是市场风险中财产损失风险的负担，而对于劳动者而言，则意味着生存权的威胁。生存权与财产权相比较，理所当然地选择优先保护生存权。所以，法律有必要赋予工资债权优先受偿的效力，以确保劳动者生活来源。

---

① 森浩祐. "Decent Work の観点から見る労働者保護を意図した賃金・所得に関する研究— Minimum Wage（MW）・Living Wage（LW）・Basic Income（BI）の例を用いて—". 創価大学大学院紀要 41（2020）: 13 - 34.

② 王利明：《物权法专题研究》下，吉林大学出版社2002年版，第1432页。

（2）实现公平原则之必要。劳动者相较于其他债权人而言，尤其是金融机构类债权人处于绝对经济弱势地位。一般债权人与债务人有基本相当的谈判能力，有的谈判能力比债务人更强。在谈判能力平等或强势地位下，债权人可以要求债务人提供合同履行确保方式，例如约定抵押等担保物权。一旦债务人无法履行债务，债权人可就约定的担保物权来优先受偿。而劳动者与企业天然经济地位不平等，在缔结劳动合同时，劳动者难以要求企业将劳动债权作为被担保债权，让企业以其不动产设定抵押，这意味着工资债权无任何特定财产保障，一旦企业资不抵债，劳动者被积欠工资不能受偿的可能性极大。此外，劳动者在资讯上是弱者，难以获取企业经营情况等信息，也就无法把握企业破产预兆。由于对企业经营判断的不准确，可能导致劳动者容忍企业长期拖欠工资，直至企业完全无能力支付工资。从公平原则出发，应赋予劳动者工资优先权，实现劳动者与其他债权人之实质公平。

（3）劳动力投入的特殊性。劳动合同是一种劳动力给付与工资给付为一对主给付的债。不同于一般商品与货币的交换，劳动者依照劳动合同约定将自己劳动力使用权让渡给企业支配，企业将其与生产资料相结合，方能完成生产过程，其产品价值中包含了劳动者投入的劳动力。劳动力所有权属于劳动者的具有人身属性财产权。企业依据工资后付约定，往往是在劳动者先投入劳动力一段时间后再支付劳动给付的对价。由于劳动者劳动给付履行在前，企业工资给付在后，工资被积欠风险远远大于一般债权实现风险。一旦企业无法给付工资，劳动者付出的劳动已经构成了企业财产价值的部分而无法被返还。因此，有观点认为，劳动者的劳动成果既已成为其他债权人共同利益，赋予其优先权方为公平。[①]

二　中国工资优先权顺位安排及存在的问题

（一）我国工资优先权的顺位安排

依照我国现有法律的规定，我国工资优先权制度有一般工资优

---

① 黄健彰：《工资优先权》，（中国台湾）《财产法暨经济法》2008 年第 15 期。

先权制度和特殊工资优先权制度,两种不同优先权受偿次位安排有两种不同标准。

1. 一般工资优先权制度

破产企业债权人优先权由《企业破产法》第109、100、113条规定,主要有两类:(1)担保物权优先。依照《担保法》第5条的规定,担保权是一项意定权利,由约定产生,旨在保障债权的实现。《企业破产法》第109条规定了担保物权优先受偿原则。(2)法定债权优先。第113条规定了破产财产分配的法定次位,特定债权依照法律规定优先于普通债权受偿。《企业破产法》中,工资债权作为特定债权在破产财产中优先受偿。破产财产分配顺序安排中,破产企业劳动者的工资优先权次位次于破产费用和共益债务,优先于所积欠的税款和除纳入劳动债权之外的其他社会保险费用受偿。《企业破产法》第113条第1款第1项是包括工资债权在内的劳动债权的优先受偿次位的规定,除了工资债权之外,破产人积欠的医疗、伤残补助、抚恤费用、基本养老保险费用、基本医疗保险费用、法定经济补偿金都属于与工资债权受偿次位相同的劳动债权。当剩余的破产财产对同一次位的劳动债权不足清偿的,按比例分配。此外,破产费用包含了破产管理人雇佣劳动者的工资报酬,共益费用包含了为债务人继续营业而应支付的工资报酬。此类工资债权包含在破产费用和共益费用中,优先于破产人所雇劳动者的工资债权予以清偿。其中,破产费用中的工资债权优先于共益费用中工资债权予以清偿。

2. 特殊工资优先权制度

《企业破产法》所规定的一般工资优先权之外,还存在特殊工资优先权制度,其特殊性在于超级优先权的制度设计,主要有三类:(1)海员工资超级优先权。根据《海商法》第22、25条的规定,船员工资优先权作为船舶优先权的部分,不仅优先于普通债权,也优先于有担保的债权。[①] 船舶优先权先于船舶留置权受偿,

---

[①] 《海商法》第22条规定:"下列各项海事请求具有船舶优先权:(一)船长、船员和在船上工作的其他在编人员根据劳动法律、行政法规或者劳动合同所产生的工资、其他劳动报酬、船员遣返费用和社会保险费用的给付请求……"第25条第1款规定:"船舶优先权先于船舶留置权受偿,船舶抵押权后于船舶留置权受偿。"

船舶留置权优先于船舶抵押权受偿。由此，船员工资债权包含在船舶优先权之内，间接获得了超级优先权受偿的次位安排。《海商法》所赋予的船员工资特殊优先权，主要源自国际公约与海商传统，以及船员船上工作的特殊性。船员与船舶之间的定向磨合度和关联紧密度高于其他的行业或交通工具。（2）建筑工程领域劳动者工资超级优先权。根据原《合同法》第286条以及《最高人民法院关于建设工程款优先受偿权问题的批复》（法释〔2002〕16号）第1、3条的规定，① 建筑工程承包人所雇员工工资报酬包含在建筑工程价款中，不仅优于普通债权受偿，还优先于有抵押的债权受偿。《民法典》第807条再次明确规定，"建设工程的价款就该工程折价或拍卖的价款优先受偿"。包含在建设工程承包款优先权中的工资优先权则更多是从社会稳定角度出发的政策性选择在法律中的体现，具有中国特色。② 我国建筑工程领域是欠薪的"重灾区"，欠薪的重要原因之一是承包人工程款因为各种原因（发包方无故拖欠工程款、建筑工程质量纠纷拒付剩余工程款等）未能及时收回，导致承包人资金困难而无法发放工人工资。而且，我国建筑工程承包人以自然人承包人居多，自然人承包人市场风险承受能力更差，多数采取工程完成后或年底一次性发放工资，期间工地上包吃包住，工人也不需要使用货币工资。承包人及其雇佣的作业人员一起承担了工资偿付不能的风险。假如发包方不能依照合同约定支付承包款，建筑工程承包人往往无力负担长期积欠的工资。建筑工人多是农民工，一年血汗所得工资是其维持自己及家庭的最主要生活来源。如果不能受偿，将直接影响社会稳定和政治安全。赋予建筑工程款优先受偿权实质上是为了确保劳动者工资债权之实现。如《关于切实解决建设领域拖欠工程款问题的通知》（国办发〔2003〕94号）和

---

① 《最高人民法院关于建设工程款优先受偿权问题的批复》（法释〔2002〕16号）第1条规定："人民法院在审理房地产纠纷案件和办理执行案件中，应当依照《合同法》第286条的规定，认定建筑工程的承包人的优先受偿权优于抵押权和其他债权。"第3条规定："建筑工程价款包括承包人为建设工程应当支付的工作人员报酬、材料款等实际支付的费用，不包括承包人因发包人违约所造成的损失。"

② 张巍：《建设工程承包人优先受偿权之功能研究》，《北大法律评论》2005年第7卷第1辑，第254页。

《建筑领域农民工工资支付管理暂行办法》（劳社部发〔2004〕22号）都规定，企业追回的被拖欠工程款应优先用于支付拖欠的农民工工资。（3）新法公布之前破产企业劳动者工资超级优先权。根据法不溯及原则，《企业破产法》第132条规定，2006年8月27日（《企业破产法》公布之日）之前的破产企业工资债权具有超级优先次位受偿。即依照该法第113条规定清偿，不足以清偿部分以该法第109条规定的特定财产优先担保债权人受偿。《企业破产法》适用于公布之后债权清偿。该法公布之前，我国存在大量的政策性破产企业，尤其是国有企业，为了确保社会稳定和改革顺利推进，政府对于政策性破产企业的劳动债权有不同于当时破产法律规定的特殊政策。第132条确认政策性破产企业劳动债权优先清偿的政策合法性。①

（二）我国工资优先权制度存在的问题

法定优先权打破债权平等原则，给予某些原权利予以优先受偿，以实现对原权利的特殊保护。一般对工资债权的特殊保护无异议，但优先保护程度如何，尤其是与担保债权受偿关系如何处理，一直是《企业破产法》起草过程和实施之后争议的问题。《企业破产法》确定了优先权的次位，解决了观点分歧，但实施中又出现了一些问题。此外，除了海商法、合同法通过对船舶优先权和建筑工程款优先权的规定，间接规定了海员和建筑工人的工资超级优先权外，我国民法、合同法以及民事诉讼法等法律并没有规定未破产企业资不抵债时的工资债权是否优先执行。一旦企业资不抵债，工资债权并没有对企业财产优先执行的特权，尤其是对被财产保全的财产执行。法院执行面临着法律规定适用和社会稳定需要的双重压力。具体而言，我国工资优先权制度存在以下问题。

1. 现有破产优先权制度下劳动者工资债权难以保护

工资优先权制度安排旨在确保企业破产时劳动者可就破产企业

---

① 《国务院关于在若干城市试行国有企业兼并破产企业和职工再就业有关问题的补充规定》（国发〔1997〕10号）规定，非国有企业破产严格按照《民事诉讼法》实施，非试点城市和地区国有企业破产依照《破产法》实施，而试点城市国有工业企业则适用《关于在若干城市试行国有企业破产问题的通知》（国发〔1994〕59号）。

的破产财产优先受偿,但现实情况是,一旦企业进入破产程序,严格按照现有破产法规定受偿顺位,根本无法保护劳动者工资债权。主要原因有以下两点。

(1) 我国企业难以破产,尤其是中小企业。《企业破产法》颁布以来,经营困难企业进入破产程序的非常少。2008年国际金融危机引发的企业倒闭潮,但因未依法年检而被注销和未经依法清算而径直吊销的企业居多,很少有企业向法院申请破产清算,法院受理破产案件量一直不多。究其原因在于,一方面,社会对企业破产接受度低,债权人、欠债企业和政府都不想企业破产。债权人只想通过诉讼执行实现自己的债权,进入破产清算程序,或许根本无可分配的财产,或者破产企业财产不足以支付破产费用和共益费用,或者即使有剩余财产也不足以清偿劳动债权和其他优先受偿债权。普通债权人通过诉讼,排队等待法院执行或许还有一定财产执行。劳动者作为劳动债权人也不希望企业破产,破产意味着失业,而且其向法院申请企业破产也必须证明该企业确实经营困难,这对劳动者而言极为困难,因此,被拖欠工资时,劳动者通常会选择提起仲裁、上访、监察投诉等方式来解决,而不会向法院申请破产。另一方面,破产案件耗时长,程序复杂,法院案多人少的情况下,法官处理破产案件积极性不高。从而出现了大量"僵尸"特困企业和老板"跑路"现象。未进入破产的企业,即使资不抵债,劳动债权也只是跟其他普通债权一样,按照先起诉先执行的方式,排队等待执行。相比较而言,劳动债权主张要经过一裁两审程序,比普通债权主张所需经历的两审终局程序要长,如果其他债权人在起诉时已经就困难企业财产进行了诉前财产保全。劳动者即使赢了官司,也执行不到企业财产,工资债权无法实现。

(2) 破产案件中劳动者被拖欠工资难以受偿。《企业破产法》将工资优先权定位为特种债权,而非法定担保物权,在该法公布之后,工资债权仅是在破产财产中次于破产费用和共益费用而优先受偿。实际上,我国银行作为放贷方相对于企业处于强者地位,放贷的条件往往是企业必须提供一定担保确保贷款的安全。一旦企业破产倒闭,银行作为担保的债权人可以就担保的特定财产优先受偿。

担保财产之外的财产才作为破产企业的财产按照法定清偿次位予以清偿。事实上,除去担保财产,破产企业的破产财产往往不足以清偿破产费用和共益费用。根本没有剩余财产可供清偿积欠劳动者的工资。这一点在立法者设计该优先权制度时已有预见,所以立法者认为通过破产法是无法解决劳动者工资债权保障问题,需要通过完善劳动和社会保障制度,加大劳动监察执法力度来解决企业欠薪问题。只是破产法颁布以来已经十余年,我国尚没有对偿债不能企业中劳动者工资债权保护的特殊法律机制,仅有少数地方政府尝试通过工资垫付机制来解决破产企业工资债权保障问题,如深圳、上海。但受制于地方立法权限,以及垫付机制运行依然存在诸多质疑和问题,这类特殊机制并没有在全国范围内通过地方立法方式予以确立。劳动者只有通过集体上访等非法律手段对政府和企业施压来实现债权。为了维护社会稳定,法院可能与银行等担保债权人协商,先从担保财产中分割部分用于支付积欠工资。非破产执行程序亦是如此。由于银行多是国有银行,承载一定的社会稳定职能,这种协商易于达成。从而出现法律规定与法律现实实施的冲突和矛盾。

2. 不利于破产企业普通债权人债权的保护

《企业破产法》在工资优先权设定中存在两个问题:(1)工资概念模糊,哪些属于工资项目组成存在争议;(2)对工资优先权缺乏必要限制,包括主体、时间、数额等限制。以南方证券破产案为例,[①] 当年破产清算中,前南方证券员工主张应支付的奖金就高达3亿元,其中仅投行部未发奖金高达6900多万元。这些奖金都是前南方证券高管承诺但未兑现。员工认为,这些奖金作为工资组成部分,依照破产法规定应优先于担保债权优先受偿。清算组则认为,该奖金与业绩挂钩不能作为员工工资或补偿金优先发放。投行部员工纷纷向上海、北京、深圳劳动仲裁委员会提起仲裁申请,北京和上海支持了员工主张,深圳中止了审理。清算组在奖金是否给付的处理上,认为营业部员工工资普遍偏低,2004年、2005年奖金继

[①] 李亮:《南方证券破产尚欠员工奖金3亿元,百余员工起诉清算组》,2017年9月20日,天涯论坛(http://bbs.tianya.cn/post-develop-242331-1.shtml)。

续发放，但投行部员工奖金数额巨大，则无法给付，否则会损害其他债权人利益。投行部员工则认为，基本工资才 3000 多元，完全是靠项目奖励提成留人。这里出现了一个矛盾处理方案：营业部奖金被认定为工资，而投行部员工奖金则不认为是工资。最终员工与清算小组对簿法庭，法院以奖金发放依据的规章制度未经过董事会同意为由，认定该规章制度不合法，并认为，奖金、业绩工资都必须与企业盈利挂钩，驳回了员工请求。员工律师则认为，投行部员工都是普通员工，不是公司法上的高管，其薪酬不需要董事会同意，且奖金应是业绩提成工资部分，按照约定完成业绩即有业绩提成，跟企业是否盈利无关。本案看起来是对破产法中享有优先权的"工资"的界定，实质上反映的是工资债权与其他债权之间保护平衡的问题。

从现有工资总额组成规范性文件看，我国工资总额组成包括基本工资（计时、计件工资）、奖金、津贴补贴、加班加点工资、特殊情况下的工资支付。一般认为，提成工资性质上属于计件工资，即按照工作量来确定工资给付数额。南方证券破产清算中，投行部员工工资构成应该是 3000 元底薪+提成工资。提成工资形式上又可以称为绩效工资及绩效奖等，都是依据合同约定对劳动者劳动给付的对价。如前所述，按照公司法的规定，法定高管的薪酬由董事会同意，一般员工工资则由公司经营者决定，投行部员工的工资结构是公司与员工之间约定的结果。只要劳动者完成了合同约定的工作，就应该依照约定获得报酬。此外，对比证券行业投行部，高比例的项目奖励是投行部员工薪酬的主要组成部分，已然是行业惯例。只要公司没有明确规定奖金发放与公司利润挂钩，即奖金是一种分享公司利润方式，任何与劳动者劳动给付相对的报酬都属于工资。所以，法院将投行部员工项目奖励提成排除在劳动者"工资"之外是缺乏法理基础和法律依据的。这里凸显了司法面临着一个难题，一旦认定投行部员工巨额奖金是工资，则其他债权人可分配的财产将会大大减少，必然影响其利益。债权的数量问题和顺位问题是相连的，资不抵债就如同僧多粥少，某种债权的优先清偿必然影响其他债权人的利益，同时由于优先权实际上是一种债权的"插队"制度,因此必然会影响交易安全,增加事先的交易成本。为了使这种交易成本最小化,顺位越高的债权,数量就要控制得越严格。实践中已经出现了伪造证据虚构拖欠工资数额企图侵害其他债权人利益的案件。[1] 我国破产法并未从法定优先权政策目的予以考量,通过立法限制工资优先权的数额、期限,乃至主体范围,立法者仅考虑到物权优先和交易安全等问题,工资债权不能得以超级优先保护,不能优先于担保物权。但工资优先权优于积欠社会保险费用、税款,更是优先于普通债权,没有限制的工资债权可能对其他公共利益及债权人利益造成侵害。

三 工资优先权的国外若干立法例及启示

（一）日本工资优先权

日本工资优先权的范围仅包括固定工资与退休金,而不包括各种津贴。日本旧民法典第306、308条规定,受雇人的报酬于债务人的一般财产上有先取特权,但先取特权限于受雇人最后6个月的工资,该规定并未限于"雇主歇业、清算或宣告破产"的情形。[2] 日本《商法典》和其他公司法条款规定,劳动者工资对公司财产优先权没有《民法典》规定的6个月工资的限制。[3] 2003年日本民法修正案修改了原民法典第306、308条所规定的6个月工资债权优先受偿的限制,先取特权不再限于最后6个月的工资。[4] 依照日本《民法典》第306、329条第1款的规定,工资债权在一般先取特权中,处于第2顺位,即排在共益费用之后,殡葬费用和日用品费用之前。日本《民法典》第335条规定,工资债权人作为一般先取特权人应先就不动产以外的财产受偿,除非有不足,否则不得就不动产清偿。对不动产,应先就非特别担保标的者受偿。特别担保是指

---

[1] 胡波:《虚构假案35起 江西一老板虚假诉讼获刑4年》,2017年7月27日,人民法院网（http://www.chinacourt.org/article/detail/2015/10/id/1724203.shtml）。

[2] 王书江译:《日本民法典》,中国人民公安大学出版社1999年版,第53页。

[3] [日]荒木尚志:《日本劳动法》,李坤刚、牛志奎译,北京大学出版社2010年版,第62页。

[4] [日]荒木尚志:《日本劳动法》,李坤刚、牛志奎译,北京大学出版社2010年版,第62页。

特定优先权、质权或抵押权。由于日本给予工资请求权的优先权是一般优先权，地位次于其他债权人对特定财产设定的特别优先权或担保权，对于已经转让的动产不能行使一般优先权。

日本破产法中的债权分为"财团债权"和"破产债权"，"财团债权"优于"破产债权"支付。日本旧《破产法》（1922）规定，破产宣告以前未支付的劳动债权（工资债权）与退职金，其最后6个月的工资部分以及相当于最后6个月工资的退职金，作为优先性破产债权，享有一般先取特权。① 然而，企业的资产往往在清偿财团债权后，所剩无几，无法完全清偿工资债权，从而导致一大批劳动者未能获取应得工资和退职金。当时日本整个物价上涨，劳动者因缺少工资而难以维持生计，部分企业因为政府"减量经营"政策的实施而破产。日本政府基于整个社会效应考虑，为维持日本社会的稳定，防止出现大批贫困失业人士，催生了1976年的《工资支付保障法》，由政府依法有限制地代替企业支付一部分未支付工资且被迫辞退的劳动者的工资。政府代替支付后获得了向雇主主张同样金钱债权的权利。

2004年日本新《破产法》为了保护劳动者工资债权和退职金，将其纳入财团债权范围，优先于破产债权，不受破产程序限制随时受偿。并扩大工资债权范围，将兼职、勤工俭学、承包合同等产生的劳动报酬视为工资。但优先保护工资债权时间缩短为3个月。其他部分工资请求权次于享受更高优先权。为了保护工资债权人生活和国民经济生活安全，工资债权人在生活维持困难的情况下，只要不对先顺位或同顺位债权人造成损害的，法院可依照职权或管理人申请，在破产财产分配前允许先清偿部分或全部。②

《破产法》（2004）和《工资支付保障法》（1976）以破产企业工资优先权和工资代替支付制度为日本劳动者工资及退职金债权保障提供了完整的保护体系。

---

① 陈国奇：《日本破产法最新修改》，载廖益新主编《厦门大学法律评论》第9辑，厦门大学出版社2005年版，第189—200页。
② 陈国奇：《日本破产法最新修改》，载廖益新主编《厦门大学法律评论》第9辑，厦门大学出版社2005年版，第195页。

(二) 英国工资优先权

1986年英国破产法修改,将个人破产程序与公司破产程序予以统合,引入美国的重整制度,将原来约3年的破产案件审理时间缩短为1年。在英国,企业破产时存在的工资债权的,首先是由政府破产署依法由英国国民保险基金代为垫付,被垫付的工资范围和金额有一定限制,往往低于劳动者工资债权总额。政府代替支付后,取得代为求偿权,就垫付的工资在破产程序中请求清偿。未垫付的劳动债权,可以依破产法提出清偿要求。破产程序开始日之前产生的一定的劳动债权作为优先债权,被赋予第4顺位的优先权。工资、税金与社会保险金被置于同一顺位。以不动产作为抵押物的,设定抵押的债权人就该不动产优先于工资债权受偿,部分工资债权可以从设置浮动担保的财产获得优先清偿,如正常工资、假日工资等,但是解约补偿金和解约时提前期间的薪金不能从中获得优先清偿。其他劳动债权只能优先于无财产担保的债权受偿。[1]

作为优先权保障的"工资"无论在对象还是在最高金额上均有详细的规定,雇员较之其他债权人所享有的优先权只限于领取在雇主破产前四个月的工资,且总额不超过法律规定的额度。[2] 因而工资优先权报酬的范围受到了较为严格的限制。因严格的限制而导致劳动债权难以保障的情况下,英国国民保险基金代为垫付的制度发挥了重要的作用,有效地解决了破产个人和企业无法支付工资的问题。

(三) 德国工资优先权

德国旧《破产法》(1877年2月10日制定、1879年10月1日)对企业破产劳动者工资债权的保护,主要表现为:破产程序开始前六个月的工资请求权为第3顺位的财团债权;在程序开始或者企业被宣告破产之前最后一年的劳动债权则作为第1顺位的优先破产债权;赋予劳工破产薪酬补偿费以及强制要求在企业重整程序中

---

[1] 王欣新:《德国和英国的破产法之三》,2017年9月22日,《人民法院报》2005年11月7日,http://www.chinacourt.org/article/detail/2005/11/id/185305.shtml。

[2] [英]史蒂芬·哈迪:《英国劳动法与劳资关系》,陈融译,商务印书馆2012年版,第153页。

将企业转让时转让劳动关系。然而,旧《破产法》在长达百年的历史中凸显出重大的问题,如有75%以上的破产申请因为破产财产不能抵偿破产程序费用而不得不被驳回,大量优先权债权使得破产程序开始后无法实现无优先权债权偿债额的公平分配。无优先权债权清偿概率过低。① 针对旧《破产法》存在的问题,德国议会于1994年10月5日通过了新的《破产法》,对旧法中的许多规定做了重大修改,随着债权者平等原则的恢复,逐渐走向了废除优先权的道路。该法在1999年1月1日生效。在工资保障方面,新法取消了旧法中规定的破产企业劳动者工资债权优先权及工资债权在破产财产中的特权。仅当破产管理人有继续经营管理该财团之处分和劳动者提出要求时,前六个月的工资仍可纳入破产财团。② 但新法仍然保留了破产薪酬补偿费以及在企业转让时强制转让劳动关系的规定。③ 破产程序中社会计划方案所产生的债务仍然为财团债务而优先保障。④ 与此同时,新法通过赋予劳动者作为债权人破产申请权、破产程序参与权及在债权人会议中享有表决权,以及在企业重整计划制订时,若雇员的破产债权占有相当份额的,则雇员可组成一个债权人小组参与表决权等,增强了雇员在破产程序中的参与作用。⑤

德国破产法改革的目的在于,修正旧法以保护债权人为唯一目的,强调对债务人正当利益以及社会整体利益的保护。通过设置挽救债务人事业的重整制度,维护社会财富与就业,并通过设立破产欠薪保障基金,保障社会公平。⑥ 依据德国新《破产法》的规定,雇主破产时,劳动者工资在雇主宣告破产时并无任何优先保障,为避免劳动者生活陷入困境,德国建立了破产欠薪保障基金,对雇主

---

① 郑冲:《德国新破产法的特点与问题》,2017年9月22日,上海律师协会－东方律师网,2006年7月24日,http://www.lawyers.org.cn/info/b623acd2d3df4a8e8cbe95a82c47ac7a。
② 郭玲惠:《劳动契约法论》,中国台湾:三民书局2011年版,第157页。
③ 郑冲:《德国新破产法的特点与问题》,2017年9月22日,上海律师协会－东方律师网,2006年7月24日,http://www.lawyers.org.cn/info/b623acd2d3df4a8e8cbe95a82c47ac7a。
④ 杜景林等译:《德国支付不能法》,法律出版社2002年版,第65页。
⑤ 郑冲:《德国新破产法的特点与问题》,2017年9月22日,上海律师协会－东方律师网,2006年7月24日,http://www.lawyers.org.cn/info/b623acd2d3df4a8e8cbe95a82c47ac7a。
⑥ 王欣新:《德国和英国破产法(一)》,2012年8月20日,http://www.civillaw.com.cn/article/default.asp?id=23172。

无支付能力时的雇员提供一定的破产欠薪补偿，其法律依据为德国《社会法典》第 3 部（SGB）第 183—189A 破产欠薪补偿以及第 358—362 条破产欠薪保障补偿的再分配。[①] 在德国，自 1994 年新《破产法》实施以来，劳动债权的保护主要通过专门的替代支付制度来完成。

（四）美国工资优先权

美国于 1800 年通过《破产法》，其后多次废除，再制定，极其不稳定，直到 1898 年《破产法》和 1978 年《破产法》时才开始稳定实施。目前，最新修订的美国联邦破产法是 2017 年批准通过的。美国联邦破产法将债权分为担保债权和无担保债权。无担保债权受偿实现劣于担保债权。11 USCS § 507（2017）[②] 规定了十类无担保债权的法定优先权，并明确了无担保债权优先次序等级和限制。其中，工资债权作为无担保债权，其优先权是在第四次序。该条所谓工资是指工资（wages）、薪金（salaries）、佣金（commissions），包括休假、遣散费和病假工资。同一顺位的还有作为债务人的独立承包人（指自然人或只有一个雇员的公司）的销售佣金。该独立承包人（指自然人或只有一个雇员的公司）在过去 12 个月的销售佣金至少 75% 是从债务人获得的。但可优先受偿的劳动报酬仅限于破产申请之日或债务人歇业（以先发生者为准）之日的前 180 天内所发生，且申请优先受偿的数额每人或每个公司不超过 12850 美元。

美国联邦破产法不仅允许劳动者可申请工资的优先受偿，同时，还允许劳动者申请基于福利项目所产生的福利金。根据该法第 507 条（a）（5）的规定，可申请支付的福利金必须是提出破产申请之日或债务人歇业之日起的前 180 天内雇员因其提供服务或工作所获得的福利金。同时，并非所有的福利金均可申请受偿，可获得破产

---

① 侯玲玲、王林清：《从民法到社会保障的工资债权保护——以德法两国工资保障为视角》，《法学杂志》2013 年第 7 期。

② 11 USCS § 507, https://advance.lexis.com/document/? pdmfid = 1000516&crid = a17d2b4d - 4f52 - 4620 - bead - e91ebf208f12&pddocfullpath = % 2Fshared% 2Fdocument% 2Fstatutes - legislation% 2Furn% 3AcontentItem% 3A4YF7 - GNF1 - NRF4 - 43YV - 00000 - 00&pdtocnodeidentifier = AALAAEAACAAJ&ecomp = yt - fkkk&prid = bf787fbe - ff7d - 4e32 - 9db9 - 29b6dc5dc321, last visited on September 22, 2017.

支付的福利金必须达到一定的数额。譬如该福利金必须超过福利金所覆盖的雇员数目乘以12850美元，或（a）（4）规定的应支付的雇员工资、其他劳动报酬与劳工组织给予的参与福利计划的每个雇员的福利金之和。此外，有的州公司法对享有工资优先权的劳动者进行了限制。如美国德拉瓦州公司法第300条规定，本州公司和在本州贸易的国外公司无偿债能力时，为公司固定提供劳动或服务的劳动者就公司资产享有留置权以优先受偿，优先受偿的工资额不超过2个月的工资，工资有超级优先受偿权，即2个月以内的工资债务优先于公司任何其他债务清偿。这里所谓的雇员（employee）不包括公司任何管理人员（any of officers of the corporation）。[①]

在美国，每个州都建立了代付工资的替代支付制度。以俄勒冈州的替代支付制度为例，俄勒冈州的工资保障基金作为对企业因处于无充足资金支付最后工资而处于关闭状态以致无法获得工资的劳动者提供保护的制度。该基金由州劳动产业局负责运营。基金将一般业务与失业补偿基金加以独立。符合要件者可以从该基金获得营业停止之前60日的2000美金的限额内的工资额替代支付。基金的资金主要来源于雇主缴纳的雇佣税。

（五）法国工资优先权

法国相关法律对工资债权特别保护最为有利，法国民法为保护工资债权，赋予了其强大的优先权，法国主流观点认为，工资优先权具有物权性质。[②] 工资优先权规定见诸《法国民法典》《法国劳动法》《法国商法典》等法律中。根据法律的规定，法国工资优先权以债务人所有财产清偿，包括动产和不动产。在企业破产时，一定数额和时间的工资债权受超级优先权的保护。

[①] 8 Del. C. § 300, https://advance.lexis.com/document/? pdmfid = 1000516&crid = a4655383 - f766 - 4f3f - a97d - 7878d1086086&pddocfullpath = % 2Fshared% 2Fdocument% 2Fstatutes - legislation% 2Furn% 3AcontentItem% 3A5PH8 - 0NV0 - 004D - 42X8 - 00000 - 00&pdtocnodeidentifier = AAIAABAALAAK&ecomp = yt - fkkk&prid = 0ed242f6 - 3de8 - 4af5 - adc7 - e895f65ed3eb, last visited on September 22, 2017.

[②] 于海涌：《法国工资优先权制度研究——兼论我国工资保护制度的完善》，《中山大学学报》（社会科学版）2006年第1期。

1. 一般工资优先权

法国民法典第 18 编"优先权和抵押权"对工资优先权有具体规定。依照第 2101 条和 2104 条的规定，工资优先权包括对一般动产的优先权和一般不动产的优先权。第 2103 条规定了对工程的特别优先权。由此，基于民法典规定，法国工资优先权主要有三类：（1）对一般动产的优先权。根据第 2101 条的规定，工资债权在一般动产优先权中属于第四顺位优先保护的权利，位于诉讼费用、丧葬费用、最后一次生病费用之后受偿，包括受雇人员在过去一年以及当年的报酬；薪金雇员与学徒最近 6 个月的工资以及依照《劳动法典》第 980—11—1 条（废止）规定的由雇主对开始就业实习的青年所给予的补贴金。（2）对不动产的一般优先权。依据第 2104 条的规定，工资债权在一般不动产优先权中属于第二顺位优先保护的权利。位于诉讼费用之后。包括受雇人员在过去一年以及当年的报酬；薪金雇员与学徒最近 6 个月的工资以及依照《劳动法典》第 980—11—1 条（废止）规定的由雇主对开始就业实习的青年所给予的补贴金。为了保护不动产信用，该法第 2105 条规定，工资债权人必须先要以动产优先偿还，只有在没有动产的情况下，才能提出同其他对不动产有优先权的债权人一起就不动产的价款受偿，前者先于后者并按第 2104 条规定的顺位受偿。（3）对不动产的特别优先权。建筑领域的工人，包括建筑师、承包人、瓦工与其他受雇于建筑、重建或修理楼房水渠或其他任何工程施工的工人，就该工程有优先权。就该不动产享有特别优先权的工资债权在第四顺位受偿。《法国民法典》第 2105 条规定，工资优先权就不动产的价款优先于抵押优先权债权人受偿。

2. 特别工资优先权

特别工资优先权相对于一般工资优先权具有更高受偿次位，优先于其他任何优先债权，包括诉讼费用等。此种特别工资优先权根据《法国破产法（司法清算与司法重整法）》及《法国劳动法典》第四章"工资的支付"中第二节"工资债权优先权与担保"规定所产生，适用于开始司法清算和重整程序之场合。由于特别工资优先权是绝对最高优先权，为了避免对其他优先债权人利益的侵害，法律对其进行了相当严格的限制,包括享受主体、工资债务时间和数额最高额限制,从其时间限制看,远远短于一般工资优先权,即司法清算程序开始之前60天的工资、津贴和带薪假期的补偿金;从其数额限制看,法国《劳动法典》第L143—10第2、3款规定了特别工资优先权的数额最高额。即每月可得最高额由条例确定,享受特别工资优先权的工资债权不得高于条例确定的最高限额。从享受主体限制看,并不是所有的受雇人都能享受特别工资优先权,能够享受工资优先权的债权人只限于受薪雇员与学徒以及可以得到职业入门培训与学徒培训的人。

由于企业破产对经济和社会造成一定损害,对劳动者就业安定产生威胁,法国企业一般不会破产,该国法律有较为完备的防止企业破产规定。① 为防止陷入困境的企业破产和劳动者工资债权因破产程序过长而无法在短时间得以实现,或因企业无可分配资产而无法实现,危及劳动者及其家庭之生存,1973年12月27日法国第73—1194号法令引进了"工资担保计划",② 要求雇主强制缴纳一定的费用,当雇主处于破产企业重整、清算或宣告破产时,被拖欠工资的雇员不需要提起索赔请求,而是向国家工资担保基金以受益人名义申请垫付所积欠的工资额。③ 因此,法国通过工资债权优先权保护与工资债权替代垫付机制保护劳动债权的双重保护来确保偿债不能企业的劳动者工资债权的实现。

比较以上国家有关企业无偿债能力时劳动者工资优先权的立法及立法演变,不难发现以下共同点。(1)除德国之外,大多国家对工资债权予以优先权保护,只是根据公共政策选择和利益保护偏重不同,优先次位有所不同。(2)为了防止工资优先权对债权人财产分配产生的不公平,一般都会对于被确认具有优先权的工资债权予

---

① Bürgel Wirtschaftsinformationen GmbH & Co. KG. FRANCE. http://www.buergel.de/en/country-information/france.html#insolvenz, last visited on September 6, 2012.

② AGS, "The Wage Guarantee Scheme: A Central Component in the Receivership Processes in France", http://www.ags-garantie-salaires.org/128/articles/brochures-208.html, last visited on August 18, 2012.

③ 侯玲玲、王林清:《从民法到社会保障的工资债权保护——以德法两国工资保障为视角》,《法学杂志》2013年第7期。

以一定限制，包括但不限于适用主体限制、优先受偿金额最高限额等。实现工资承载的生存权功能确保和债权人分配公平之间的平衡。（3）工资定义的确定，除了固定工资外，各类劳动法上工资项目包含其中，有的甚至扩及退职金、福利金等。（4）工资债权的保护方法从赋予优先权向替代垫付制度转变，这是一个较为普遍的趋势，一方面，符合现代破产法从单纯企业死亡到企业重生的转变趋势，防止工资债权等优先权清偿影响企业重生计划；另一方面，替代垫付制度能够让劳动者及时实现部分确保生存的工资债权，将部分工资偿债不能风险转嫁给特定的工资替代垫付机构。

四　完善中国工资优先权立法的若干建议

国际劳工组织1992年通过的第173号公约《雇主破产时劳工债权保护公约》，其中第二部分为"借由优先权保护劳工债权"，第三部分为"借由担保制度保护劳工债权"。第二部分第8条第1项规定，"国家法律给予工人债权优先权之次序应高于其他大部分优先债权，特别应高于国家及社会安全制度相关优先债权"，第2项规定"凡受到担保制度保护时，对所保护债权给予优先权次序，得低于国家和社会安全制度相关优先债权"。[①] 全球多数国家破产法是将意定担保物权次序列于工资优先权之前，仅少数国家将工资优先权次序列于意定担保物权保护之前。[②] 上述国家有关工资优先权制度，德国和法国是两个极端，德国走向债权平等，劳工债权丧失其优先权保护，但德国替代制度建立，为解决破产企业工资债权的保护起着非常重要的作用。法国则对于工资优先权有一般优先权和超级优先权，优先权次序极高，加上替代支付制度的建立，为工资债权保护提供了优先权和工资担保支付的双保险。尽管存在国家之间的差异，但对于承载生存功能的工资部分的债权实现无一不是各国的目标和导向，仅是实现手段存在一定不同。相比较而言，我国对无偿债能力用人单位的劳动者工资权保护明显不足，借鉴域外立法经

[①] 侯玲玲：《比较法视野下倒闭企业工资风险分担机制研究》，《法商研究》2015年第2期。

[②] 黄健彰：《工资优先权》，（中国台湾）《财产法暨经济法》2008年第15期。

验，立足于中国国情，建议从以下几个方面完善我国工资优先权制度。

（一）明确工资优先权中的"工资"定义

如前所述，劳动法中不同部分工资的定义不尽相同，有的仅指"正常时间劳动的工资"，这部分工资按照规定应按月定期发放，并作为计算加班加点工资的基数，此为狭义工资，也是最低工资标准限制的对象。正常工作时间工资不得低于最低工资标准。也有指劳动给付的对价给付，包括约定给付和法定给付。法定给付包括加班工资给付、病假、产假等的续付工资等。我国目前认定工资的依据是《关于工资总额组成规定》（国家统计局1990年1月1日）第二章和《工资支付暂行规定》（劳部发〔1994〕489号），我国劳动法上工资采取的是广义的"工资"，是包括正常工作时间工资在内的，依照合同约定和法律规定以货币形式直接发给劳动者的劳动报酬。正常工作时间工资、奖金、津贴补贴、加班加点工资、特殊情况下支付的工资。依据我国《劳动合同法》第47条和《劳动合同法实施条例》第27条的规定，经济补偿金计算基数——月工资是指劳动者在劳动合同解除或者终止前十二个月的平均工资。平均工资则是包括计时工资或者计件工资以及奖金、津贴和补贴等货币性收入，即广义工资。《企业破产法》第113条第1款第1项和第3款所谓的工资应是指广义上的工资，此界定可以由第3款解释出，第3款规定"破产企业的董事、监事和高级管理人员的工资按照该企业职工的平均工资计算"。这里的平均工资跟《劳动合同法》及实施条例的平均工资定义应该一致，即劳动者应得工资，包括计时工资、计件工资及奖金、津贴补贴等货币性收入。南方证券破产案中，投行部员工的提成奖金应该纳入破产法中"工资"的范畴。由于我国破产法未就工资优先权进行限制，假如该部门奖金被认定为"工资"，破产法实施之前的工资债权具有超级优先受偿次位，而该部门提成奖金高，被拖欠时间长，奖金数额巨大，一旦超级优先受偿，其他债权人利益无法保障，存在危及交易安全和债权人财产分配不公问题，以至于清算组坚决反对纳入工资范畴及法院为了否定该奖金属于工资而寻找并不是依据的依据。

（二）有限制地赋予部分工资超级优先权

结合我国社会主义市场经济特点，以及现有偿债不能企业工资债权保障现状，我国破产法必须设置工资超级优先权制度，即优先于意定担保物权，但应依据法定优先权的公共政策目的对享受优先权保护的"工资"进行必要限制，结合国外立法例，可以从以下几个方面予以必要限制。

1. 享受工资优先权受雇人的范围限制

我国《破产法》第113条第3款是针对破产企业董事、监事和高级管理人员工资优先权数额的限制，防止上述人员工资过高，影响其他债权人的分配。这说明破产企业董事、监事和高级管理人员与企业普通员工存在一定的差别。如果不加限制地赋予破产企业董事、监事和高级管理人员工资债权优先权，则可能不利于破产企业普通员工、其他债权人债权之保护，主要有：（1）破产企业董事、监事和高层管理人员有可能基于《公司法》规定与公司之间存在委任关系，而非劳动关系。除了职工董事和监事是基于职工民主参与需要产生，职工与公司存在劳动关系外，公司董事与公司之间应该存在投资关系、代表关系和控制关系，其代表股东利益，组成公司最高管理机构——董事会，实现对公司管理和控制。董事可以有薪酬，也可以没有薪酬。董事薪酬由股东大会/股东会决定，而非由公司决定，董事薪酬基于委任关系所得，不属于劳动法上工资。但职工董事报酬则是基于职工与公司之间劳动关系而获得，为劳动法上工资。监事履行的是公司监察人角色，维护股东的利益，有股东代表的外部监事和职工代表的内部监事。前者与公司不存在劳动关系，后者基于职工身份与公司存在劳动关系。《公司法》第216条将公司高级管理人员定义为公司的经理、副经理、财务负责人，上市公司董事会秘书和公司章程规定的其他人员。一般来讲，与公司存在委任关系还是劳动关系的甄别标准是是否给付劳务之从属性判断，存在从属性的，则存在劳动关系，基于劳动关系所获得的报酬为工资；不存在从属性的，则是委任关系，基于委任关系获得的报酬为委任报酬，不是工资。[①] 因此，对于破产企业中

[①] 王天玉：《经理雇佣合同与委任合同之分辨》，《中国法学》2016年第3期。

董事、监事、高层管理人员应根据其与企业是否存在劳动关系,以及所得报酬是否基于劳动关系而产生的工资,判断是否给予工资优先权之保护。(2)对于委任关系的破产企业董事、监事和高级管理人员而言,其接受委任,代表股东利益对公司进行经营管理,则负有经营管理的责任,其薪酬也较普通员工高出很多,包含了部分管理企业而分享的利润。企业经营不善而资不抵债,多可归于管理者失误或未尽到管理义务所致,那么,企业经营管理者应对无偿债能力的企业承担相当责任,尤其是对法定债务,如劳动者工资债权、社会保险债权等,依照法律规定必须按月足额支付及缴纳。假如赋予上述人员薪酬同一般员工同样的工资优先权,实则是对劳动债权,乃至其他债权人的利益损害,与罪责相当原则相悖。因此,应对企业董事、监事和高级管理人员与公司关系予以判别,不能一律作为劳动法上劳动者予以特殊保护。与企业存在委任合同关系的董事、监事和高级管理人员的薪酬应排除在劳动法上"工资"范畴之外,其不适用工资优先权之保护。

2. 工资超级优先权的数额、时间限制

南方证券破产案凸显的矛盾是,我国工资优先权所保护的工资债权没有任何限制,确认巨额奖金是工资,必然对其他债权人利益过分侵害。清算组和法院在没有办法的情况下,只能以奖金发放依据不具有有效性来否认投行部员工奖金请求权,从而造成另一个极端,投行部员工不仅享受不了破产法工资优先权对该奖金的保护,甚至没有依照一般债权人身份主张该笔奖金债务的请求权。而在投行这个部门,低底薪加高比例提成是其固有的工资构成。否认其奖金请求权,就意味着投行部员工每个月仅有低底薪为工资,这不符合投行的高工资水平的事实。造成此矛盾的原因在于,我国破产法未对优先权保护的工资债权予以任何限制,只要是被认定为工资总额范畴内的工资都作为优先受偿的对象。这在《破产法》第132条能够解释出立法者立法之本意,一方面未对劳动者劳动债权予以限制,另一方面又担心劳动债权数额太大,又不公示,风险不可控,而破产法之前遗留的劳动债权风险已经确定,可以控制,所以该条采取了分段处理的方法,对于破产法之前的风险可控的劳动债权,赋予超级优先权地位,而破产法之后的劳动债权风险不可预期,则按照破产债权优先权次位受偿。基于当时我国积欠的工资、社会保险费等时间长,累计数额大,立法者有此担心也是必然。但这又导致在剩余财产不足的案件中,除担保物之外又无产可破。被积欠工资又无法清偿,承载生存功能的工资债权得不到切实保护。防止劳动债权侵害担保债权人利益和保护劳动者生存权之实现,是各国破产法都面临的问题。综观国外工资优先权立法例,凡是赋予工资债权优先权的国家,尤其是优先于担保债权的国家,对于工资优先权保障的工资债权数额和时间都有所限制。不仅确保部分工资债权得到优先保护以实现维持生存之功能,也能兼顾担保债权人和其他债权人利益,将优先保护的工资债权风险限于小额,剩余工资债权作为普通债权处理,不至于因为工资债权优先权保障对担保债权人及其他债权人利益造成实质性损害。如美国是以破产申请提出前或债务人歇业前180天内发生者,且每人数额不超过12850美元。《法国民法典》支持劳动债权优先于担保债权,将劳动债权优先权时间限定于6个月,并有最高限额。我国台湾地区"劳动基准法"第28条第1项将工资优先权限于雇主歇业、清算或宣告破产情形,该积欠工资限于未满6个月者。我国深圳市建立的欠薪垫付制度亦将被垫付的工资时间限定于6个月。

由于我国官方统计口径和手段有限,现有职工平均工资统计数据虚高,私营企业职工平均工资水平抽样调查结果为官方统计职工平均工资的60%左右。以2015年深圳市统计数据为例,深圳城镇非私营单位从业人员月平均工资4287元,人均年生活消费支出32359.20元。按照一般家庭两位劳动人口,一位小孩来算,家庭未扣税的年收入为102888元,一家三口年消费支出97077.6元。也就是说,60%标准刚好维持一家三口的消费支出,不足以负担两个孩子的家庭消费支出,更谈不上负担老人的消费支出。以上年度职工平均工资60%为每月工资优先权数额上线,凸显了工资优先权对生存权和生命权保障之目的,也是优于其他债权人受偿的公共政策选择法理支撑。我国深圳市建立的欠薪垫付制度亦将被垫付的工资,每月最高限额为本市上年度职工月平均工资60%。不能确认欠薪数额的，按照当地最低工资标准确定垫付数额。建议我国对工资优先权数额和时间限制参照深圳市欠薪垫付制度，工资优先权限于6个月内的工资债权，且每月工资债权数额不超过当地上年度职工平均工资的60%。无法确定欠薪数额的，按照当地最低工资标准确定数额。最低工资标准是以维持生存功能而设定的法定工资最低额。

(三) 明确非破产用人单位偿债不能时的工资优先权

由于我国进入破产还债程序的用人单位非常少，大量资不抵债的企业和个体经济组织等用人单位劳动者工资债权，因为法律没有明确赋予其优先权而等同于普通债权，通过诉讼方式难以受偿，从而不得不采用上访、堵路等集体法外方式来迫使政府干预司法，通过法官与其他债权人，尤其是担保债权人和财产保全债权人协商，优先支付积欠的劳动者工资和经济补偿金。优先权通常规定在民法当中，解决企业资不抵债时的债权人清偿分配问题。按照我国现有的法部门划分以及《合同法》起草过程中对雇佣合同摈弃现实，劳动法领域保护对象很难被纳入民法领域，因此将工资债权优先权作为法定担保物权纳入物权法难度很大。因此，我国劳动法可以根据劳动者保护政策选择对工资债权进行特殊保护设计。以《法国劳动法典》为例，该法典在工资支付一章中专门就"工资债权优先权和担保"予以特殊规定，这种立法模式可借鉴。我国自2007年之后陆续颁布了《劳动合同法》《劳动争议调解仲裁法》等实体法和程序法，但工资法却迟迟没有出来。我国应利用工资立法机会，将工资债权优先权纳入工资支付部分的规定是最为合适的。在未来工资立法中，应明确规定工资优先权。我国台湾地区"劳动基准法"第28条第1款赋予了劳动者在雇主无偿债能力时被积欠工资未满六个月部分的最优先受偿权。此条立法原意在于，雇主歇业、清算或宣告破产时，在税捐、各种抵押权受偿之后，常无可优先受偿部分，或已所余无多，故无法真正彻底保障劳工权益。[①] 然而，台湾地区法院则认为"劳动基准法

---

① 黄程贯主编：《劳动法 (2012)》，中国台湾：新学林出版社股份有限公司2012年版，第A—353页。

的工资优先受偿权的位次在抵押权之后",导致该条款实际意义不大,等同于花瓶条款。① 借鉴现行全球多数国家破产法将意定担保物权次序列于工资优先权之前立法经验,立足我国国情,我国未来工资立法应做如下规定:"用人单位因歇业、清算或宣告破产,劳动者被积欠工资的未满六个月部分,有最优先清偿权,优先于担保债权人及其他债权受偿";"每个月工资数额不得超过上年度职工平均工资的百分之六十"。

综上所述,完善我国工资优先权制度,对用人单位偿债不能情况下的工资债权以优先权保护,是生存权和生命权等人权保护之需要,也是促进劳动关系和谐和社会稳定的必要选择。但是也必须清楚认识到,假如用人单位根本无财产可供分配,工资优先权即使再超级优先也无法保障劳动者工资债权之实现。借鉴国外(地区)工资替代支付制度经验,我国需要在工资优先权制度之外,配套建立特殊的工资替代支付制度,为工资债权的实现提供特殊担保,建立更加安全的工资支付保障机制,以实现对劳动者的保护。一旦工资替代制度建立并完善,可取消工资超级优先权制度,作为破产财产中的优先债权,意定担保物权次序列于工资优先权之前。

第二节 工资权的特殊担保[②]

一 经济全球化下的工资风险

在发达的现代社会中,财富的社会生产系统地伴随着风险的社会生产。[③] 风险(risk)本义是指冒险和危险。从字面意义上理解,风险是具有一定危险的可能性,或者是有可能发生的危险、形成灾难。[④] 风险的最大特征为可能性和不确定性,当某种结果百分之百

---

① 黄健彰:《工资优先权》,(中国台湾)《财产法暨经济法》2008 年第 15 期。
② 侯玲玲:《比较法视野下倒闭企业工资风险分担机制研究》,《法商研究》2015 年第 2 期。
③ [德]乌尔里希·贝克:《风险社会》,何博文译,译林出版社 2004 年版,第 15 页。
④ 薛晓源、周战超主编:《全球化与风险社会》,社会科学文献出版社 2005 年版,第 6 页。

确定时，不能认定为风险。① 工资是劳动者用劳动力使用权交换所获得之对价。现代社会中，给付工资是雇主之契约义务和法定义务。然而，劳动力市场中，存在劳动者提供了劳动而无法获得应得工资之可能性和不确定性，谓之工资风险。该风险伴随着工业社会的产生而产生，是市场风险主要形态之一。企业拖欠工资的原因主要有两种：（1）恶意欠薪；（2）因无偿债能力而欠薪。根据国际劳工组织《雇主无偿债能力情况下保护工人债权公约》（173号公约）第1条第1款之规定，"无偿债能力"一词系指为集中解决各债权人的偿还要求，根据国家法律和惯例已经就某雇主资产开始法律诉讼的这样一种状况。第1条第2款则授权会员国扩展该词的含义，即规定："就本公约而言，会员国可以将'无偿债能力'一词的含义，扩展到因雇主财务状况方面的原因而使工人债权无法得到偿付的其他状况，例如，当雇主的资产额不足可证明有开始破产程序之必要时。"

恶意欠薪风险是人为风险，因无偿债能力而欠薪是市场风险。市场经济中企业的生产经营不可避免地会面临着诸多风险，如地震、洪水等自然风险；盗窃、欺诈等人为风险，还有市场崩溃、货币贬值等其他风险。这些风险可能导致商业失败，商业失败的一个特别不愉快的结果是破产企业或资不抵债企业无力支付本来属于劳动者的工资。经济全球化让工资风险越加社会化和全球化。经济全球化的实质是世界经济全球市场化，表现为以下几个特征：贸易国际化、资本全球流动自由化、生产全球化②及技术传播快速化。然而，经济全球化中，劳动力市场全球化相对缓慢，即各国劳动力要素相对处于极强流动的商品和资本而言，处于较为固定的状态。经济全球化不仅增加了工资风险，且让该风险扩大成为一种民族国家内社会风险，乃至全球性社会风险。

---

① 薛晓源、周战超主编：《全球化与风险社会》，社会科学文献出版社2005年版，第47页。
② 表现为跨国公司发展迅速，该公司以世界为工厂，以各国为车间。

（一）经济全球化弱化了劳动者力量而进一步增加了工资风险

劳动法一般规定工资应定期支付，并限制工资发放的间隔期限，①有的规定是按月支付，如我国《劳动法》第 50 条。有的规定，除了特殊约定或按月预付，每月至少定期发放二次工资，如我国台湾地区"劳动基准法"第 23 条。但劳动法并未强制雇主有工资预付之法定义务，即未禁止工资可于劳动提供之后给付。雇主与劳动者的劳动合同往往约定工资在劳动者提供劳动的次月月初、月中支付，或部分工资在一季度或一年支付，如季度奖、年终奖等。到约定工资发放日期时，劳动者已经工作一段时间，如果企业未在约定日期发放工资，就会产生工资积欠。此外，劳动力具有不可储存的特质。失业是劳动者最大的市场风险之一。雇主易利用劳动者害怕被解雇的心理，每月不足额发放工资，尤其是加班费。劳动关系存续期间劳动者大多任由工资积欠发生，直到劳动关系终止，劳动者方才向企业请求欠薪给付。即便企业出现经营困难而工资支付不能，为避免失业，劳动者往往会观望一段时间以确信企业无经营之可能，从而发生长期积欠工资之事实。这种现象在我国普遍存在。

有工运人士或学者主张落实工会组织化，强化工会力量与雇主抗衡，恢复劳资平等，以争取有利于劳动者的协商谈判地位，②然而，经济全球化下工会与资本的对抗处于劣势和弱势，除极个别国家外，各国工会运动几乎处于相当深的困境中。③

（二）经济全球化下民族国家之间的过度依存扩大了工资风险的影响和潜在的后果

经济全球化使得原本一个民族国家（地区）内风险能快速扩及

---

① 国际劳工公约《保护工资公约》（第 95 号）仅在第 12 条规定，工资应定期支付。除非已有其他妥善安排保障工资定期支付，否则支付的工资间隔期限应由国家法律或条例加以规定。另参见：Preedy, Melia, "Subminimum or Subpar; A Note in Favor of Repealing the Fair Labor Standards Act's Subminimum Wage Program", Seattle UL Rev. 37, 2013, p. 1097.

② 张昌吉、姜瑞麟：《积欠工资垫付制度之探讨》，（中国台湾）《政大劳动学报》2005 年第 17 期，第 47 页。

③ 常凯：《劳权论——当代中国劳动关系的法律调整研究》，中国劳动社会保障出版社 2004 年版，第 385 页。

其他国家或地区，大大增加了风险承担者的数量。加之全球资讯的发达，更多人因风险资讯的获取而产生恐慌心理，进一步扩大风险的破坏力。如1971年的"美元冲击"及1973年10月的中东爆发的石油危机让日本进入经济衰退期。1997年7月随着泰国汇率制度的变革，亚洲金融危机全面爆发，严重波及韩国经济，11月中旬韩国爆发金融危机。日、韩两国皆是受到他国之影响，其结果是企业纷纷倒闭，大量劳动者失业和工资被积欠。2008年国际金融危机对我国企业影响亦是如此。

（三）资本全球流动自由化推动了工资风险

资本的全球自由流动加剧了国家之间恶性竞争，削弱了民族国家政府对劳动力市场管制强度，自由市场经济论重新抬头，并占据主导地位，其结果是工会力量得以抑制，劳动保护状况日益恶化。此外，资本全球流动自由化依赖于国际金融市场一体化以及跨国公司的发展，其后果是外国企业的老板或资金可能在一夜之间逃离本国，而事先没有征兆。2008年国际金融危机时期，我国曾出现过韩资企业的老板及韩方管理人员因"半夜卷资集体大逃亡"而引发的大规模欠薪现象。[①]

我国劳动法、刑法构建了较为完善的恶意欠薪法律保障体系。拒不支付劳动报酬罪最大程度上威慑和抑制了恶意欠薪行为。[②] 企业资不抵债时的工资支付保障法律则远远滞后于现实需求。目前，我国仅有《中华人民共和国企业破产法》规定了破产企业工资支付债权保障。为了保障交易安全，该法规定破产企业工资债权并非绝对优先权，即优先于一般债权，不能优先于担保物权。司法实践中，一旦企业资不抵债而申请破产，其财产往往不足以偿付担保债权，劳动者工资债权则无实现之可能。被积欠工资劳动者人数越多，对社会安全稳定影响越大，为了确保社会安全稳定，法院在受理企业破产案件时，通常与其他债权人协商，要求破产企业优先偿

[①] 刘宝森、董学清：《多家韩资企业老板玩"失踪"拖欠员工工资超亿元》，2013年9月18日，中国经济网（http://www.ce.cn/cysc/cysczh/200803/24/t20080324_14933835.shtml）。

[②] 庄乾龙：《拒不支付劳动报酬罪比较研究》，《法商研究》2012年第2期。

付积欠工资。工资债权依然会优先于担保物权而支付,凸显立法与司法实践的冲突。此外,我国法院对大量的倒闭企业财产处理无法适用企业破产还债程序。① 如何在现有法律体系下构建我国倒闭企业工资支付不能风险分担机制是我国未来专项工资立法所面临的问题。深圳经济特区早在 1996 年就借鉴香港地区的 "破产欠薪保障条例",率先建立了深圳经济特区欠薪保障基金,以应对国企、私企因经营亏损而产生的工资积欠风险,并通过经济特区立法提供法律依据。为解决建筑行业长期存在的工资拖欠问题,2004 年原劳动和社会保障部与建设部联合发文,率先在建筑领域推行工资保证金制度。本部分从现代社会工资风险切入,认为因市场经济导致企业亏损的工资支付不能风险作为一种社会风险由劳动者个人负担并不合理,应引入社会安全机制构建工资安全保障机制。诸多国外(地区)已构建不同类型的特殊工资安全保障法律机制,与破产法一并构成了偿债不能企业的工资支付保障体系,并在破产企业重生计划中起着尤其重要的作用。我国地方政府开始尝试企业倒闭大规模欠薪的特殊工资保障。我国未来工资立法应借鉴国外经验,立足于我国特殊国情,选择和构建我国倒闭企业工资风险分担法律机制,以填补工资立法之空白。

二 现代社会工资风险负担:个人负担或社会安全

风险负担机制可分为个人负担机制或社会安全机制。风险本身所引起之不确定性,使人产生不安全之感觉,其结果常为人所不欲。② 因而,从风险这个概念产生起就伴随着保险出现。最早的海洋保险出现在 16 世纪,为了应对船沉没的风险,航海的冒险家和商人把钱存入一个共同的银行,如果发生了沉船风险,就可以从银行获取赔偿金,从而出现了集体解决风险之方式。③ 保险分为商业保险和社会保险,前者个人投保自由,通过个人自由投保之选择来转

---

① 莫伟坚等:《关于倒闭企业财产执行的报告》,2014 年 4 月 5 日,http://www.dgdsfy.com/fxsw/dycg/2011/09/05141140718.html。

② 袁宗蔚:《保险学——危险与保险》,首都经济贸易大学出版社 2000 年版,第 4 页。

③ 薛晓源、周战超主编:《全球化与风险社会》,社会科学文献出版社 2005 年版,第 4 页。

移和分散风险,仍属于个人负担范畴;后者投保强制,属于社会安全政策之范畴,其主要目的系国家对工业社会中从属劳动者之社会风险提供必要之保障。①

自由市场经济观点认为,风险与获利相伴,应该交由市场调节,市场个体是自治的,可以选择回避风险,避免损失,也可以选择承担风险而获取收益。② 依此观点,劳动力市场中劳动者和雇主可以通过契约来自由选择承担的风险和收益,此谓契约自由。那么,工资风险作为一种市场风险当然应当由劳动者个人来负担。然而,这种法律形式上的契约自由不过是劳动契约中经济较强一方——雇主的自由,对于经济弱者——饥肠辘辘,两手空空,必须寻找工作的雇员,则毫无自由可言。③ 加之,劳动者对于市场信息获取能力极为有限,而"劳动者只有在获得相关信息的前提下才有可能去实现劳动权"④,因而市场上存在信息偏在的情况下,个人承担工资风险原则适用于劳动者并不合理。工资是劳动条件的核心,劳资争议之焦点所在。工资不同于一般财产,其更多承载着劳动者及其所供养家庭成员生存和发展之功能,亦是劳动者维持作为人的尊严之保障。我国因企业欠薪引发的恶性案件和因大规模欠薪所引发的群体事件并不鲜见,严重影响到社会安全和稳定,从这个意义上讲,工资亦承载着社会安全维持之功能。

工资权具有财产权和生存权双重属性。而生存权乃人类社会最重要的基本人权,现代国家无不将生存权置于自由、财产权之上。为维护人类基本尊严,使人类有作为人之价值,社会有义务给予生存权之最大保障。⑤ 生存权在世界上首次受到宪法明文保障的是德国《魏玛宪法》(1919)。该宪法第151条第1款明示了生存权是一

---

① 郭明政:《社会安全制度与社会法》,中国台湾:翰芦图书出版有限公司2002年版,第43页。
② 赵鹏:《风险社会的自由与安全——风险规制的兴起及其对传统行政法原理的挑战》,载季卫东主编《交大法学》第2卷,上海交通大学出版社2011年版,第45页。
③ [德]拉德布鲁赫:《法学导论》,中国大百科全书出版社1997年版,第81页。
④ 杜宁宁:《权利冲突视野下的劳动者知情权问题研究》,《当代法学》2014年第5期。
⑤ 张昌吉、姜瑞麟:《积欠工资垫付制度之探讨》,(中国台湾)《政大劳动学报》2006年第1期。

种靠国家的积极干预来实现"像人那样生存"的权利,这与通过要求国家权力的完全不干预来确保国民自由的自由权相异。① 这种基本权利保护理论将基本权利当作一个宪法保障委托,使国家有义务积极地去完成委托,② 因而,国家不仅可以干预工资风险,而且有义务干预工资风险。表现为各国(地区)通过特别民法和劳动立法规范对企业给付工资之行为予以干预,如规定特殊的工资支付规则,以及欠薪之公法责任,如行政法责任和刑法责任。企业违反工资给付义务,看似契约之违反,实则是公法义务之违反。③

尽管工资支付原则是劳动法的基本原则,神圣不可侵犯,但企业破产时,该原则实现受到严重威胁。企业破产时国家通过公法督促企业履行其工资债务的各种强制措施可能毫无效果。解决无偿债能力企业工资给付的传统方法是通过法律赋予劳动者工资优先权。1949年《保护工资公约》(第95号公约)第11条规定,当企业倒闭或判决清理时,工资构成一种优先债权,工资债权与其他优先债权相比,其先后次序应由国家法律或条例予以确定。为保护商业信用体系,大多国家将工资优先权限于破产财产分配中的优先,而不能优先于抵押、留置以及对特定财产的特殊优先权。④ 破产企业的财产因为首先要偿还担保债权和共益债权,所剩下的财产根本不足以偿付工资债权。少数国家赋予破产企业工资绝对优先权,如印度尼西亚、墨西哥、智利;亦有部分国家赋予企业工资有限制的绝对优先权,如西班牙规定绝对优先受偿的工资债权仅限于破产前劳动关系最后30天的工资债权;法国限制在破产前劳动关系最后60日的工资债权。⑤ 也有国

---

① [日]大须贺明:《生存权论》,林浩译,法律出版社2001年版,第1页。
② 赵鹏:《风险社会的自由与安全——风险规制的兴起及其对传统行政法原理的挑战》,载季卫东主编《交大法学》第2卷,上海交通大学出版社2011年版,第48页。
③ 张昌吉、姜瑞麟:《台湾积欠工资垫偿制度之探讨》,(中国台湾)《政大劳动学报》2006年第1期。
④ Arturo S. Bronstein, "The Protection of Workers' Claims in the Event of the Insolvency of Their Employer: From Civil Law to Social Security", *International Labour Review*, Vol. 126, No. 6, 1987, p. 715.
⑤ Wang Huaiyu, "An International Comparison of Insolvency Law", The Fifth Forum for Asian Insolvency Reform (FAIR) which was held on 27 - 28 April 2006 in Beijing, China, http://www.oecd.org/china/38182541.pdf, last visited on January 24, 2013.

家破产法将工资债权置于一般债权同等地位，如德国、爱沙尼亚等。一旦企业无可分配财产，即使是再超级的优先权都无法确保劳动者得到工资。此外，现代破产法之目的在于帮助企业再生，而非单纯让企业破产。① 以降低企业"死亡"对社会经济之不利影响，如债权人利益无法保护、大量劳动者失业、经济发展受阻等。随着破产法由单纯保护债权人的唯一目的，转向强调对债务人正当利益以及社会整体利益的保护。② 越来越多国家（地区）破产法重视通过设置挽救债务人事业的重整制度，维护社会财富与就业。一旦劳动者工资债权优先行使，可能成为压倒债务人事业重整的最后一根稻草。

由于破产法对企业偿债不能时的工资债权保护极为有限，为了更好地保护劳动者工资债权，实现破产企业"再生计划"和保证国内劳动者就业，有国家（地区）开始尝试建立针对偿债不能企业的特殊工资担保机制。1967 年比利时最早建立"工资担保基金"（wage guarant funds），之后，荷兰、瑞典、丹麦、芬兰、德国、挪威、法国、英国、西班牙、奥地利、希腊等欧洲国家建立了类似工资担保制度。此外、澳大利亚、日本、韩国、以色列、中国香港地区、中国台湾地区等欧洲以外的国家或地区也建立了类似工资担保制度。③ 1980 年 10 月欧洲共同体联盟理事会采纳了"成员国有关雇主破产时雇员保护的近似法律指令"，即"Council Directive 80/987/EEC（1980）OJ L283/23"，旨在促进各国法律的趋同化又通过雇主破产时保护雇员来改善其生活与工作条件。④ 该指令规定，通过特别设立的保障机构来支付雇主尚未支付的要求，包括拖欠的工资。⑤ 工资担保基金建立

---

① Arturo S. Bronstein, "The Protection of Workers' Claims in the Event of the Insolvency of Their Employer: From Civil Law to Social Security", *International Labour Review*, Vol. 126, No. 6, 1987, p. 715.

② 王欣新：《德国和英国破产法（一）》，2012 年 8 月 20 日，http://www.civillaw.com.cn/article/default.asp? id =23172。

③ Edward Yemin and Arturo S. Bronstein ed., *The Protection of Workers' Claims in the Event of the Employer's Insolvency*, Geneva, International Labour Office, 1991, p. 36.

④ ［英］凯瑟琳·巴纳德：《欧盟劳动法》，付欣译，中国法制出版社 2005 年版，第 536 页。

⑤ ［英］凯瑟琳·巴纳德：《欧盟劳动法》，付欣译，中国法制出版社 2005 年版，第 539 页。

借用了社会保障原理。社会保障（Social Security）作为一种社会安全制度，最初在1935年美国国会通过的《美国联邦社会保障法》中使用，至少是在法律中使用。① 其源于20世纪30年代世界经济大萧条时期，美国为解决国内经济危机而推行的新政。该法旨在限制美国现代社会风险，包括年老、贫困、失业、寡妇和孤儿。1948年《世界人权宣言》第22、25条将社会保障权作为一项基本人权。规定人人作为社会的成员应享有社会保障权，并有权通过国家努力和国际合作来实现。② 社会保障通过对社会风险所致损失之补偿以保障社会大多数人经济生活之安定。一般意义上的社会保障——包括社会保险和社会救助，前者费用常由各方（企业、劳工、政府及其他）共同分担，后者则由政府（纳税人）负担。从世界范围的比较看，社会保障权仍主要意味着保险类型的计划，旨在确保工人和其他经济上"活跃者"在危机下的福利。③

随着会员国的法律和惯例发生重大变化，加强了在雇主无偿债能力情况下对工人债权的保护。国际劳工组织于1992年制定了《雇主无偿债能力情况下保护工人债权公约》（173号公约）。该公约除了进一步细化工资优先权规定，新增了一种特殊的工资保护机制——"由担保机构保护工人的债权"，并规定，工人债权受到担保机构保护时，对所受保护的债权给予的优先权等级，可以低于国家和社会保障制度拥有的优先债权。即一国工资担保机制的工资保障功能强化，可相对弱化工资优先权对工资保障功能。以德国为例，1999年1月1日生效的《破产法》取消了有关工资请求权的最优先顺位，删除了破产前6个月的工资属于破产财团的规定，规定仅破产管理人有继续经营管理该财团之处分和劳动者提出要求时，前6个月的工资仍可纳入破产财团。④ 同时，为避免劳动者生活陷入困境，德国建立了破产欠薪保障基金，对雇主无支付能力的雇员

---

① ［英］内维尔·哈里斯等：《社会保障法》，李西霞等译，北京大学出版社2006年版，第15页。
② Universal Declaration of Human Rights, Article 22/25.
③ ［挪］艾德等：《经济、社会和文化的权利》，黄列译，中国社会科学出版社2003年版，第243页。
④ 郭玲惠：《劳动契约法论》，中国台湾：三民书局2011年版，第157页。

提供一定的破产欠薪补偿。其法律依据为德国《社会法典》第3部（SGB）第183—189A破产欠薪补偿以及第358—362条破产欠薪保障补偿的再分配。由此，工资担保机制与工资优先权一起构成了对劳动者工资请求权的积极保护，其中，工资担保机制是劳动者工资保障的最后一道屏障，不仅可确保受雇劳动者不会因工资积欠而陷入生活困境，亦可防止企业因劳动者请求工资支付而彻底倒闭，无实现再生之可能。

概而言之，破产法对工资债权的优先保护依然适用"个人负担原则"，属于私法保护范畴；"工资担保机制"则适用"社会安全原则"，属于社会法保护范畴。后者不仅为劳动者建立了一个"工资安全的社会保护屏障"，而且在弥补破产法对工资保障之不足以及实现国家（地区）破产政策（如企业重整）方面有着积极意义。

三 工资支付安全保障模式之国际比较

如前所述，诸多国家和地区建立了"由担保机构保护工资债权"法律机制，将欠薪危险集中于特定担保机构，当企业资不抵债时，该机构依法填补被欠薪劳动者之损失，但不能以此免除企业工资支付的法定义务，该机构就其垫付的工资有权向企业追偿。归纳各国（地区）"工资安全之社会保障"的共性特征，主要有以下几点：[①]（1）强制参与性；（2）互助性；（3）雇主有向基金缴费的义务，除非该国基金经费完全由政府承担；（4）受益与给付并不具有对称性；（5）由财政和行政独立的非营利性机构管理。归纳不同国家和地方所构建的工资担保法律机制，大致分为社会保险和欠薪垫付基金两大模式。

（一）社会保险

工资安全的社会保险模式可分为雇主与劳动者共同缴费的社会保险和雇主单独缴费的社会保险。前者以英国为代表，后者以日本为代表。

[①] Arturo S. Bronstein, "The Protection of Workers' Claims in the Event of the Insolvency of Their Employer: From Civil Law to Social Security", *International Labour Review*, Vol. 126, No. 6, 1987, p. 715.

1. 共同缴费的英国社会保险模式

英国国民保险基金根据1911年《国民保险法》设立，旨在为给国民的疾病、失业救济、养老等提供保障。1942年贝弗里奇报告确定了国家提供福利的原则是基于国家利益而不是某些群体的局部利益，社会保障必须由国家和个人共同承担责任，强调政府、雇主、雇员均衡负担、共同缴费、适度保障的理念。任何人（16岁以上，包括海外学生的超过一定工时的临时工）一旦开始工作（包括自我雇佣），必须在6周内加入国民保险，取得国民保险号。雇主和雇员均需缴纳（除非雇员的工资没有达到最低收入标准），直到雇员达到退休年龄（state pension age）。欠薪保障属于失业保险的细分范畴。在雇主破产的情况下，雇员可依照1996年《英国雇佣权利法》第182条要求国务大臣进行偿付。偿付的内容包括：（1）拖欠8周以内的工资；（2）拖欠的假日薪水（总数不得超过6周，只适用于从应当支付到申请赔偿之日一年以内的）；（3）不公平解雇的基本补偿费；（4）给学徒（apprentice）或实习办事员（articled clerk）的合理补偿。[1] 当然这些补偿的总数不得超过每周400镑的标准。[2] 国务大臣对从国民保险基金支付的项目取得代位求偿权，可以向雇主追偿或向其清算人、管理人进行债权申报。这种代位求偿权不是一般的破产债权而是一种优先权。国务大臣代位求偿获得的任何赔偿都将归入国民保险基金。[3]

2. 雇主单方缴费的日本社会保险模式

1973年的石油危机导致日本中小企业大量破产，催生了日本欠薪垫付保障制度。[4] 该制度是以劳灾保险的形态出现，由劳动福祉事业团依照《劳动者事故补偿保险法》来实施。欠薪垫付成本由劳灾保险费供给，雇主无须另行缴纳欠薪垫付保障费。日本欠薪垫付

---

[1] ERA 1996, s. 184.
[2] The Employment Rights (Increase of Limits) Order 2010 (S. I. 2010/2926), art. 3, Sch. (with art. 4).
[3] ERA 1996, s. 189.
[4] Takashi Araki, *Labor and Employment Law in Japan*, Japan Institute of Labor, 2002, p. 80.

保障制度适用于劳灾保险范围的雇主。① 劳灾保险在日本属于强制性的保险事业，对于雇主加入该保险的认定，并非以该雇主是否缴纳保险费用或已缴纳保险费用的日期为审核对象，而是雇主在开始运营之日起即被视为已经加入了该保险。只要是符合劳灾保险的雇主，且运营一年以上的事业，即使该单位没有缴纳保险金，亦可申请欠薪垫付。② 劳动福祉事业团在垫付欠薪后，根据日本民法第499条第1项的规定，可就劳动者已经获得垫付的部分，代为取得劳动者的工资债权，且根据债权管理法和破产法的相关规定，有权向破产企业追偿并要求偿还因垫付发生的费用。并可依据日本民法第702条第1项规定和第501条向法院要求采取措施强行执行保全债权和提出民事诉讼。

  雇主须发生以下积欠工资的垫付事由：（1）被宣告破产；（2）决定启动企业再生程序；（3）决定启动企业重组程序；（4）企业特别清算；（5）处于企业经营活动出现严重困难而导致工资支付不能的状态。其中（5）仅限于适用中小企业。即中小企业可不经过破产等法律程序，若已经处于停业状态，预期不存在再开业的可能性，并且没有支付工资、偿还债务的能力时即可申请垫付。为了防止企业滥用欠薪垫付保障制度，《日本欠薪垫付保障法实施令》《日本欠薪垫付保障法实施规则》分别对中小企业的适用范围以及"出现经营困难而导致工资支付不能之事实"的认定做了明确规定。劳动者可受偿垫付的工资仅限于日本《劳动基准法》第24条第2项所规定的"每个月一次以上的定期支付的固定工薪"和与退职相关的退职津贴。奖金或因迟发工薪而形成的拖延利息等其他补助均不在可申请垫付的范围。可申请垫付的被欠工资限于未支付的正常工资的80%和退职前6个月应得退职津贴。拖欠的累计工资数额不足两万日元的，不可申请欠薪垫付。日本欠薪垫付保障制度对高额的欠薪设有一定的限制。当存在不合理的高额欠薪的情况时，对于

---

① Security of Wage Payment Law（Law No. 34 of May 27, 1976），Article 7.
② ［日］尹景春：《日本欠薪垫付保障制度与其借鉴意义》，文化论集第36号，2010年3月，第157页。http：//www.waseda.jp/w - com/quotient/publications/pdf/bun36_ 02. pdf，2016年2月12日访问。

可垫偿范围的确定，则应比照同地区、同行业和规模类似企业支付的工资额，将过高的一部分申请额除掉，只按照正常支付或者一般的基准额予以垫付。①

（二）积欠工资垫付基金模式

积欠工资垫付基金是由政府出资或集合多数或甚至全部可能遭受相同风险的雇主所缴纳之基金，对特定情况劳动者工资无法受偿风险提供担保，而达到工资安全保障的一种社会安全制度。根据基金来源不同，可分为社会保险式基金和社会救助式基金。② 社会保险式基金收入主要来自雇主缴费，申请基金垫付资格与雇主是否缴费有关。与社会保险模式不同在于，这种工资保障是通过雇主缴费形成独立于社会保险的专门用于垫付积欠工资的基金，即使由社会保险机构代征。目前，大多数国家（地区）采取的是社会保险式基金模式。如德国破产欠薪基金、法国工资担保基金、丹麦的雇员保障基金、韩国欠薪垫付基金、我国台湾地区的积欠工资垫偿基金等。而社会救助式基金收入主要来源于税务部门征收后的国库拨款。申请基金垫付资格与雇主是否缴费无关。采取社会救助式基金模式以我国香港地区破产欠薪保障基金为代表。该基金经费来自根据《商业登记条例》征收的附加税。以下以韩国和香港地区为代表的两种基金模式。

1. 雇主单方缴费的韩国社会保险式基金模式

1998年2月20日韩国出台了《工资偿付保障法》，通过设立欠薪保障基金，解决当企业不能继续经营或由于经济危机、产业结构转型而导致劳动者被欠薪问题③。次年，韩国又颁布了《工资偿付保障法实施细则》。韩国"欠薪垫付保障基金审议委员会"（以下简称"审议委员会"）专门对欠薪垫付保障基金的运行管理等详细事

---

① ［日］尹景春：《日本欠薪垫付保障制度与其借鉴意义》，文化论集第36号，2010年3月，第161页。http://www.waseda.jp/w-com/quotient/publications/pdf/bun36_02.pdf，2016年2月12日访问。

② 张昌吉、姜瑞麟：《积欠工资垫付制度之探讨》，（中国台湾）《政大劳动学报》2005年第17期。

③ Wage Claim Guarantee Law (Act No. 5513. Feb 20, 1998, Amend No. 7994, Oct. 9, 2009), Article 1.

宜做出决议,是一个决议机关。韩国劳工部大臣负责欠薪垫付基金管理运行。① 欠薪保障基金的资金主要来源于:(1) 企业偿付的欠薪垫付费用;(2) 企业缴付的欠薪保障费;(3) 为维持基金运行之稳定,在基金运作有特别需要或困难的时候,劳动部向金融机构或其他基金贷款所得收入;(4) 基金投资所得的收入;(5) 其他收入。企业缴付的欠薪保障费为该企业所有劳动者工资总和的2‰。若工资总额难以确定,可依据《社会保险法》第13条第6项企业为劳动者购买社保时公布的劳动总额之比例确定。企业缴付的欠薪保障费的比例经审议委员会详议得出,劳动部大臣决定。但若符合下列任一情况的企业主,可由劳动部大臣在经过审议委员会审议通过后确定降低上述规定缴付的标准:(1) 雇佣少于5人的雇主;(2) 依据劳动基准法或职工退休福利保障法已提前支付退休金或工资的雇主;(3) 为员工购买养老保险和根据《职工退休福利保障法》第三章的规定建立退休金计划的雇主;(4) 遵守《外国劳动者雇佣法》第13条规定,为外国劳动者购买离境担保保险或办理信托的雇主。

可代为垫付工资的雇主必须符合以下条件。(1) 符合韩国《工伤保险法》第6条规定的"为职工缴纳工伤保险的企业或工厂"。(2) 非国家或当地政府直接管理的企业。即国有公司、集体所有制公司不适用。(3) 企业被依法宣告破产或因经济危机、产业结构转型而不能继续营业。(4) 该企业实际营业已达6个月以上。可被垫付工资的范围为:② 工资、薪金、其他福利津贴和其他可估价的实物;雇员的退休金;停业津贴③。可垫偿数额,则根据劳动者退休时或被解雇时不同的年龄设置不同的上限,其中,停业津贴可垫付的标准仅限于公司停业或宣告破产前的最后三个月,而退休金可垫

---

① Wage Claim Guarantee Law (Act No. 5513. Feb 20, 1998, Amend No. 7994, Oct. 9, 2009), Article 20.

② Labor Standards Act (2010), Article 2、34、46。

③ Labor Standards Act (2010), Article 46. 若为雇主自身原因导致企业中止营业,则应在中止营业期间支付劳动者平均工资70%或更高比例的津贴。若为不可抗拒事由导致,则可经劳动关系委员会同意,可向劳动者支付低于上述支付标准的津贴。

付的标准则仅限于最后三年。① 小额欠薪则不纳入可垫偿范围内。劳动者应自企业被宣告破产或者企业发生工资支付不能的事实被确认之日起两年内向劳工部大臣申请。劳工部大臣为符合欠薪垫付资格的申请人垫付工资后，取得被垫付工资的追偿权。

2. 国库拨款的香港地区社会救助式基金模式

社会救助式基金以我国香港地区破产欠薪保障基金为代表。基金是在公司结业时，以特惠款项形式为无力偿债雇主的雇员提供适时的援助。香港破产欠薪保障基金委员会是破产欠薪保障基金的管理机构，为一法团。该委员会可根据决议，将其权力及其职责以书面转委托劳工处处长，但征费率建议权和申请人不满劳工处处长决定的书面申诉审核权不得予以转委托。② 依据香港《破产欠薪保障条例》第 6 条之规定，破产欠薪保障基金款项主要来源于税务局局长根据《商业登记条例》（第 310 章）第 21 条拨付的款项、索回的款项、基金款项及投资的利益、合法划拨的其他款项。雇主无须单独缴费。政府就管理该基金所导致的一切费用及开支，均须从政府一般收入中拨款支付。

香港破产欠薪保障基金保障范围逐步扩大。《2012 年破产欠薪保障（修订）条例》（2012 年 6 月 29 日生效）保障涵盖范围为：（1）以三万六千元为上限的四个月欠薪。（2）以二万二千五百元为上限的一个月代通知金。（3）雇员可享有的遣散费首五万元加余额的一半；（4）雇员根据《雇佣条例》在雇佣合约被终止时可获取的未放年假薪酬。（5）雇员根据《雇佣条例》在服务最后一天前的四个月内可享有而未放法定假日的薪酬。未放年假薪酬及未放法定假日薪酬各自或两者合共的款额，均不超过一万零五百元。③

是否缴纳征费不是申请人申请的必要条件。一般情况下，有人对雇主提出清盘或破产呈请，劳工处处长可依据申请人申请从基金

---

① Wage Claim Guarantee Law (Act No.5513. Feb. 20, 1998, Amend No.7994, Oct. 9, 2009), Article 7.

② 周贤日：《欠薪保障法律制度研究》，人民出版社 2011 年版，第 94 页。

③ Neumark, David, and Scott Adams, "Detecting effects of living wage laws", Industrial Relations: A Journal of Economy and Society 42.4, 2003, pp. 531-564.

中拨出法定数额，并须就该付款事项及付款理由在宪报刊登公告。但在法定情形下，劳工处处长可行使酌情权，在无呈请的情况下发放特惠款项：（1）雇主雇佣不足20名雇员；（2）该个案中有足够证据支持以下述理由提出呈请：①如雇主是一家公司，该公司无清偿债务能力；②或如雇主并非公司，有破产呈请可针对该雇主而提出；③该个案中提出呈请是不合理或不符合经济原则的。申请人获得基金支付的特惠款项后，须将这些款项所享有的一切权利及补偿权转让给香港破产基金委员会。委员会可采取其认为必要之步骤，行使该等权利及补偿权。

无论是何种工资安全担保机制模式，对于偿债不能企业积欠工资保障都是有限垫付，即申请条件、垫付范围、垫付工资数额和时间等都有明确法律规定。这些规定都会考虑到本国（地区）实际经济社会情况，结合欠薪情况予以拟定，存在一定的差异性。

四　中国工资支付安全特殊保障之地方经验

欠薪事件高发领域主要集中于建筑施工领域和制造业。建筑施工领域之所以成为欠薪高发领域，归咎于其自身的特殊性。建筑行业的资金链条由发包方—总承包商—分包商—施工企业—工头—农民工等主体构成。[①] 发包方是这根链条中的第一环，是工程款的来源。农民工处于这个资金流的最后一环，是整个资金链中最末端、最脆弱、最具依附性和最具风险性的一环，一环断裂立即导致农民工工资断流。制造业恶意欠薪现象日益减少，因经营不善欠薪的事件也日益增多。为应对我国建筑行业资金链断裂及企业倒闭所引发的大规模欠薪风险，我国地方政府在现行法律之外开始尝试构建特殊的工资风险分担机制，先行先试。纵观我国改革历程中，几乎所有意义重大的举措都是在地方试验成功的条件下才在全国范围内推行。[②] 倒闭企业工资风险分担机制的地方模式主要有以下几种。

[①] 张建明：《根治农民工欠薪的政府责任及法律对策》，《法治研究》2007年第8期。

[②] 张千帆：《宪法变通与地方试验》，《法学研究》2007年第1期。

（一）社会保险型欠薪保障基金

社会保险型欠薪保障基金模式仅在深圳、上海实施。深圳毗邻香港，借鉴香港破产欠薪保障基金制度，根据社会共济和有限垫付的原则，率先建立了欠薪保障基金制度。深圳经济特区企业、其他经济组织、民办非企业单位等组织拖欠员工工资且有《深圳经济特区欠薪保障条例》规定情形时由主管部门根据本条例规定用欠薪保障基金向员工垫付一定数额的工资。继而，上海市于1999年出台《上海市小企业欠薪基金试行办法》，建立小企业欠薪基金，主要针对用工在300人及其以下的企业设立小企业欠薪保障金。2007年《上海市企业欠薪保障金筹集和垫付的若干规定》（以下简称《若干规定》）将欠薪保障金覆盖面扩及上海已经实行工资保证金制度的建筑施工类企业之外的所有持营业执照的企业。深圳、上海两地欠薪保障基金资金来源主要是企业单方缴纳的欠薪保障费，旨在通过政府强制向企业收取少数费用，形成互助性基金，实现危险之共同负担，当出现企业无力偿付工资或其他符合垫付工资条件时，由该基金代位垫付，以应对工资给付不能之社会化风险。欠薪垫付基金就垫付款项获得代位求偿权。类似于韩国的社会保险型欠薪保障基金模式。

《中华人民共和国立法法》第8条规定，对非国有财产征收事项只能制定法律，而欠薪保障基金资金来源于对企业等用人单位强征的欠薪保障费，所以一般地方人大无权制定地方法规强行征收欠薪保障基金。深圳因享受经济特区立法权，其通过经济特区立法权所制定的《深圳经济特区欠薪保障条例》是全国人大及常委会授权立法，符合《中华人民共和国立法法》。而上海市无此立法特权，其欠薪保障基金征收欠薪保障费缺乏法律依据。

（二）个人担保型工资保证金制度

个人担保型工资保证金主要是为了解决农民工工资拖欠，尤其是建筑行业农民工工资拖欠问题。2006年出台的《国务院关于解决农民工问题的若干意见》（国发〔2006〕5号）提出建立工资支付监控制度和工资保证金制度。劳动保障部门重点监控农民工集中的用人单位工资发放情况。对发生过拖欠工资的用人单位，强制在开户银行按期预存工资保证金，实行专户管理。对重点监控的建筑施工企业实行工资保证金制度。现实中，可选择由银行提供保函、保险公司提供保证保险函、担保公司提供担保书以及有担保能力的其他用人单位担保等方式。① 与上海和深圳欠薪保障基金垫付制度不同在于，欠薪保障基金缴费不能返还，而工资保证金在一定条件下可以返还，如南京、宁夏、福建等地规定工资保证金一定条件下可退还。② 工资保证金制度主要适用领域为建筑、交通、水利、电力、铁路等所有从事建设工程施工企业。保障对象主要是建筑领域的农民工，也有地方将其扩及非建筑业的农民工，如厦门市。③ 有的地方将其扩及农民工之外的一般劳动者，如东莞市。④ 工资保证金制度性质上为政府强制性要求企业缴纳一笔工资押金，用于企业欠薪时对自己责任的承担，属于个人责任履行的保证，而不是通过社会互助方式分散企业工资给付之社会化风险，因而要求缴纳的工资保证金数额较大。一般工资保证金的缴纳标准通常按照工程合同价款的 1.5%—2.5%；有的地区高至 10%。⑤ 有按照本地评出的资质等级确定相应的缴存标准来预存。⑥ 也有地方按用工人数和最低工资来计算的，如东莞厚街规定，用人单位按全年平均用工人数计算，寄存东莞市当年企业职工最低工资标准 2 个月的工资额作为欠薪保障金。对于新设立或申办证照的企业，则按照拟聘请工人人数来计算，如不按规定寄存的，各社区不得出具场地证明。有的地方

---

① 许建宇、张夏子：《我国工资保证金制度的反思与重构》，载李炳安编《东方社会法评论》第一卷，中国社会保障出版社 2011 年版，第 87 页。

② 如《南京市建筑业企业民工工资保障金管理办法（暂行）》第 14 条规定，施工企业撤离本市，或者企业注销，或者工程项目竣工验收备案后期满一年未承接新工程项目的，经施工企业申请可以全额退还保障金。

③ 如《厦门市企业工资保证金实施办法》（2008）第 7 条规定，工资保证金分为建筑业农民工工资保证金和农民工工资保证金两种。

④ 《东莞市厚街镇企业欠薪保障金筹集和垫付暂行规定》（2011）规定，凡用人单位在厚街镇从事生产经营的，必须向物业出租方寄存欠薪保障金。

⑤ 《天津市建筑业农民工工资支付管理办法（试行）》第 7 条规定，施工企业必须将建设单位按合同约定支付的工程款中不少于 10% 的款项，作为农民工工资存入专用预储账户。

⑥ 《石家庄市市区建设领域农民工工资保障金管理办法》第 5 条规定，凡在市区内承建建设工程的建筑业企业按其主项资质等级交存保障金。

根据建筑施工企业建筑业企业信用监管类别、工资支付情况，确定了差别性的储存工资保证金数额。① 各地工资保证金垫付条件略有差异，但目的一致，即确保积欠工资被偿付，避免因欠薪引发群体性事件。一般适用情形为：②（1）建筑业企业故意拖延、拒不履行支付农民工工资义务，超过限定时间的；（2）因拖欠农民工工资引发群体性上访、越级上访或其他恶性事件的；（3）其他需应急支付保证金的。除了企业故意欠薪情形外，有的地方规定，施工企业在难以支付农民工工资时，可以申请使用本企业的保障金支付农民工工资，如南京市。有的地方则规定适用于劳动者因企业实际投资者欠薪逃匿及企业破产、解散或被撤销进入清算程序而申请先行垫付工资，如东莞厚街镇。工资保证金使用后，一般应当在法定期限内等额补足。

地方为了实现工资保证金制度设定了一些强制性措施，如将企业工资保证金作为建筑单位获得施工许可证的必要条件；③ 东莞厚街则以出租方家庭共有财产及出租物业所有权作为租其物业企业支付工资的担保，以督促出租方按照规定收取欠薪保障金，监督承租人工资发放情况。

2020年5月1日施行的《保障农民工工资支付条例》专设第四章"工程建设领域特别规定"，第32条明确规定，建筑工程领域的工资保证金制度。工资保证金责任主体是施工总承包单位，其功能在于专项支付为所承包工程提供劳动的农民工被拖欠的工资。工资保证金实行差异化储存办法，对于一定时期内未发生工资拖欠的单位实行减免措施，对于发生工资拖欠的单位适当提高存储比例。并规定，工资保证金可以用金融机构保函替代。

---

① 《厦门市企业工资保证金实施办法》(2008) 第14条规定，施工总承包、专业承包企业应存储的工资保证金数额按下列计算公式核定：工资保证金数额＝施工合同人工费总额/合同工期（月）×调整系数。
② 《江苏省建设领域农民工工资保证金实施办法》(2009) 第12条。
③ 《广州市建筑施工企业工人工资支付保证金管理办法》第9条规定，建设单位未按照规定在建筑施工工资保证金专用账户足额存储保证金的，视为建设资金未落实，建设行政主管部门依法不予核发施工许可证。

(三) 社会救助型欠薪应急周转金制度

欠薪应急周转金，亦称欠薪应急保障金，是指各级人民政府为了解决因企业拖欠劳动者工资造成职工临时生活困难，[①] 并有可能引发群体性突发事件而垫付的，用于职工临时生活费或路途费的应急保障专项资金。与上海、深圳欠薪保障基金以及地方工资保证金不同在于，欠薪应急周转金不是源于企业缴费或预存工资保证金，而是由同级财政预算安排。

作为特殊用途的专项资金并非为了应对企业工资给付不能之社会风险，而是为了提高政府处置欠薪突发事件的能力，通过对被欠薪劳动者提供基本生活费或回程路费，保障其生存权，实现社会维稳功能，具有典型的公共救助性质。如《浙江省关于切实解决农民工工资拖欠问题的通知》（2004）明确要求浙江省各级人民政府可安排必要资金，建立农民工工资应急周转金。《浙江省欠薪应急周转资金管理暂行办法》（浙财社字〔2005〕41号）明确了欠薪应急周转金适用的情形为企业逃逸、确实短时间内资产难以变现支付工资造成劳动者临时生活困难，可能引发群体性突发事件，以及经批准的其他情形。垫付的是临时生活费或路途费。垫付最高不超过所欠工资的20%，一般情况下按每人不高于300元生活费的标准垫付。因企业一时难以支付职工工资而垫付的生活费，由该企业在规定时间内偿还；申请法院强制执行到位的资金，由执行法院收回应急资金的垫付部分，直接偿还应急周转资金。因企业破产，应急周转资金从破产企业破产财产中清偿的职工工资和劳动保险费用中偿还。借鉴浙江经验，2010年福建省建立了欠薪应急保障制度，2011年宁夏回族自治区建立了农民工工资应急周转金制度。《保障农民工工资支付条例》第63条通过行政法规形式确立了应急周转金垫付被拖欠农民工工资的制度，赋予了县级以上地方人民政府动用应急周转金垫付被拖欠农民工工资的权力。在用人单位一时难以支付拖欠农民工工资或者拖欠农民工工资逃匿的情形下，县级以上地方

[①] Sahu, Saura James, "Living up the Living Wage: A Primer on the Legal Issues Surrounding the Enactment and Enforcement of Living Wage Laws", The 2001 National NLG Convention, *Guild Prac*, Vol. 59, Issue 1, Winter 2002, p. 44.

人民政府可以动用应急周转金，先行垫付用人单位拖欠农民工部分工资或基本生活费。对已经垫付的应急周转金，有依法向拖欠农民工工资的用人单位追偿的权利。

上述三种模式，工资保证金属于个人责任担保，即将私法上的担保制度引入劳动合同领域，以确保劳动合同之工资债务履行和债权实现。由于个人责任担保无法实现互助救济，共同负担风险，所以用工企业需缴纳较大数额的工资保证金方可确保工资支付义务之履行。而流动资金对于我国企业尤为重要，尤其是中小企业缺少流动资金且融资困难的情况下，积压在工资保证金账户的资金可能成为压倒骆驼的最后一根稻草。除了建筑行业施工单位为获得施工许可证不得不缴纳工资保证金外，非建筑行业农民工工资保证金制度形同虚设。[①] 欠薪应急周转金制度则是政府维稳的一种应急之策，政府所垫付的仅是维持被欠薪劳动者生活的基本费用和回程路费，以避免因欠薪可能导致群体性突发事件，并非针对工资支付不能的风险，此种以政府财政来承担用人单位工资支付义务，违反了财政支出的公共性要求。深圳、上海两地的欠薪保障基金制度则借鉴了香港地区破产欠薪保障基金制度，以防御欠薪风险社会化，但资金来源与香港破产欠薪保障基金来源略有不同，前者来自向企业强征的欠薪保障费，后者来自香港地区税务局按每张商业登记证每年收取的征费。

五 中国工资权特殊担保制度之构建

如前文所述，个人担保型工资保证金制度与社会救助型欠薪应急周转金制度并不符合现代社会工资风险分担社会化的趋势。引入社会安全机制成立担保机构，构建劳动者工资风险社会化抵御机制，以分散企业因经营不善所产生的工资支付不能危险，保护劳动者工资债权，方符合现代世界社会安全制度构建之方向。[②] 国际上

[①] 王宇欣：《农民工工资保障金制度何以实施5年仍"虚设"》，四川新闻网，2013年10月12日，(http://opinion.newssc.org/system/2013/02/26/013730835.shtml)。

[②] 郭明政：《社会安全制度与社会法》，中国台湾：翰芦图书出版有限公司2002年版，第9页。

现有的企业倒闭工资风险分担机制大致分为社会保险机制和积欠工资基金垫付机制两种。其中，社会保险机制有悖社会保险原理，英国社会保险机制亦是违背了给付工资的雇主责任，且我国不具备适用该机制的基础条件，不可为我国所借鉴。以英国和日本为例，积欠工资垫付的社会保险机制存在以下缺陷。（1）有限垫付与社会保险原理相悖。社会保险依然是保险的一种，只有参加保险，履行缴费义务，方能享受社会保险待遇，社会保险基金一旦依法支出断无再向要保人追索之理。英国和日本虽采纳积欠工资社会保险机制，但社会保险基金却是垫付工资，于垫付之后，取得劳动者工资债权代位求偿权。日本劳灾保险基金垫付非以雇主是否缴费为前提。（2）积欠工资的社会保险机制违背了雇主责任。工资给付是雇主责任，不能由劳动者负担，亦实不应由社会负担。而英国积欠工资风险却由劳资双方负担，由劳资双方共同缴纳社会保险费，实为转嫁雇主责任给劳动者及社会。日本雇主积欠工资风险则由劳灾保险负担，将雇主责任转嫁给社会。（3）这种社会保险机制适用条件极为苛刻，绝对不适用于我国。英国和日本积欠工资问题并不突出，这与该国国情和工资支付保障立法执法有很大关系。以英国为例，当代英国的欠薪问题并不突出，原因之一是英国目前的产业工人相对较少，70%以上的就业人口都是从事服务行业。[①] 与制造业和建筑业不同，服务业的周期性不明显，而且主要是内需拉动型，与出口、国际经济环境、金融危机等外部因素的关联度较低。因此，没有发生大规模企业倒闭和严重欠薪事件的社会和经济基础。且英国《雇佣保护法》对雇主拖欠工资有严格规定，极大限制和预防了欠薪行为的可能。而我国制造业和建筑业的产业工人多，容易受到出口、国际经济环境、金融危机等外部因素影响而出现大规模企业倒闭的欠薪现象。此外，我国劳动监察不力以及工会缺位，企业倒闭

[①] "英国人口大约6000万，劳动参与率是74%左右，英国的农业就业人数比例（受私人雇主雇佣的占2%）少于任何一个OECD的国家。而工业部门就业人口有27%左右，其余的70%就业于服务业（依据OECD的定义），而1970年以来，英国工业部门雇佣的人数比例下降的程度大于任何一个OECD国家。"参见 Greg J. Bamber, Russell D. Lansbury, Nick Wailes, 载赵曙明、李诚等编著《国际与比较雇佣关系》，南京大学出版社2008年版，第25页。

时往往欠薪时间长，数额较大。以社会保险基金承担企业偿债不能时的工资风险，不仅直接影响我国社会保险基金之安全，而且社会保险基金根本无力负担，积欠工资垫付基金机制则能将现代社会保险的危险分散，实现互济功能和雇主责任自负原则相融合，独立于社会保险制度之外，对企业工资债权的偿付提供特殊担保。一方面通过垫付实现劳动者工资债权的保障，降低劳动者工资获偿风险；另一方面企业工资债务并未得以免除，积欠工资垫付基金垫偿工资债权后，成为工资债权所有人，有权向企业求偿所垫付的工资。同时，积欠工资垫付基金完全独立于社会保险基金运营，不对社会保险基金安全和用途产生威胁。积欠工资垫付基金依照其资金来源不同分为雇主单方缴费的社会保险型基金和国库拨款的社会救助型基金。后者国库拨款部分亦来自税务局向登记雇主所征收的商业登记费，只是不单独再行征收欠薪保障费。

我国应选择社会保险型积欠工资垫付基金模式，实现社会安全机制与雇主责任机制相结合，凸显基金的"雇主责任"性质的同时，通过社会互济实现对劳动者工资债权受偿的安全保障。具体建议如下。

（一）欠薪保障经费来源及立法依据

目前，深圳、上海两地欠薪保障基金经费来自当地人力资源和社会保障局向企业征收的欠薪保障费，由所属的社会保险经办机构代为征收。而根据我国《立法法》第8条第（六）项规定，对非国有财产的征收只能制定法律。深圳市人大有经济特区的授权立法，深圳市人大通过经济特区立法权制定的《深圳经济特区欠薪保障条例》可以作为政府征收欠薪保障费的合法依据。而上海市没有经济特区立法权，《上海市企业欠薪保障金筹集和垫付的若干规定》直接违反《立法法》规定，其所征收欠薪保障金并无合法依据。要解决这一立法权限之问题，以下三种方案可以商榷。第一种方案由全国人大或常委会制定《工资法》明确规定"欠薪保障基金法律制度"，授权地方政府征收欠薪保障费，建立欠薪保障基金。第二种方案是地方政府从税收收入部分拨款为欠薪保障费，建立欠薪保障基金。第三种方案是修改《社会保险法》，从社会保险基金划拨一定比例作为垫付欠薪的保障费。第一种方案要向用人单位单独征收欠薪保障费，反对意见较大，认为这等于在现有五项社会保险基础上又增加了一项准社会保险制度，增加了用人单位的负担。① 第二种方案和第三种方案则无须向用人单位单独征收欠薪保障费，不存在增加用人单位负担的争议，但第三种方案须修改《社会保险法》。由于第二种方案无须制定或修改法律，最容易执行。有地方人大建议此种模式。② 该基金模式属于社会救助型，突出了政府的社会救助义务，而忽略了用人单位工资支付责任自我承担以及工资支付风险社会化抵御，与现代社会保险理念相冲突。我国可考虑降低税收，为用人单位减负，但不宜从地方财政税收收入中通过第二次分配建立欠薪保障基金。

我国应从第一种方案和第三种方案中予以选择，两者工资安全保障原理基本相同。如果选择第三种方案，则是一种工资社会保险。如果选择第一种方案，则是一种工资社会担保。前者，依照现行社会保险法规定，一旦用人单位为自己工资责任缴纳了保险费，社会保险基金在用人单位出现工资支付不能情况下依法代为履行工资支付义务。作为雇主工资责任保险，依据社会保险之原理，社会保险基金不能向用人单位就支出工资部分请求归还。英国和日本欠薪保障的社会保险模式共同特点为，没有就雇主工资责任单设一项社会保险项目。其制度设计的实质目的在于，法律规定某项社会保险项目作为雇主偿债不能时的工资债权担保，并因为这种担保履行而获得法定的代位求偿权，而非真正意义上的工资责任保险。正是因为工资保险无法向原来应该支付工资的雇主求偿，我国台湾地区放弃了工资保险而选择了工资垫偿基金制度，作为雇主偿债不能时的工资债权担保。由台湾劳工保险局负责，积欠工资先由劳保局垫偿劳动者，取得求偿权后，利用政府公权力对于积欠工资之雇主求偿。

---

① 周贤日：《欠薪保障法律制度研究》，人民出版社2011年版，第143页。
② 市人大内务司法委建议由财政出钱，设立专门解决工人欠薪问题的劳动争议保障基金，以保障劳动债权的支付。《市人大建议设立劳动争议保障基金》，《南方都市报》2009年10月14日。

此外，英国、日本等国家对拖欠工资行为处罚很重，一般没有企业敢去违法拖欠工资。企业因为经营不善所积欠工资时间并不会长，社会保险基金有垫付能力。相对而言，我国对拖欠工资行为处罚较轻，执法能力有限，不足额发放工资时间往往较长，加之，我国社会保险制度也是因为《社会保险法》出台才逐步完善，社会保险基金应对现有社会保险项目支出都有问题，更无力负担拖欠工资的垫付。所以，我国不宜借鉴英国和日本的社会保险模式，而是应借鉴韩国、台湾地区的社会保险型欠薪保障基金模式，强调欠薪保障基金垫付之后可取得工资代位求偿权，参加用人单位财产分配，以此区别于工资责任保险。以深圳和上海地方欠薪保障基金现有经验为基础，建议我国人大或人大常委会制定《工资法》明确积欠工资垫付制度。赋权地方政府根据本地实际情况，依法建立社会保险型欠薪保障基金，作为劳动者工资债权的特殊担保机构，明确欠薪保障基金的资金来源和收费标准，其意义在于：（1）当用人单位经营困难，面临倒闭之危险时，垫付积欠工资，确保劳动者工资债权之实现；（2）通过代为垫付用人单位积欠工资，配合《破产法》，实现对债务人事业的重整，从而维护社会稳定与就业。

欠薪保障基金应主要来源于用人单位缴费，缴费标准建议依据用人单位人数规模和欠薪危险系数予以设计。例如雇佣1000人与雇佣100人的缴费标准应有差别，人数越多，缴费越多；对于建筑行业、劳动密集型企业等欠薪危险高的企业可参照工伤缴费标准拟定原理，提高缴费标准。欠薪保障基金收费应遵循收支平衡原则。当欠薪保障基金收支平衡或略大于支时，应停止缴费。

（二）欠薪保障的覆盖范围

关于欠薪保障的覆盖范围有三种选择：（1）包括企业、个体经济组织、民办非企业单位、国家机关、事业单位和社会团体等全部用人单位；（2）只适用于企业；（3）包括企业和民办非企业单位等组织。深圳是第三种选择，上海是第二种选择。由于工资支付责任与工伤赔偿责任一样都是用人单位单方雇主责任，理论上，欠薪保障基金的覆盖范围应与工伤保险的覆盖范围一致。然而，我国工伤保险覆盖范围非常广泛，除了国家机关外，几乎全部的用人单位都被覆盖在内，包括公法上的用人单位和非公法上的用人单位。公法上的用人单位，如国家机关、财政拨款的事业单位和社会团体，因有国家财政保障，不存在破产或倒闭之危险，不应纳入欠薪保障基金的覆盖范围。如德国公法上的雇主无须缴纳破产欠薪基金的费用，理由是此类雇主有国家保障，不存在破产之风险。[1]

没有国家保障，需独立承担市场风险的用人单位，因其有经营不善而破产或倒闭之危险，理论上应全部纳入欠薪保障基金覆盖范围，如企业、个体经济组织、民办非企业单位等组织。比较深圳和上海覆盖范围，深圳明显覆盖范围要广。即使如此，深圳市未将个体经济组织[2]纳入覆盖范围，并明确将个体工商户排除覆盖范围。或许是个体工商户雇佣人数少，积欠工资所引发的社会风险低的缘故。然而，我国有些个体工商户经营扩大之后，用工人数增加，甚至超过100人，只要没有注册公司，在统计意义上依旧是个体工商户。一旦经营出现困难，工资支付不能时，涉及人数多，社会风险亦大。因而，对于用工人数达到一定规模的个体工商户应纳入欠薪保障基金的覆盖范围。

综上言之，我国欠薪保障基金的覆盖范围应为：中华人民共和国境内企业、有一定用工规模的个体经济组织、民办非企业单位等组织。

（三）欠薪垫付的申请条件及申请人资格

1. 欠薪垫付的申请条件

欠薪垫付申请条件的设计取决于欠薪保障法律制度之目的。国外（地区）欠薪保障制度主要在于应对企业偿债不能时的工资积欠风险，垫付条件主要为企业破产倒闭存在积欠工资事实。此外，在破产之外，有的国家（地区）将企业经营严重困难、歇业等存在积欠工资事实作为可垫付的条件，如日本、韩国、我国台湾地区。而

---

[1] Finanzierung und Erhebung Bearbeiten, "Insolvenzgeld", http://de.wikipedia.org/wiki/Insolvenzgeld, last visited on August 20, 2012.

[2]《劳动部关于贯彻执行〈中华人民共和国劳动法〉若干问题的意见》（1995）解释"劳动法第二条中的'个体经济组织'是指一般雇工在七人以下的个体工商户。"

我国现有的欠薪保障基金、工资保障金以及工资应急周转金等特殊保障制度除了应对企业偿债不能时的工资积欠风险，更主要是防止企业恶意欠薪而引发社会不稳定。近些年我国加强了用人单位支付工资的劳动监察力度，同时，刑法修正案（八）新增了"拒不支付劳动报酬罪"，严格执法和适用刑法完全可抑制恶意欠薪现象。如《广东省劳动保障监察条例》（2013）规定，人力资源和社会保障行政部门对用人单位支付工资有劳动监察职责，并加大用人单位欠薪法律责任提高用人单位违法成本，如向劳动者加付赔偿金、行政罚款。并规定，引发严重影响公共秩序事件的刑法介入。事实证明，欠薪入罪大大减少了用人单位欠薪逃匿现象，导致深圳欠薪保障基金难以依法垫付。[①] 因而，我国欠薪垫付条件应该与国际接轨，即对偿债不能的用人单位积欠工资予以垫付，不应包括有能力支付而不支付工资的恶意欠薪。

我国《企业破产法》仅赋予企业法人有破产能力，非法人企业（如合伙企业、个人独资企业）没有破产能力。即使是企业法人，如果存在设立或经营运作上的瑕疵，也可能被认定为无破产资格，例如虚设股东、出资不足或抽逃资本、财务制度不规范、股东财产与企业财产混同等。我国很多私营企业法人存在这样或那样的瑕疵。此外，我国《企业破产法》仅规定了法院受理破产的期限，而未规定法院宣告破产的期限，重整期间不能宣告破产，法院受理破产到宣告破产时间往往很长，劳动者很难等待如此长时间。借鉴国际经验，结合我国实际情况，我国欠薪垫付的申请条件应为用人单位须发生以下积欠工资的垫付事由：（1）法院依法受理破产申请；（2）被吊销营业执照、责令关闭、撤销或提前解散；（3）处于经营严重困难而导致无力支付工资的情形。

2. 欠薪垫付的申请人资格

深圳、上海两地对欠薪垫付的申请人资格进行了限制，虽然限

[①] 《深圳经济特区欠薪保障条例》第 14 条规定欠薪保障基金垫付的申请条件：(1) 人民法院依法受理破产申请；(2) 法定代表人或者主要负责人隐匿或者逃逸情形的。由于我国破产条件严格、成本高、时间长，许多企业无法也不愿意申请破产。因而现有深圳市欠薪保障基金垫付主要是对第二种情形垫付。

制规定略有差异，但限制情形大致相同，其共性在于：（1）欠薪单位的法定代表人或者主要负责人；（2）前项人员的近亲属；（3）欠薪单位的股东；（4）高工资收入者（平均工资超过上年度本市职工月平均工资三倍的人员）；（5）小额欠薪者（累计欠薪数额不足两百元的人员）。理论上，欠薪保障的对象应具有特殊身份——劳动法上的劳动者。我国劳动法未对该概念予以界定，一般只要是在劳动法上用人单位内工作的人员都被认定为劳动法上的劳动者，包括法定代表人、主要负责人或经营人及其近亲属。而"法定代表人、主要负责人或经营人"在国外（地区）通常被认定为雇主，如香港地区"雇佣条例"解释"雇主"为"已订立雇佣合约雇佣他人为雇员的人，以及获其妥为授权的代理人、经理人和代办人"。台湾地区"劳动基准法"第 2 条亦规定，"雇主谓雇佣劳工之事业主、事业经营之负责人或代表事业处理有关劳工事务之人"。上述人员的近亲属亦会被排除在劳动法上劳动者范围之外，例如香港地区"雇佣条例"界定雇员为"凭借第四条而本条例适用的人员"。第 4 条（2）b 将"属受雇从事业务的东主的家庭成员及与东主在同一住宅居住的人"排除在该条例适用范围之外，即不属于香港地区"雇佣条例"之"雇员"。此外，欠薪单位股东当然不是劳动法上的劳动者，不应当纳入垫付工资之范围。但在职工持股的情况下，劳动者兼有股东和职工双重身份。当职工所持股份并不能对欠薪单位经营产生影响时，其劳动法劳动者身份更为显著。深圳和上海通过股份比例或股份数额作为区分标准。高收入劳动者之欠薪以及小额欠薪因被认为不会影响被欠薪劳动者基本生活，亦被排除在欠薪垫付之外。

  以上申请人资格限制虽然有其合理性，但仍有缺陷。如欠薪单位的法定代表人或者主要负责人的近亲属包括其兄弟姐妹，如果已经分开独立生活，则不存在财产混同，其受雇与欠薪单位，亦是依靠工资生活的劳动者，将其排除在欠薪垫付之外，实为不妥；再如，通过股份比例或数额以及高收入劳动者来限制劳动者对工资债权保障之主张也未必合理。当欠薪单位亏损时，股份对劳动者生活毫无保障，即使劳动者在欠薪前有高于社会平均工资 3 倍的工资收入,也可能因为供房或其他大笔必需支出而陷入生活困难。

欠薪垫付作为工资债权的一种特殊担保机制,源于工资所承载的生存功能之保障,防止用人单位因无力支付积欠工资危及劳动者及其家庭之生存引发社会风险。所以,欠薪垫付的申请者资格限制应该仅在于劳动法上劳动者身份之认定,即受雇于用人单位从事工作而获得劳动报酬的人。区分开劳动法上受雇者和公司法上用人单位授权的代理人、经理人和代办人。无论是高收入受雇劳动者还是具有股东身份的受雇劳动者都应具有申请欠薪垫付的资格。同时,对于垫付数额应该有所限制,即以确保劳动者及其家庭基本生活支出数额为标准。超出标准的积欠工资部分不予欠薪垫付,未垫付部分积欠工资作为工资债权参与破产分配或向用人单位请求支付。对于小额欠薪,如不影响劳动者生活,可不纳入欠薪垫付范围。

(四)欠薪保障基金垫付之追偿

欠薪保障基金是对用人单位支付工资的一种特殊担保机制。当用人单位偿债不能而有积欠工资时,该基金依法垫付欠薪单位所积欠工资,而非代替欠薪单位支付工资,所以,享有垫付资金追偿权是其有别于社会保险的最重要特质。欠薪保障基金管理机构取得垫付资金追偿权的依据有两种模式。(1)劳动者转让债权。即劳动者须将所获得的垫付款项原本享有的一切权利及其补偿权转让给基金管理机构,由该机构行使。如我国香港地区。(2)法律规定之债权转移。即垫付劳动者工资后,依据法律规定工资债权转移至欠薪保障基金管理机构,而不以劳动者同意或单独地转移所获得垫付款项给付请求权为要件。欠薪保障基金管理机构可以以自己名义代位行使垫付部分的工资债权。如我国台湾地区、深圳市。关于法律规定之债权转移之规定见于我国《保险法》第45条第1款所规定的保险代位求偿权。我国可参考保险法代位求偿权之规定,通过法律规定工资债权之移转,即欠薪保障基金管理机构垫付欠薪后,自垫付之日起取得已垫付欠薪部分的追偿权。未获垫付的欠薪,劳动者有权继续追偿。尽管是以欠薪保障基金管理机构名义行使代位求偿权,但该权利与劳动者行使工资给付请求权性质相同,即代位行使劳动者对工资享有的一切权利，应包括工资优先受偿权，延迟给付的利息以及赔偿金[①]等。超出垫付部分应作为基金之利益。

---

① 如《劳动合同法》第85条规定，用人单位拖欠工资的，由劳动行政部门责令限期支付，逾期不支付的，责令用人单位按应支付金额百分之五十以上百分之一百以下的标准向劳动者加付赔偿金。

第六章

工资权的劳动行政救济

无论是工资支付标准，还是支付方式等都受到国家强制法的干预，形成了工资合同的当然内容。这些工资强制性法律规定必然会带来劳动用工成本的提高，尤其是最低工资法定标准的执行，作为市场经济人的用人单位，基于用工成本的控制，在无任何外力强制之下，很难自我执行劳动基准。通过劳动行政权力监督劳动法规实施是一种事实上必需的国家干预责任。从劳动者角度出发，司法诉讼通常需要较长的一段时间，在此期间可能形成或扩大了既成损害事实，劳动者通过劳动行政权力寻求救济，能够更加迅速地解决问题，使自己的权利得以尽快实现。我国由于欠薪问题比较突出，劳动监察的重要职责之一就是工资支付法律法规的监督管理。

第一节 劳动监察的定位

劳动监察起源于英国。1802年英国议会通过了学徒道德和健康法，规定由英国自愿性委员会加以监督，但成效不大。1833年英国颁布工厂法，首创工厂检查制度。政府首批任命4位监察员，实地视察督促各工厂实施劳工法。标志着现代劳动监察制度的诞生。[①] 美国1867年首先由马萨诸塞州颁布劳工检查制度并逐步完善。19世纪70年代至20世纪初，法国、瑞士、德国、奥地利、荷兰、瑞

[①] [德] 瓦尔夫根·冯·李希霍芬等：《劳动监察——监察职业指南》，劳动和社会保障部国际劳工与信息研究所译，中国劳动社会保障出版社2004年版，第7页。

典、意大利、罗马尼亚等国陆续在立法中设立劳工检查制度。1919年《凡尔赛和平条约》就要求每个国家必须建立劳动监察制度，以保证保护雇佣劳动者的法律法规得以执行。国际劳工组织早期制定的两项国际劳动监察标准是以建议书方式出现，确立了若干现代劳动监察的基本原则，但并没有约束力。第二次世界大战后，一系列国际劳动监察标准发布：《工商业劳动监察公约》（1947年，第81号公约）和相关联建议书（第81号、82号建议书）；《劳动监察员（非本部领土）公约》（1947年，第85号公约）。1969年以第81号公约为基础，通过《农业劳动监察公约》（第129号公约）及第133号建议书。1995年国际劳工大会通过了《关于1947年劳动监察公约1995年议定书》，将第81号公约实施范围延伸到工商业以外的非商业服务的所有单位，但允许排除一些敏感的行政管理和公共服务部门（比如军队、警察），允许特殊监察安排。[①] 1978年国际劳工大会通过了《劳动行政管理公约》（第158号公约）和第161号同名建议书。要求会员国建立一种包括国家劳动政策在内，涉及各个方面及体制的劳工行政体系，其中应建立劳动监察系统，并纳入国家劳工行政体系中。由此可见，国际劳工组织定位劳动监察为劳动行政管理的重要组成部分，劳动监察部门作为公共行政系统的部分，需要有一个国家法律或条例赋予其权威，对于劳动监察部门组成、运作、权力义务等予以特殊规定。

  劳动监察基本法律基础多数存在于国家宪法之中，如德国基本法第2条要求国家保障工作场所的生活和物质福利权利。这需要由一种劳动保护/监察框架予以辅佐方能实现。我国宪法第42条第2款也明确要求国家通过各种途径加强劳动保护，改善劳动条件等。我国《劳动法》第11章专章规定了监督检查，其中，赋予劳动行政部门劳动监督检查的权力，包括行政处罚权，并明确规定劳动监察机构法定职责和义务。其他监督主体包括政府相关部门及工会。政府相关部门监督在其职权范围内有一定的行政制裁措施和行政处罚权，而工会则作为劳动者维权组织，其监督属于社会监督，仅能

---

① 林燕玲：《国际劳工标准》，中国工人出版社2002年版，第149页。

提出意见、建议和要求。2004年国务院颁布《劳动保障监察条例》作为劳动保障监察的主要法规依据，对我国劳动保障监察定位、劳动保障监察员资格和组成、劳动保障监察法定职责、实施机制、行政处罚等做了明确规定，在此基础上，许多地方根据本地需求，制定劳动保障监察地方立法，确保国务院法规的本地实施，如广东省、湖南省、江西省、贵州省、浙江省、吉林省等地的劳动保障监察条例。依照国际劳工公约及我国劳动保障监察相关法律法规，我国劳动监察具有以下特征。

一 劳动保障监察机构属于劳动行政系统内的执法机构

依照150号公约的规定，劳动行政是国家劳动政策领域的公共行政，劳动行政系统是指负责和从事劳动行政管理的一切公共行政管理机构，包括政府部门和公共机构。劳动监察作为劳动行政最重要的工作，主要任务是监督检查劳动法的实施。我国劳动监察的主管部门是劳动保障行政部门（《劳动保障监察条例》第3条第1款）。根据第150号公约规定，批准国可按国家法律和条例或本国管理，指派或委派非政府组织从事某些劳动行政活动。我国《劳动保障监察条例》第4条明确了可向符合检查执法条件的组织委托劳动监察执法。这里所谓的符合检查执法条件的组织应是符合《行政处罚法》第19条所规定的可受委托行使行政处罚权的组织所应具备的法定条件。

国际劳工公约第81号公约第6条要求"监察人员由公职人员组成，其地位和服务条件应足以保证他们职业的稳定性，不受政府更迭和不适当的外部影响的限制"。依照《劳动监察员管理办法》（1994）的规定，劳动保障监察人员分为专职人员和兼职人员，专职劳动监察员是劳动行政部门专门从事劳动监察工作人员，属于公职人员。兼职劳动监察员有的由其他部门人兼任，如工会专干，也有的是监察协管员之类非公职人员，兼职劳动监察员旨在补充专职劳动监察员编制不足，依法只能做与业务有关的单项监察，并不能行使行政处罚权。

二 劳动保障监察属于综合型监察模式

依照《劳动保障监察条例》的规定，劳动保障监察是对用人单位遵守劳动保障法律法规规章等行为进行全面检查。除了法律明确为专项监察的少数项目外，劳动法执行全部项目都在劳动保障监察范围之内。[①] 安全生产监察事项并不在劳动保障监察的综合监察范围之内。我国独立于劳动保障监察之外，另设了安全生产监察。安全生产监督管理部门负责我国境内从事生产经营的用人单位安全生产的监督检查。国家层面设立国家安全生产监督管理局（正部级），该局内设安全监督管理四个司和职业安全健康监督管理司。针对煤矿安全事故多发问题严重，另设国家煤矿安全监察局，由国家安全生产监督管理总局实行部门管理的国家局（副部级），承担煤矿安全监察责任。依据《中华人民共和国职业病防治法》第9条的规定，职业卫生监督主体为国务院安全生产监督管理部门、卫生行政部门、劳动保障行政部门。从该法全文看，职业卫生监督检查机构主要是安全生产监督管理部门和卫生行政部门，劳动保障行政部门仅是对工伤保险享有监督检查权（《职业病防治法》第7条第2款）。

三 劳动保障监察员对劳动争议处理有行政调解职责

1947年国际劳工组织第81号劳动监察建议书提出，劳动监察员的职能不应当包含调解和仲裁，因为调解和监察职责与监察员的主要职能与义务互不相容。但1969年劳动监察（农业）建议书（133号）又承认了劳动监察员作为调解员开展行动的可能性，至少是在临时的基础上。国际劳工组织在这个问题上存在分歧，世界各国对于劳动监察在劳动争议处理中的作用也存在严重争议，有的国家禁止监察员在争议处理中发挥任何作用，如英国、日本、德国、丹麦等国家，也有国家则规定争议必须提交给劳动监察员处

[①] 《劳动保障监察条例》第35条规定，劳动安全卫生的监督检查，由卫生部门、安全生产监督管理部门、特种设备安全监督管理部门等有关部门依照有关法律、行政法规的规定执行。

理，如法国、西班牙、希腊、土耳其等国家。我国并没有明确规定劳动保障监察有劳动争议处理的职责。《劳动保障监察条例》第15条似乎将劳动争议处理排除在劳动监察职责范围之外，该条规定，对于已经按照劳动争议处理程序申请调解、仲裁、提起诉讼，以及应该通过劳动争议处理程序解决的投诉，应告知投诉人按照劳动争议处理或诉讼程序办理。而按照第16条的规定，应当按照劳动争议处理程序解决的为损害赔偿争议。然而，我国劳动争议处理实践中，除了法定劳动调解组织调解之外，还有行政调解、劳动仲裁调解和法院调解，这些调解可能是独立进行，也可能是联合进行，称为"劳动争议的联合调解"。劳动监察调解是我国个别劳动争议处理重要的行政调解方式，并且在劳动争议联合调解机制中，劳动监察是不可或缺的联合调解部门。由于劳动监察机构具有行政执法的权力，所以，劳动监察调解往往认为较其他行政机关和调解组织的调解更为有效。媒体上通常会报道劳动监察调解处理个别劳动争议的案例。[①] 有的地方法规和政府文件明确规定了劳动监察对劳动争议处理的行政调解职能，如《广东省劳动保障监察条例》（2012）第43条规定。江苏省人力资源和社会保障厅制定《关于规范基层劳动保障监察执法的实施意见》（2013）明确规定，充分发挥劳动监察的执法优势，大力推行行政调解。[②]

第二节 劳动监察救济之法制基础

相对于周期冗长的一裁两审的劳动争议处理程序安排，劳动监察无疑是一种快速、有效地实现工资请求权救济的途径。工资支付和最低工资属于劳动监察的重要事项之一，对于用人单位违法投

[①] 宿松人社局：《人社局劳动监察大队妥善解决调解一起劳动纠纷》，2015年3月16日，http://www.ahssnews.com/system/2013/01/16/006158842.shtml。

[②] 《江苏省人力资源和社会保障厅制定〈关于规范基层劳动保障监察执法的实施意见〉》，2015年3月16日，http://www.jshrss.gov.cn/sy/zcfg/201307/t20130705_124452.html。

诉，劳动监察依法应当予以查处，作为行政执法行为有一定的时限规定。一旦违法事实确凿，劳动监察部门可依法当场做出限期整改指令或做出行政处罚决定。目前，我国工资请求权劳动监察救济的法律法规规章主要有：《劳动法》、《劳动保障监察条例》及《关于实施〈劳动保障监察条例〉的若干规定》、《工资支付暂行办法》、地方性劳动保障监察立法及工资支付立法相关规定。由于我国建筑领域欠薪问题严重，原劳动部和建设部共同制定的《建筑领域农民工工资支付管理暂行办法》（劳社部发〔2004〕22号）明确规定，建设行政主管部门对于建设领域工资支付监督管理有协助义务。

一 劳动保障监察相对人范围

我国《劳动法》第85条规定，劳动监察相对人为劳动法上用人单位。《劳动保障监察条例》第33条突破《劳动法》第2条关于用人单位之规定，将劳动保障监察相对人扩展至无营业执照或者已被依法吊销营业执照，有劳动用工行为的用工主体。随着《劳动合同法》及《实施条例》的实施，我国劳动法上用人单位范围扩大，民办非企业单位、依法成立的会计师事务所、律师事务所等合伙组织和基金都被纳入劳动法上用人单位范畴。相应地，地方劳动保障监察条例将劳动保障监察相对人范围予以扩大，如《广东省劳动保障监察条例》依照《劳动合同法》对劳动保障监察相对人范围予以相应扩大，并进一步突破劳动法上用人单位范围，将外国企业常驻代表机构和社会保险服务机构纳入劳动保障监察相对人范围。由此可见，我国劳动保障监察相对人范围比劳动法上用人单位范围更大。

劳动监察相对人未依法给付劳动者工资，劳动者可依法向劳动监察机构投诉，通过劳动行政执法实现工资权之救济。劳动监察机构也可依法主动执法，预防和降低欠薪风险。

二 被监察事项范围

1974年劳动监察公约（第81号）第3条将有关工作条件和在岗工人的保护的法律规定执行情况作为劳动监察的重要事项，工作条件中包括工时、工资等。各国关于工资被监察事项范围规定并不相同,如德国把工资事项排除在监察机构范围之外,德国企业监督局主要负责监督企业遵守劳动保护和劳动时间方面的法律规定。但德国黑工经济控制部门不仅负责《反黑工和非法雇佣法》的贯彻实施,也查处违法跨国劳务派遣,并监督《最低工资法》和《雇员派遣法》的实施。这应该是跟德国劳动关系特点有关,德国实行劳资双决制度,德国工会和企业职工委员会力量强大,企业不会无故拖欠劳动者工资,即使企业破产,劳动者工资也有特殊保障,但黑工和非法雇佣劳动者得不到工会和企业委员会保护,由此,雇佣黑工和非法雇佣劳动者的雇主最低工资标准执行情况纳入监察事项范围是为必要。而日本劳动监察事项为《日本劳动基准法》所规定的法定基准的执行情况,包括工资支付和最低工资标准的执行。工资支付和最低工资标准执行都是我国劳动保障监察的重要事项范围。最低工资标准执行无疑是劳动基准法的执行,当然属于劳动保障监察事项,那么工资支付是不是都应纳入劳动保障监察事项,现实中存在一定争议,有三种观点:(1)只限于劳动基准法,工资方面应限于最低工资法的实施;(2)全部劳动法律规范的实施;(3)仅限于强行性劳动法律规范。我国《劳动合同法》第74条第1款第5项将"用人单位支付劳动合同约定的劳动报酬情况"作为劳动监察事项,这意味着任意性法律规范也被纳入劳动监察事项。有观点认为,劳动保障监察事项范围过于宽泛,劳动保障监察事项应当是实现劳动者最低利益相关的事项,实现劳动者最低利益以上之利益相关事项不宜纳入劳动监察的范围。[①] 从劳动保障监察的法理来看,基于公共政策的需要,为保护劳动者生存权等基本人权,国家通过强制性法律干预工资契约自由约定,此强制性法律则是劳动基准法范畴,有必要通过劳动行政执法权来确保用人单位对劳动基准法的执行,以达到保护劳动者之立法目的。由此可见,劳动保障监察的事项并非针对劳动合同任意性规范,而是对劳动合同约定予以限制的劳动基准法规范。被劳动监察的工资事项应包括:(1)劳动法所

[①] 王全兴:《劳动法》(第3版),法律出版社2008年版,第471页。

规定的工资支付规则执行情况；（2）最低工资标准制定情况。法定基准之上的合同约定工资条款不应纳入被劳动保障监察事项。

三 劳动保障监察的职权

赋予劳动保障监察机构及监察员在履行监察职责中一定的执法权力是保障劳动法律得以遵守的必要前提。1947年劳动监察公约（第81号）第12条和第13条明确规定，持有证书的劳动监察员应被赋予：（1）检查权。任何时间不必事先通知而自由进入应受监察的工作场所；日间进入他们有正当理由确信应受监察的房屋；从事他们认为必要的任何检查、测试或质询，以查明法律规定得到严格遵守。（2）采取措施纠正在车间、布局或工作方法中发现的他们可能有正当理由认为对工人健康和安全构成威胁的缺陷，等等。依照我国现行法律法规规章规定，我国劳动保障监察在对工资法律规范执行享有以下权力。

（一）调查检查权

《劳动保障监察条例》第15条规定，劳动保障监察人员有权根据履行职责需要随时进入用人单位劳动场所；从事其认为有必要的检查、质询、相关文件材料的收集；委托会计事务所对用人单位工资支付情况进行审计；采取证据保全登记措施，以及法律、法规规定可以采取的其他调查、检查措施。《广东省劳动保障监察条例》在此基础上，增加了劳动保障监察员的调查检查措施。（1）该条例第14条规定用人单位应建立用工管理台账（包括工资台账）。台账义务的规定便于劳动保障监察时对违法事实的查明，该条例第41条相应地赋予了劳动保障监察员有查阅台账等资料的权力。（2）委托专门的鉴定机构对专门性问题进行鉴定。例如对于工资台账中员工签名有争议的，劳动保障监察机构和检查员有权委托鉴定机构对签名笔迹予以鉴定，以确定是否是劳动者签名或代签。（3）法定代表人或者主要负责人有接受欠薪调查和配合处理义务。违反该义务的，劳动监察机构可以对用人单位名称、涉嫌欠薪情况及相关人员基本信息予以公开。

（二）处罚权

行政处罚权是执法权的重要内容。工资监察的处罚权内容主要有：(1) 责令限期支付及赔偿金。根据《工资支付暂行规定》第18条规定，劳动保障监察部门查明用人单位有工资支付违法事实的，有权依法责令其支付劳动者工资和经济补偿金，并可责令其支付赔偿金。但依据《劳动保障监察条例》第26条及《劳动合同法》第85条的规定，用人单位工资支付违法事实查明，责令限期支付行政处罚措施前置，逾期不支付的，方才责令依法支付赔偿金。两种处罚措施存在一定差异，后者以责令限期支付作为责令支付赔偿金的前置程序。由于《劳动合同法》和《劳动保障监察条例》的立法位阶高于仅是部门规章的《工资支付暂行规定》，所以，发生冲突时，应适用《劳动合同法》和《劳动保障监察条例》有关行政处罚的规定。(2) 责令改正和罚款。对于抗拒阻挠劳动监察行为、阻碍劳动监察查明事实行为（不提供劳动监察要求提供的查明事实所需材料，或提供伪证、毁灭证据的行为）、拒不履行行政决定、拒不改正等行为，劳动保障行政部门责令改正，并处以2000元以上2万元以下的罚款。(3) 信誉罚。对于用人单位重大违法行为，通过向社会公布给予用人单位一定的信誉罚。

第三节 工资权劳动监察救济困境及突破

中国劳动监察执法不力，导致大量工资争议产生，进入劳动仲裁委员会和法院，与个别劳动争议预防和处理机制合作也无法很好地发挥作用。应该完善我国劳动保障监察制度，进一步强化我国劳动监察在工资权救济中的作用。

一 中国劳动监察欠薪处理中的困境

劳动监察机构作为劳动行政执法机构，通过主动执法和投诉执法等方式，依法行使执法权，可以快速处理工资违法行为，促使用人单位遵守工资法律法规规章，实现劳动者工资权救济之目的。然而现实情况是，我国劳动监察在欠薪问题解决上并非如众所期望那般发挥应有的作用,① 限制劳动监察执法的因素主要有以下两点。

(一) 执法力量严重不足

为了确保劳动监察执法队伍能保证有效履行劳动监察机构的职能,1947 年劳动监察公约 (第 81 号) 第 6、10、11 条有明确规定。第 11 条规定,主管当局必须确保劳动监察员人数、适当装备的办公室、所需交通工具以及费用支出保障等。同时规定,监察人员应由公职人员组成以确保劳动监察员职业稳定性。而我国劳动保障监察队伍编制、经费等限制导致了我国执法力量配备严重不足,无法匹配执法需求。比如东莞市劳动监察大队是全市唯一的专设劳动监察机构,专职的劳动监察员只有 16 人,各镇区没有相对应的机构设置。监察面对的是 35.3 万户个体工商户,约 600 万名从业人员。专职劳动监察员和用工单位数量的比例高达 1∶2.2 万户,与用工数量比例高达 1∶42.3 万人。② 在执法力量极为有限的情况下,根本难以有效开展工资情况在日常执法和检查活动,无法真正预防欠薪行为的发生。即使劳动者投诉,也难有人手及时处理欠薪事宜。现实情况是,对于工资积欠的投诉,劳动监察机构受限于人力,无法展开违法事实调查检查,亦担心证据不足情况下做出的行政处罚决定引发行政诉讼有败诉风险,因此,通常以工资数额有争议为由,告知劳动者投诉不属于劳动监察事项,不予立案检查,应向劳动仲裁机构申请仲裁。

(二) 我国劳动监察执法权力极为有限

首先,我国法律没有赋予劳动保障监察机构及人员必要的行政强制措施。行政强制措施归属于行政强制,其法律依据是《中华人民共和国行政强制法》(2011)。该法第 2 条第 2 款定义行政强制措施,第 9 条、第 10 条规定了行政强制措施的种类和行政强制措施的立法权限。目前,作为我国工资执法行政强制措施主要依据的《劳动保障监察条例》为行政法规,立法层级较低,不能设定限制人身

---

① 杨琳、赵大春:《我国劳动监察人员和经费不足,成为弱势执法群体》,2015 年 3 月 16 日,《瞭望》2011 年 6 月 22 日,http://news.jcrb.com/jxsw/201102/t20110226_502541.html。
② 夏天:《劳动监察心有余而力不足》,2015 年 3 月 16 日,金羊网 (http://www.ycwb.com/gb/content/2006-08/23/content_1190953.htm)。

自由和冻结存款汇款等应当由法律设定的强制措施。可以通过行政法规设定的《行政强制法》第 9 条所规定的查封场所、设施和财物、扣押财物等强制措施也没有规定其中。依照依法行政原则，劳动保障监察员在对用人单位执行工资执法没有有效的强制措施。劳动者被拖欠工资，向劳动监察投诉，需求救济，即使劳动保障监察积极启动执法程序，由于缺乏强制措施，用人单位极易通过转移财产、销毁证据、经营者逃匿等方式逃避监察。一方面，加大劳动保障执法取证难度，不利于查明事实，使得劳动保障监察害怕行政诉讼败诉风险，不愿意行政执法，往往以工资投诉事项存在争议不属于劳动监察事项为由而告知投诉人向劳动仲裁机构申请仲裁。造成大量原本属于工资法律法规执法问题的案件进入一裁两审的劳动争议处理程序，救济周期过长。另一方面，劳动监察机构查明用人单位拖欠工资的违法事实，下达行政决定书，用人单位账务上可能已经无财产执行，且经营者已经离开国内而无处寻找。没有强制措施的劳动监察在欠薪问题解决上几乎难以作为。其次，我国行政处罚过轻，无法抑制用人单位工资支付违法行为。我国用人单位违法支付工资法行为处罚成本呈现降低趋势，按照现行规定，只要用人单位在劳动监察责令限期支付的期限内支付了积欠工资，则无须承担赔偿金责任。这种行政处罚措施根本是让用人单位违反行为没有任何违法成本。用人单位违法拖欠工资，一旦被监察查明违法事实，用人单位只需在限期内支付积欠工资即可，且不用支付积欠工资利息，更不用承担赔偿金的法律责任。这意味着用人单位侵占劳动者工资，长期拖欠工资并没有任何处罚成本。劳动者难以获得法律规定的赔偿金。又如，对于阻扰妨碍劳动保障监察行为，除了责令改正，也就是 2000—20000 元的罚款，这对于用人单位而言处罚成本过低，不足以对其造成威慑效果。对于打击报复举报人、投诉者仅是责令改正的行政处罚措施，而无其他，更是没有任何违法成本。此外，行政处罚仅是针对用人单位，而对于欠薪有相当责任的经营者则没有任何行政处罚措施。即使有拒不支付劳动报酬罪，但因欠薪入刑而追究刑事责任的毕竟是少数，无法达到确保工资法律法规规章执行之效果。

二　强化工资权救济中的劳动保障监察作用

工资权保障，一方面在于用人单位违法风险的预防，保障劳动者工资权实现；另一方面在于对于违法行为的及时调查检查，并予以处罚，实现工资权之救济。劳动保障监察不同于劳动司法，后者仅是事后救济，司法程序冗长，工资权救济所需时间成本过高。前者可以事先预防，督促用人单位依照法律规定履行工资给付义务，一旦发生违法行为，也可动用行政执法权进行调查取证，责令用人单位限期支付工资，劳动者工资权能快速实现。因此，有必要完善劳动保障监察制度，强化劳动监察在欠薪问题处理中的功能与作用。

（一）重视劳动保障监察，提高劳动监察执法水平

我国集体劳动关系并不发达，个别劳动关系占据劳动关系的主导地位。通过强化劳动基准法对劳动合同予以限制，以国家力量偏重保护劳动者来弥补个别劳动关系中双方当事人地位悬殊之不足，是中国特色的劳动关系调整机制，而工资是最重要的劳动条件，是劳动者最为关注的问题。一旦提供劳动而未依法获得工资给付，不仅造成劳动者及其家庭成员的生活困难，也可能激发恶性事件、群体事件等，直接危及劳资关系和谐、社会稳定和政权稳定。公法的执行有赖于行政执法的力量。劳动保障监察就是确保具有公法性质的劳动基准法得以执行的重要行政执法形式，可预防和降低欠薪风险、快速解决欠薪问题，避免因欠薪引发冲突和事件，也可降低劳动司法的压力。所以，我国应提升劳动监察立法层级，制定劳动保障监察法，同时，要确保劳动保障监察队伍建设匹配执法需求，利用技术发展提高劳动保障监察的执法水平，工作重心从反应式干预向主动的、以预防为主的监察活动转变，注重欠薪风险的监控预警机制的建立。具体而言：

1. 提升劳动保障监察地位

目前，我国劳动保障监察机构与安全生产监察机构分属不同部门，前者为劳动行政部门的内设机构，后者为与劳动行政部门平行独立的安全生产监督管理部门，直属国家安全生产监督管理总局。

国家安全生产监督管理总局为国务院直属机构（正部级）。应该来说，安全生产监察机构地位远远高于劳动保障监察机构的地位，显示出国家更加重视安全生产监督管理。安全生产固然重要，但其他劳动基准执行与否在我国也一样重要。根据我国安全生产监察机构现行地位的重要性，可考虑将劳动保障监察并入安全生产监察部门，提高劳动保障监察机构地位，将安全生产监督管理部门改建为综合劳动监察部门，将国家安全生产监督管理总局改为国家劳动监督管理总局，直接隶属国务院。同时，根据专业监督检查需要，在国家劳动监督管理总局下可设专业监督管理部门。这种部门改革可以让所有劳动监察置于一个中央当局的监督和控制之下，有利于在全国范围内实施统一的监察政策和程序，实现内部劳动监察部门明确分工和协作，防止部门之间摩擦和职能重复，带来相互竞争和相当大的浪费。芬兰、荷兰和挪威这些国家的劳动监察同属于一个政府部门，劳动监察组织能够提供有力的、组织周密的、协调得当的、和谐的、有效的和高效率的服务。[①] 在我国还可以避免地方政府因为地方经济发展需要对劳动监察执法工作实施压力，强迫劳动监察以牺牲劳动者利益为代价放松执法。

2. 改进劳动监察工作方式

增加劳动监察队伍的行政编制，实现劳动监察的公职化。确保专职劳动监察人员数量和稳定性是必要前提。但我国政府改革的总趋势是减少行政编制，将部分行政事务外包。因此，依靠扩大行政编制满足劳动监察机构足够的监察人员似乎并不是唯一有效路径。地方政府已经尝试创新手段来实现对欠薪风险监控和处理。结合已有的地方经验和我国工资法律法规规章执行中存在的问题，建议从以下几个方面改进劳动监察的工作方式。（1）建立欠薪风险分级监管机制。根据行业经营特点、投诉欠薪案件数、企业运营状况等情况，建立地区欠薪风险等级评估机制。针对欠薪风险大的企业集中力量进行监察，及时处理欠薪问题。如《广东省工资支付条例》（2016年修订）第41条规定了建立工资预警制度，对于欠薪一定时

[①] ［德］瓦尔夫根·冯·李希霍芬等：《劳动监察——监察职业指南》，劳动和社会保障部国际劳工与信息研究所译，中国劳动社会保障出版社2004年版，第122页。

间的用人单位进行工资支付重点监察，情节严重的予以社会公布。关于评估手段可利用互联网大数据等高科技手段，解决人工在数据收集上的成本过高、效率低等难题。以深圳市坪山人力资源局的欠薪风险预警系统建设为例，利用深圳市大智慧城市建设的平台，将工业用水用电等数据与劳动行政监察系统联网收集，对于短期或一段期间内用水用电量降低异常的企业作为重点欠薪风险监控企业，通过劳动监察主动排查，防止大规模长时间欠薪问题的发生，对于已经欠薪的企业，督促其及时支付积欠工资。企业确实经营困难无力偿付工资，可促使劳资双方协商寻找解决欠薪问题，降低欠薪所带来的社会影响。（2）建立劳工信息员制度。由于我国基层工会劳动监督作用发挥有限，而劳动监察人力有限，没有办法做到每家企业定期主动巡查，尤其是我国中小企业非常多，欠薪问题较之大企业更为多见。为了让劳动保障监察能准确集中力量解决欠薪问题，有必要在企业集中的工业区及社区建立劳工信息员制度，聘请企业劳动者作为劳动保障监察信息员，定期向劳动保障监察提供企业遵守劳动法的情况。为了防止用人单位打击报复，对于被聘请的信息员应严格保密。（3）建立劳动监察员法律法规培训制度。工资法律法规执行检查属于一般监察项目。作为行政执法手段，依法行政是最基本的原则。行政诉讼对行政行为审查要点主要是：是否具有法定职权、认定事实是否清楚、适用法律是否正确、行政程序是否合法。对于劳动监察员应定期进行实体法和程序法培训，提高劳动监察员行政执法能力，降低行政诉讼败诉风险。这是确保劳动监察员能够积极行政的根本前提。

（二）赋予劳动保障监察相当的行政强制措施

为了提高社会保险法的执行力度，《中华人民共和国社会保险法》通过强化行政强制来提高社会保险法的执行力，主要有两个亮点。（1）规定了行政强制执行方式。根据该法第63条的规定，对于未按时足额缴纳社会保险费的，由社会保险费征收机构责令其限期缴纳或者补足。逾期不缴纳或补足的，社会保险费征收机构有权查询其存款账户，并申请通知开户银行或其他金融机构划拨社会保险费；账户余额不足的，可要求提供担保，签署延期缴费协议，未提供担保的，可申请法院扣押、查封、拍卖其价值相当于应当缴纳社会保险费的财产。(2) 规定了行政强制措施。依据该法第79条第2款的规定，对可能被转移、隐匿或者灭失的资料，社会保险行政部门可以采取封存的强制措施。《社会保险法》通过法律赋予社会保险行政部门劳动强制权力，对于社会保险法的执行具有重大意义。干活给钱是天经地义的事情，我国政府一直重视对欠薪问题的治理，但欠薪一直是我国政府所面临的难题，为了减少对欠薪行为劳动行政执法不力，而引发劳资冲突，尤其是过激行动和集体事件等影响社会稳定因素，我国必须通过法律赋予劳动保障监察机构一定的行政强制职权。结合我国欠薪现状，借鉴有关国家（地区）的经验，制定《劳动检查法》赋予劳动监察机构及专职监察员如下劳动行政强制措施：

1. 赋予劳动监察机构审查调查阶段中查封、扣押、冻结账户的强制措施

我国《关于实施〈劳动保障监察条例〉若干规定》仅规定了证据登记保存制度，旨在对可能灭失或以后难以取得的证据实现证据保全。这是一种行政执法的取证手段而非行政强制措施。该制度法律依据是《中华人民共和国行政处罚法》第37条第2款的规定。证据登记保存仅7天时限，7天内劳动保障监察机构必须做出处理决定，期限届满后应当解除证据保存措施。这种证据登记保存措施期限太短，7天内难以查明事实。一旦事实未查明，而7日届满证据登记保存措施解除，那么，用人单位可能会转移、隐匿或灭失相关证据资料。查封、扣押强制措施期限较长，最长为30天。建议对于可能被转移、隐匿或者灭失的证据材料予以封存。执法检查期间，确有证据证明用人单位变卖和转移财产行为以逃避工资债务的，劳动保障监察机构可依法定程序对用人单位等额财产予以扣押查封，并有权通知开户银行或其他金融机构冻结用人单位账户。用人单位可提供相当于拖欠工资数额的担保，可申请劳动保障监察机构解除行政强制措施。

2. 赋予劳动监察机构在特殊情况下限制用人单位之董事长与实际负责人出国（境）的限制人身自由的权力

我国台湾地区"大量解雇劳工保护法"第 12 条规定了禁止事业负责人等出国情形。旨在解决雇主恶意关厂解雇劳动者，遗留大笔退休金、资遣费、工资债务未予清偿，为保障被大量解雇劳动者之债权，该法参照欠税限制出境制度，明文规定雇主积欠一定金额即限制出境。禁止出国系为督促用人单位履行限期给付之给付义务，以实现与该义务已履行之同一状况的行政执行手段，属于对人之间接强制方法。我国大陆地区虽然刑法通过拒不支付劳动报酬罪，对用人单位经营者逃匿行为有所抑制，但对于劳动监察机构审查调查期间就已经逃出境外的经营者，尤其是境外投资者，也难以通过追究刑事责任而迫使其清偿劳动债务。我国现在引发劳资冲突，影响社会稳定的因素主要是大规模欠薪、经济补偿金等债务不履行所致。依据我国大陆现实情况，借鉴我国台湾地区限制出境强制措施之经验，建议未来劳动监察法赋予劳动监察机构在法定情形下，依照法定程序有书面通知出入境机构禁止用人单位法定代表人及实际负责人出境的权力，法定情形主要有：（1）用人单位裁员，积欠全体劳动者工资、经济补偿金达一定数额的；（2）用人单位歇业积欠全体劳动者工资、经济补偿金达一定数额的；经劳动监察机构责令限期清偿，届时未清偿的，劳动行政部门可书面通知出入境管理部门禁止该用人单位法定代表人和实际负责人出国。

（三）完善违反工资法的行政处罚制度

劳动行政机关对用人单位违法行为的行政处罚必须有法律依据。《行政处罚法》第 3 条第 2 款规定，没有法定依据或不遵守法定程序的行政处罚无效。行政处罚的设定和实施是为了保障行政机关有效实施行政监督行为。没有相应的行政处罚规定，行政执法则无强制力。虽然我国政府一直关注劳动者工资权益保护，但中央层级立法关于违反工资规定的行政处罚情形极为有限，仅有《劳动保障监察条例》第 26 条、《劳动合同法》第 85 条、《工资支付暂行规定》第 18 条对未依法及时足额支付工资行为有行政处罚规定。这种行政处罚规定不仅条文之间存在矛盾冲突，而且现实中难以落实，用人单位违法成本过低。对于其他违法行为则无行政法律责任之规定，如《工资支付暂行规定》第5、6、7条分别规定了用人单位支付工资必须遵守货币支付、直接支付、定期支付规则，但没有相应的行政法律责任对应，即有义务无行政责任，即使用人单位违反上述规定，劳动监察机构及监察员也无处罚权。地方工资支付立法尝试通过增加行政法律责任的规定，来赋予劳动监察处罚权，提高行政相对人违法成本，确保工资法律的执行。针对我国现有违反工资法律法规行政法律责任设计不足，结合现实执法需求，建议未来工资立法中完善行政处罚的相关法律规定。

1. 区分行政法律责任和民事法律责任

目前唯一针对工资支付违法行为的行政处罚是《劳动保障监察条例》第26条、《劳动合同法》第85条所规定的两个"责令"，即责令限期支付，逾期不支付的，责令加付赔偿金。首先，依照法律规定，此条规定是行政处罚规定，只能由行政执法机关做出。并非民事法律责任，劳动者不能径直依据该条规定向劳动仲裁、法院提起诉求。其次，《行政处罚法》第8条所列举的一般行政处罚种类中没有责令加付赔偿金的类型，仅有罚款为经济处罚类型。虽然《劳动合同法》责令加付赔偿金可归入《行政处罚法》第8条第1款第7项"法律规定其他行政处罚"类型，但此种行政处罚规定混淆了行政责任和民事责任。赔偿金归属于民事法律责任一种，通常是为了填补损失，现代法律为了实现保护弱者，惩戒侵害者，抑制侵害行为之政策目的，创设了惩罚性赔偿金，如我国《消费者权益保护法》《食品安全法》都有惩罚性赔偿金的规定，赔偿金请求权主体是消费者或受害者，即消费者或受害人可以依据法律规定直接提出赔偿请求。《劳动保障监察条例》第26条设计责令加付赔偿金的目的固然是对逾期不支付行为的惩戒性处罚，该赔偿金性质上属于罚款，但罚款上缴给国家，这里使用"赔偿金"名称则是为了给付劳动者。劳动者因用人单位未及时足额支付工资并不直接享有请求赔偿的权利，而是必须通过劳动行政部门的行政处罚决定才能获得。劳动行政部门不作为，劳动者只有通过行政诉讼途径方有可能获得赔偿金，而用人单位也可就劳动行政部门责令限期支付行政处理行为提起行政复议或行政诉讼，一旦受理，责令限期支付的期限应当中断。同时，《劳动保障监察条例》第21条又规定，劳动者与用人单位就赔偿发生争议的，不属于劳动监察范围，应向劳动仲裁提起仲裁申请。依此规定，劳动者据此索要工资未及时足额支付的加付赔偿金，劳动监察有可能依据第21条不予立案受理。即使《江苏省工资支付条例》（2010年修订）第54条规定对上述行政处罚予以修改为"由人力资源社会保障行政部门责令其在规定时间内支付劳动者应得的工资，并可以责令其按照劳动者应得工资的一倍以上三倍以下支付赔偿金……"，去掉了责令限期支付的前置条件，提高了加付赔偿金的数额，有利于保护劳动者，但依然解决不了劳动监察部门依据《劳动保障监察条例》第21条拒不受理劳动者对用人单位拖欠工资及赔偿请求投诉之问题。综上所述，应借鉴《消费者权益保护法》和《食品安全法》关于惩罚性赔偿的规定，在未来工资法中规定，对于用人单位未依法及时足额支付工资的，除支付未支付的工资外，还应按照未支付工资额的100%加付赔偿金。《劳动保障监察条例》第26条可修改为"……逾期不支付的，处以一定数额的罚款"。

2. 增加行政处罚的类型和规定

虽然中央层级工资立法迟迟没有出来，但为了治理地方欠薪问题，地方已经颁布了许多地方性工资支付条例，如江苏省、浙江省、广东省、安徽省、上海市等，以弥补《工资支付暂行规定》过于简单之不足。在工资支付立法体系设计中，地方尝试结合本地区需要，对于工资支付管理的具体化，相应地增加配套的行政处罚规定。以《广东省工资支付条例》（2016修订）为例，该条例新增了以下情形的行政处罚规定。（1）用人单位和法定代表人的双罚制。如该条例第54条规定，对于用人单位未以货币方式支付工资、未如实建立工资台账、未提供工资清单等行为，责令用人单位限期改正，逾期不改正的，依法处以用人单位一定数额的罚款，并可以对用人单位法人代表处以一定数额的罚款。《江苏省工资支付条例》（2010年修订）第55条则增加了对主要负责人的罚款。江苏省还在用人单位阻碍拒绝监督监察法律责任中，除了对用人单位警告、罚款行政处罚外，增加了对于法定代表人、主要经营者的罚款规定。（2）施工总承包单位、分包单位违反用工实名、工资支付专户管理的处罚。包括责令改正，逾期不改正的，处以施工总承包单位、分包单位罚款。（3）用人单位法定代表人、主要经营者的行政处罚。对用人单位拖欠工资引发严重公共秩序事件，法定代表人、主要经营者违反二十四小时内现场协助处理义务的，依法处以罚款。地方工资立法将地方工资治理经验总结提炼成地方法规，并在实施过程中针对不足不断修订，未来中央层面的工资立法应立足于地方立法资源，对现有地方立法资源进行评估，具有成效且可全国推广的，可通过中央立法上升为法律。行政处罚制度的完善将对于用人单位形成相当大的威慑力，对于工资法的执行具有重要的价值和意义。

第七章

工资权的司法救济

第一节 中国工资权司法救济程序选择及其特殊性

一 工资权争议的类型

一般而言，工资权争议类型包括：（1）个别工资请求权争议。即用人单位与劳动者个人因为劳动合同履行发生的工资权利争议。工资请求权基础为劳动合同和集体合同。① 由于集体合同对于劳动合同有基准之效力，劳动合同约定的工资条款不得低于集体合同约定标准。一旦违反，集体合同内容当然替代违法部分成为劳动合同条款，劳动者据此有工资请求权。（2）履行工资集体合同引发的工资请求权争议。即工会与用人单位及其团体因履行工资集体合同发生的工资权争议。工资请求权主体是工会，请求权基础是工资集体合同，属于权利争议。（3）缔结工资集体合同引发的利益争议。即工会与用人单位及其团体因缔结集体合同发生的争议。

《中华人民共和国劳动争议调解仲裁法》主要适用于个别工资请求权争议。劳动仲裁部门在个别劳动争议案件统计中将个别劳动争议区分为个体争议和集体争议。后者是指发生劳动争议的劳动者一方在十人以上，并有共同请求的争议。发生劳动争议的劳动者一方在五十人以上，并有共同请求的争议为重大集体争议。这里所谓的"集体争议"仍然属于个别劳动争议，与国际上集体劳动关系法中的"集体争

---

① 皆川宏之．"ドイツにおける賃金請求権の法的根拠"．千葉大学法学論集30.4（2016）．

议"并非同一概念。因履行集体合同发生的争议，按照《劳动法》第 84 条第 2 款的规定，依照个别劳动争议处理程序处理。缔结工资集体合同争议为利益争议，并不属于劳动监察与劳动司法的救济事项范围。依据《劳动法》第 84 条的规定，因工资集体合同签订发生的争议并未纳入我国现行劳动争议处理程序范畴。

二 中国工资权司法救济程序模式选择①

《企业劳动争议处理条例》（1993）和《劳动法》（1994）就确立了以协商、调解、劳动仲裁、诉讼为主要环节，劳动仲裁前置，一裁两审的劳动争议处理体制和机制。这种劳动争议处理体制和机制凸显了诸多弊端，其中以处理周期冗长，劳动者维权成本过高而颇受非议。依照当时法律规定，劳动仲裁处理一般仲裁时限是 60 日，一审普通程序一般审理审限是 6 个月，二审一般审限是 3 个月。这里还不包括审限延长、立案受理审查时间、法律文书送达及在途时间、鉴定时间、节假日时间、时限内未结案延期时间、执行时间等。即使劳动者提起请求用人单位支付拖欠一个月工资的仲裁申请，一旦用人单位用尽"一裁两审"程序，劳动者历经一年多才可能有一个生效判决，还不包括判决执行。其间用人单位经营困难倒闭或转移财产，都可能影响判决执行。同时，小小的一个月工资诉求耗费了巨大的司法资源。缩短劳动争议处理周期，提高处理效率则成为制定劳动争议程序法——《劳动争议调解仲裁法》的主要驱动力之一。②

《劳动争议调解仲裁法（草案）》征求意见时，争议焦点为是否保留现有的劳动争议处理体制模式。在改革方案选择上，学界围绕着是否取消劳动仲裁、如何处理裁审关系等问题，主要形成了单轨制和双轨制两种模式观点。（1）单轨制。主要有两种观点，一是"只裁不审，两裁终局"③ 或"只审不裁，二审终局"。④ 也有观点

---

① 侯玲玲：《劳动争议一裁终局制度的反思与改革》，《法商研究》2017 年第 3 期。
② 侯玲玲：《劳动争议一裁终局制度的反思与改革》，《法商研究》2017 年第 3 期。
③ 王振麟：《对我国劳动争议处理体制的立法建议》，《中国劳动》2001 年第 2 期；陈新：《劳动争议处理体制应实行两裁终决》，《中国劳动》2001 年第 12 期。
④ 李勇：《关于调整和完善劳动争议处理体制的建议》，《中国劳动》2003 年第 1 期。

认为,"只裁不审"为阶段性模式,"只审不裁"为最终目标模式。条件成熟后,将劳动仲裁机构改制为法院,"只审不裁"。①（2）双轨制。主要观点为"自愿选择、或裁或审、各自终局"②。其中有观点认为,"或裁或审,两裁（审）终局"③。也有观点认为,部分强制仲裁,部分自愿选择仲裁或诉讼。④此观点被一些地方和部门认同,提议"强化基层调解,建立或裁或审的制度,由当事人自愿选择"⑤。最终立法选择维持现有的劳动争议处理体制,理由为,经过二十多年的实践,现行劳动争议处理程序已被社会所接受。同时,劳动行政部门作为主管行政部门,在劳动争议处理中起着重要作用,这是一些国家（地区）的通行做法。⑥维持原有处理体制立法选择背景下,一裁终局制度的出现赋予了劳动仲裁委员会更大的权力,以弥补原有处理体制不足的产物,缩短部分劳动争议案件处理周期。立法过程中,由全国人大常委会委员审议建议,根据资强劳弱的地位,保护劳动者诉权,但限制用人单位诉权。诉权不平等并不违反平等原则。⑦此意见被采纳成为劳动争议一裁终局制度的特色程序安排,即用人单位不服一裁终局裁决不能向基层人民法院起

---

① 王全兴、侯玲玲:《我国劳动争议处理体制模式的选择》,《中国劳动》2002 年第 8 期。
② 李坤刚:《关于我国劳动争议仲裁两个问题的探讨》,《安徽大学学报》（哲学社会科学版）2000 年第 3 期。
③ 陈彬:《论我国劳动争议处理制度的重构》,《现代法学》2005 年第 6 期。
④ 谢增毅:《我国劳动争议处理的理念、制度与挑战》,《法学研究》2008 年第 5 期。
⑤ 《各地和中央有关部门对劳动争议调解仲裁法草案（征求意见稿）的意见》(2007 年发布), 2014 年 7 月 22 日, 北大法宝数据库, http: //www. pkulaw. cn/fulltext_form. aspx? Db = protocol&Gid = 1090521729&keyword = % e5% 90% 84% e5% 9c% b0% e5% 92% 8c% e4% b8% ad% e5% a4% ae% e6% 9c% 89% e5% 85% b3% e9% 83% a8% e9% 97% a8% e5% af% b9% e5% 8a% b3% e5% 8a% a8% e4% ba% 89% e8% ae% ae% e8% b0% 83% e8% a7% a3% e4% bb% b2% e8% a3% 81% e6% b3% 95% e8% 8d% 89% e6% a1% 88% ef% bc% 88% e5% be% 81% e6% b1% 82% e6% 84% 8f% e8% a7% 81% e7% a8% bf% ef% bc% 89% e7% 9a% 84% e6% 84% 8f% e8% a7% 81&EncodingName = &Search_ Mode = accurate。
⑥ 信春鹰:《关于〈中华人民共和国劳动争议调解仲裁法（草案）〉的说明》, 2017 年 2 月 19 日, http: //www. npc. gov. cn/wxzl/gongbao/2008 - 02/23/content_ 1462443. htm。
⑦ 《关于劳动争议"一裁终局"的规定——分组审议劳动争议调解仲裁法草案发言摘登（五）》, 2014 年 7 月 22 日, http: //www. npc. gov. cn/npc/xinwen/2007 - 11/12/content_ 374782. htm。

诉，而劳动者可以起诉。用人单位依法仅能向中级人民法院申请撤销裁决。① 工资争议处理体制模式如图 7-1 所示：

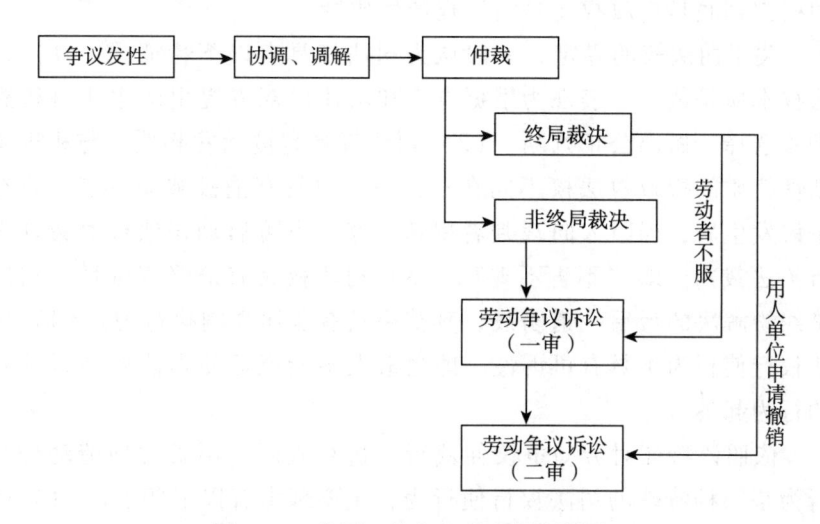

图 7-1 我国工资争议处理体制模式

协商和调解属于一种非诉纠纷解决机制。法院诉讼属于工资权的司法救济途径，这都毫无疑义。但工资争议处理程序中，尤为特殊的是劳动仲裁前置程序的安排，至今为止，劳动仲裁到底是行政性质还是司法性质，其定位存在很大的争议。依照《劳动争议调解仲裁法》第三章的规定，劳动争议仲裁委员会由地方人民政府决定设立，但由国务院劳动行政部门依法制定仲裁规则，地方劳动行政部门为劳动争议仲裁机构工作的指导部门。从法律规定看，劳动争议仲裁委员会独立于劳动行政部门，与地方劳动行政部门是指导和被指导关系。劳动争议委员会由劳、资、政三方组成，下设办事机构，负责日常工作。事实上，劳动争议仲裁委员会基本虚化，而下设办事机构则越加实体化，办事机构的名称以及仲裁员等工作人员按照地方人民政府的规定进行规范和配备。劳动争议仲裁委员会办事机构与人力资源和社会保障行政部门内设的劳动争议处理机构多是"两块牌子，一班人马"，劳动仲

---

① 侯玲玲：《劳动争议一裁终局制度的反思与改革》，《法商研究》2017 年第 3 期。

裁机构具有先天上的行政依附性。① 许多人误以为劳动仲裁机构就是劳动行政部门下设机构。对于劳动仲裁机构所负责劳动争议处理的权力到底是行政权还是司法权产生质疑。

关于司法权的界定，一般认为司法权具有以下特征。②（1）司法权本质是裁判。表现为根据事实和法律对双方提出的主张进行甄别和选择，做出公正判断。（2）司法权具有被动发起性。与积极主动性特质的行政执法权不同在于，司法权具有消极被动特点，只有争议发生后，当事人向裁判者提请主张，方可启动司法权对案件进行依法裁判。即"不告不理"。（3）司法权具有最终权威性。司法是纠纷解决的最后一道防线，其裁决具有法律强制执行力。（4）司法权行使行为不具有可诉性。即当事人不能就行使司法权予以裁判的行为起诉。

依照该特征对劳动争议仲裁行为进行判断，不难发现劳动仲裁行为是一种特殊的司法权行使行为，主要理由有以下四点。（1）劳动争议仲裁是一种法定的裁判行为。劳动争议仲裁机构对于劳动争议依法进行开庭和审理，依照查明事实和法律规定，做出裁决。（2）劳动争议仲裁具有被动发起性。与劳动监察积极行使法律监督检察权这种行政执法权不同在于，劳动争议仲裁必须是劳动争议当事人向劳动仲裁机构申请仲裁方可启动，是一种被动消极地解决劳动纠纷的行为。（3）劳动争议仲裁结果可强制执行力。对于一裁终局的劳动争议案件，劳动争议仲裁裁决对于用人单位具有终局的法律效力。对于非一裁终局案件，也是以终结为目的，通过仲裁裁决、一审、二审等司法裁判行为来终结劳动案件。（4）劳动仲裁行为具有不可诉性。依据《劳动争议调解仲裁法》第5条的规定，对于劳动仲裁裁决不服的，除另有规定外，可以向法院起诉。起诉仅是针对裁决内容不服提起，而不能针对劳动仲裁机构仲裁行为起诉。

现实中，劳动争议仲裁处理程序与诉讼程序大致相同。劳动争

---

① 张丽霞：《我国劳动争议解决制度的功能与结构研究》，《法学杂志》2011年第S1期。
② 石茂生：《司法及司法权含义之探讨》，《河北法学》2012年第2期。

议仲裁与诉讼都具备受理、立案、庭前调解、开庭审理、出具法律文书等环节。裁决书与判决书法律效力大致相同。生效的仲裁调解书、裁决书和民事判决书一样，具有法律效力，当事人都向人民法院申请强制执行。劳动争议仲裁行为与诉讼行为都具有不可诉性。最高人民法院《关于执行中华人民共和国行政诉讼法若干问题的解释》规定，法律规定的仲裁行为不属于人民法院行政诉讼的受案范围。当事人对仲裁行为不服，只能通过民事诉讼的途径寻求救济，而不能申请行政复议或行政诉讼。由此可见，劳动争议仲裁行为和法院审判行为是一样的司法权行使行为，是劳动法律适用行为。

三　中国工资权司法救济程序的特殊性及改革建议

劳动仲裁与法院审判同作为工资权救济的司法救济是具有中国特色的劳动纠纷司法解决机制。相对于传统司法权垄断的普通法院而言，劳动仲裁机构作为依法赋予司法权的法定机构更为适应劳动争议解决。现阶段，我国法院体系没有独立的劳动法院，劳动案件是作为民事案件的一类予以审理，只是为了应对劳动案件剧增及劳动纠纷处理复杂的问题，有的地方法院设立专业劳动法庭处理劳动纠纷，并没有特别的程序安排。劳动争议仲裁委员会的设立则是遵循三方原则，一般仲裁庭也要求由三名劳动仲裁员组成，类似于德国劳动法院审判庭组成，德国专门设立劳动法院审理劳动争议案件，审判庭由一名职业法官、一名雇主方荣誉法官和一名雇员方荣誉法官组成，这种结构有利于解决职业法官缺乏相关经验可能导致某些误判的问题。[①] 只是我国劳动争议仲裁并没有如德国劳动法院一样落实三方原则。三方原则组建的劳动争议仲裁委员会完全虚化，并不审理劳动争议案件，而审理案件的劳动仲裁委员会办事机构组成方面并不是按照职业劳动仲裁员、雇主方仲裁员和劳方仲裁员三方组成，所谓的三名仲裁员都是职业仲裁员，没有劳方和雇主方代表的仲裁员参与。大多数情况下，仅是一名劳动仲裁员独任仲裁。

值得注意的是，劳动仲裁机构及程序是根植于中国本土的创新

---

① ［德］沃尔夫冈·多伊普勒：《德国劳动法》（第11版），王倩译，上海人民出版社2016年版，第418页。

选择。它把劳动行政与劳动司法有机结合，适应劳动争议处理的需求。劳动行政机构在处理劳资纠纷中有相当优势。劳动仲裁虽然有一定的行政依附性，但劳动行政部门在处理劳资纠纷中有着天然优势。以中国香港地区和澳大利亚为例，香港地区劳工部门在劳动争议处理中起着积极作用。香港地区负责处理劳资纠纷的机构主要有劳工处（下辖劳资关系科、小额薪酬索偿仲裁处）及劳资审裁处。小额索赔案件必须经过劳资关系科调解，调解不成转送到小额薪酬索偿仲裁处。小额薪酬索偿仲裁处的授权范围是申索人不超过10名，每名申索人的申索额不超过8000港元的雇佣申索。香港地区案件约80%是经劳资关系科调解不成后转送。[①] 澳大利亚劳动争议处理体制实行"民间调解自愿，仲裁强制前置"的劳动争议处理体制。虽然澳大利亚并非采取仲裁终局的体制安排，但对向法院上诉条件的限制以及诉讼成本的提高，使得仅有很少案件仲裁之后进入法院审理程序。澳大利亚公平工作委员会是依据《公平工作法》（Fair Work Act, 2009）由澳大利亚产业关系委员会改革而成，是一个集劳动行政监督、司法审判、仲裁于一体的处理劳动纠纷案件的专门机构。[②] 目前，我国大型的群体性劳资纠纷解决一般是由劳动行政部门内部劳动监察、劳动仲裁、维稳部门等一起统筹联合处理，许多重大劳资纠纷在申请劳动仲裁之前就已经解决，从而分流了案件司法处理的压力。即使现有劳动仲裁机构人员编制有限、权力有限，某些地方劳动仲裁对劳动争议案件分流作用也非常明显。如深圳市劳动人事争议仲裁院提供的数据显示，2015年全市劳动仲裁案件起诉率为19.80%，即近80%的案件就在劳动仲裁阶段息诉。劳动仲裁阶段化解了大量劳动争议案件，极大减轻了人民法院的审判压力。[③]

目前我国所提倡的"裁审衔接"实际上就是将劳动争议仲裁与诉讼紧密对接，形成有效处理劳动争议的一个整体，这种衔接紧密

[①] 王国社：《内地与香港劳动争议仲裁制度比较研究》，《现代法学》2004年第3期。

[②] 马强：《澳大利亚劳动争议解决机制及启示》，《法律适用》2002年第4期。

[③] 侯玲玲：《劳动争议一裁终局制度的反思与改革》，《法商研究》2017年第3期。

的一裁两审与三审终审并无两样。我国应立足于劳动关系特殊性，借鉴工资权司法救济程序的域外经验，总结我国现有司法救济经验和不足，对我国工资权司法程序予以改革。具体而言，首先，应明确劳动争议仲裁与法院审判都是司法行为的行使。劳动仲裁和法院审判构成了大司法救济系统。在劳动争议仲裁或审理中应落实三方原则组成仲裁庭或审判庭，即由职业仲裁员（法官）与劳资双方仲裁员（法官）组成，对劳动案件进行审理。其次，未来应对劳动仲裁机构和法院审理进行整合，借鉴德国劳动法院设立经验，[①] 成立单独的劳动法院，实现三审终审制度。基层劳动法院的行政事务和业务监管由中级人民法院经地方劳动行政部门同意进行。同时，提炼劳动争议仲裁程序灵活快速特点，设计符合劳动争议处理的特殊程序。

第二节　中国工资权司法救济特殊程序保障

《劳动争议调解仲裁法》在保护劳动者的立法宗旨基础上，为了维持劳动者及家庭成员生活，确保劳动者工资权的及时救济，以及工资权的实现等，规定了部分先行裁决、先予执行、一裁终局、支付令以及特殊仲裁时效等特殊制度。目前存在问题比较多的是部分先行裁决、先予执行和一裁终局制度。

一　部分先行裁决与先予执行

工资权的特殊性在于其维持生存的功能，承载了人权属性。部分先于裁决与先予执行制度是为了应对劳动者因工资拖欠或其他导致生活困难的特殊情形。

（一）部分先行裁决

部分先行裁决适用于劳动仲裁，适用对象是劳动争议案件中事实已经清楚的部分，劳动仲裁庭可以就该部分先行裁决。该条仅是

[①] 沈建峰：《德国法院的历史、体制与启示》，《中国劳动关系学院学报》2015年第6期。

事实清楚作为部分先行裁决的唯一条件。而之前部分先行裁决规定见于劳动部等规章或复函，除了事实清楚外，还将权利义务关系明确、严重影响劳动者生活作为适用条件。如《建筑领域农民工工资支付管理暂行规定》第 18 条规定，"……对事实清楚、不及时裁决会导致农民工生活困难的工资争议案件……可部分裁决，不执行部分裁决的，可依法申请法院强制执行"。可见，部分先行裁决仅适用于紧急情况，一般情况下，还是按照正常劳动争议处理程序处理。比较而言，劳动争议仲裁阶段的部分先行裁决并不限于紧急情况处理，而是适用于事实清楚的一般情况，适用范围非常宽泛。关于部分先行裁决的效力，《劳动争议调解仲裁法》并没有明确规定，但在《劳动部办公厅关于劳动争议仲裁程序中能否适用部分裁决问题的复函》（劳办发〔1994〕391 号）等文件中有所规定，部分裁决已经做出则生效开始执行，不得单独就部分裁决向人民法院起诉。但其明确为因为情况紧急的特殊处理。用人单位可以向原劳动仲裁委员会申请复议，其间不停止执行。部分先于裁决实质上有终局裁决性质。裁决被撤销的，工资等已经执行部分应予以返还。现实情况是裁决一旦被撤销，劳动者往往没有可执行财产或难以找到执行财产，则很难实现执行财产回转，也无力赔偿用人单位损失。由于原劳动部办公厅的复函则只是一份没有法律效果的部门意见，不具有法律效力。《劳动争议调解仲裁法》（2008）仅一条对部分先于裁决做了宽泛的抽象规定，没有具体配套程序设计，可操作性不强，也没对部分先行裁决是否具有终局效果做规定。既然没有法律依据，限制当事人对部分先行裁决的起诉权等于违法剥夺当事人诉权。只要当事人依法向法院起诉，部分先行裁决则不生效，也就不能向法院申请强制执行，此制度意义并不是特别大。实践中，为了保护劳动者生存权，有地方法院明确规定，紧急情况下做出的工资、医疗费的部分先行裁决，用人单位不得单独就该部分向法院起诉，但拒不执行的，可申请强制执行。如《深圳市中级人民法院审理劳动争议案件若干问题的指导意见（试行）》第 53 条规定。

部分先行裁决制度的正当性基础在于劳动者生存权的保护，为了保护生存权，应当明确劳动者就部分先行裁决申请强制执行，否则，劳动仲裁阶段的部分先行裁决毫无意义。但该制度应严格予以限制，因为该裁决未经诉讼程序最终审判而直接申请执行，一旦案件终结，劳动者就案件部分先行裁决和其他裁决向法院提起诉讼，可能出现部分先行裁决被撤销或改判的结果。此时，已经被执行的财产往往被劳动者消费或移转，导致用人单位财产损失。所以，应修改完善《劳动争议调解仲裁法》第43条第3款规定，在原有规定基础上予以限制和明确，既能保护劳动者生存权，也能将用人单位损失降到最低，主要立法修改建议为：（1）限于工资、医疗费两类与劳动者生存密切联系事项；（2）限于不先于裁决会严重影响劳动者生活的紧急情形；（3）明确当事人不得就部分先于裁决单独向法院提起诉讼；（4）明确用人单位拒不执行部分先于裁决的，劳动者可以向法院申请强制执行。

（二）先予执行

《劳动争议调解仲裁法》第44条规定了劳动争议仲裁阶段的先予执行，旨在保护劳动者的生存权。与《民事诉讼法》第106条规定的先予执行制度的不同在于适用条件。民事诉讼阶段先予执行的适用条件为：（1）当事人权利义务关系明确；（2）被申请人有履约能力；（3）不先予执行将严重影响申请人生活；（4）可以责令申请人提供担保。劳动争议调解仲裁阶段先予执行适用条件只需要具备（1）（3）即可。劳动者在劳动仲裁阶段申请先予执行的，可以不提供担保。这种特殊规定主要是考虑到劳动者经济困难，无力提供相等财物担保。而如果没有担保就不能先予执行又会对申请人生活造成严重困难。同时，劳动争议仲裁阶段先予执行并不需要被申请人有履约能力，显然减少了劳动者申请先予执行的条件限制，无须劳动者对用人单位是否有履约能力举证证明。此外，《民事诉讼法》所规定的与劳动者有关的可先予执行的案件范围为：（1）医疗费；（2）劳动报酬。而《劳动争议调解仲裁法》将案件范围扩及追索经济补偿、赔偿金案件。相对来讲，劳动争议仲裁阶段的先予执行规定更加有利于劳动者的特殊保护。

劳动者可以不提供担保提起先予执行申请，也存在部分先行裁决执行一样的问题。所以，该制度也应该谨慎适用，严格遵守《劳动争议调解仲裁法》第44条所规定的条件。(1)当事人之间劳动关系明确，进而基于劳动关系产生的权利义务关系明确，且仅存在用人单位单向给付义务。例如，劳动者已提供劳动事实明确，而用人单位未支付或未足额支付工资，用人单位就工资有单项给付义务。(2)申请人生活将因为不先予执行而受到严重影响。这里应对"严重影响"应该认定为劳动者及家庭生活陷入生活困难而难以维持基本生存。假如只是生活水平影响并未陷入生存危机，不能被认定为"严重影响生活"。此外，劳动仲裁阶段做出的先予裁决不以用人单位是否有履约能力为前提。其可以相对弥补我国执行阶段工资优先权规定缺失的问题。至少先予执行可以在用人单位资不抵债时，相对于其他债权人能够尽早通过执行用人单位财产获得全部或部分救济。但当用人单位无履约能力时，先予执行意义不是很大。需要特殊的工资支付确保机制，如前述的欠薪垫付制度对工资债权的最后保障。

二 工资争议案件的一裁终局制[①]

为了解决我国劳动争议案件处理周期过长，不利于劳动者保护的问题，《劳动争议调解仲裁法》经过多方讨论，在保留原有"一裁两审，仲裁前置"的裁审模式下，创新设立了中国特有的"一裁终局制度"。该制度旨在防止用人单位滥用诉权导致劳动者权利救济的不及时，将部分劳动争议案件终局于劳动仲裁程序，但对劳动者诉权并无限制。工资权承载着劳动者及家庭成员生活维持之功能，所以，工资权当然是一裁终局制度的主要保障之对象。现有一裁终局制度在工资权救济上存在一定缺陷，亟须完善。

(一) 工资争议案件一裁终局制度存在的问题

1. 一裁终局制度适用标准设计存在缺陷

《劳动争议调解仲裁法》第47条规定了适用一裁终局的争议主

---

① 侯玲玲：《劳动争议一裁终局制度的反思与改革》，《法商研究》2017年第3期。

要分为两大类。(1) 小额索赔争议。此争议限于金钱给付争议的四种类型，即不超过当月最低工资标准12个月金额的劳动报酬、工伤医疗费、经济补偿金或赔偿金。(2) 劳动标准争议。此争议限于工时、休息休假、社会保险等国家劳动标准方面的争议。这种认定标准导致一裁终局制度对工资权救济效果有限。

(1) 类型化的小额索赔案件认定标准引发适用歧义

《劳动争议调解仲裁法》第47条第1款第1项通过列举式立法限定了适用一裁终局制度的小额索赔劳动争议的类型，即劳动报酬追索、工伤医疗费、经济补偿金或者赔偿金案件适用一裁终局，其他金钱支付为标的的劳动争议案件则不属于一裁终局范畴的案件。实践中，经济类索赔案件类型很多，除了以上四类，常见的还有追索年休假工资、工伤停工留薪期工资、医疗期工资、未签书面合同两倍工资差额部分、代通知金、高温津贴、竞业限制经济补偿等，这类经济索赔案件是否属于该项一裁终局的范围以及属于哪种类型争议，立法者并没有明确解释，在适用中容易产生歧义。依文义解释的观点认为，凡是没有法律明确规定属于一裁终局范畴的案件不适用一裁终局制度。然而地方实践中存在不同的理解和适用。以代通知金为例，《劳动合同法》第40条规定了解除劳动合同的代通知金，[①] 实务界观点认为，代通知金案件应属于一裁终局范畴。但是归入"劳动报酬"一类还是"经济补偿"一类尚存争议。[②] 又如年休假工资，实务界有观点认为，劳动报酬应是劳动给付对价，年休假工资是在劳动者未提供劳动的情况下依照法律规定的给付，不应属于劳动报酬。也有观点认为应扩大解释，将年休假工资纳入劳动报酬的范畴。[③] 由此可见，对于法律未明确规定属于一裁终局范畴的经济索赔案件，地方基于严格文义解释以及扩大或限缩解释的不

---

① 该条规定，对于符合该条规定的法定解除情形之一的，用人单位提前三十日以书面形式通知劳动者本人或者额外支付劳动者一个月工资后，可以解除劳动合同，其中"额外支付劳动者一个月工资"称为代通知金。

② 周清：《"代通知金"也属于一裁终局的范畴》，《中国劳动》2010年第4期。

③ 吴克孟：《未休年休假工资应适用特殊仲裁时效》，《中国劳动》2015年第10期。

同，认定标准各不相同，适用范围大小也存在差异。

（2）虚化的劳动标准案件认定标准缩小了一裁终局适用范围

关于执行劳动标准的一裁终局适用存在明显的虚化问题。实践中很少有劳动者仅是诉请用人单位执行国家劳动标准，而多以用人单位违反国家劳动标准为由提出经济诉求，主要经济诉求为加班工资、带薪年休假工资、社会保险待遇或赔偿等。相应地引发一个问题，假如此认定标准不涉及具体金额，该条规定几乎没有任何意义，形同虚设。是否涉及具体金额，各地解释和操作各有不同，归纳起来主要有两种。①不涉及具体金额，主要是指因执行国家劳动标准等不涉及具体金额情形而产生的争议，如因执行国家劳动标准发生的争议涉及具体金额给付请求的，则适用第47条第1款第1项规定，如北京、上海、江苏等，此为多数地方的解释和操作。依照此解释，只要执行国家劳动标准发生的争议涉及具体金额，如因加班引发的加班工资请求、因未缴纳社保或未足额缴纳社保引发的保险待遇或赔偿请求等，涉及具体金额而只能适用第47条第1款第1项规定，一旦数额超过小额索赔标准，则不能适用一裁终局。②一般不涉及具体金额，例外涉及具体金额。广东省规定，社会保险争议发生的待遇和赔偿金适用一裁终局，没有金额限制。但工伤医疗费以及其他劳动标准执行发生的劳动报酬、经济补偿金或赔偿金请求的，则适用第47条第1款第1项规定，按照小额索赔案件一裁终局的数额标准执行。① 广东省的扩大解释，产生了与其他地方严格文义解释不同的适用效果。广东区域内大部分因社会保险发生的待遇或赔偿案件，无论数额多少，都

---

① 《广东省高级人民法院、广东省劳动争议仲裁委员会关于适用〈劳动争议调解仲裁法〉、〈劳动合同法〉若干问题的指导意见（粤高法发〔2008〕13号）》第2条下列争议，应作为劳动争议处理：……（二）劳动者以用人单位未为其缴纳社会保险费导致其损失为由，要求用人单位支付工伤、失业、生育、医疗待遇和赔偿金的；第9条规定，《劳动争议调解仲裁法》第47条应做如下理解：……（二）劳动者要求按国家法定标准执行工作时间、享受休息休假的争议，以及劳动者与用人单位发生本意见第2条规定的社会保险争议，仲裁裁决为终局裁决。《广东省关于审理劳动人事争议案件若干问题的座谈会纪要（2012年）》第37条规定，……劳动者请求用人单位支付工伤保险待遇，属于《劳动争议调解仲裁法》第47条第2项规定的因执行国家的劳动标准在社会保险方面发生的争议，劳动人事仲裁机构对此做出的仲裁裁决为终局裁决。

被纳入一裁终局范畴，大大缩短了此类案件的处理周期。只是因为未敢突破"工伤医疗费"的法律明确规定，部分工伤保险案件受制于"工伤医疗费"而无法实现一裁终局。

但因执行劳动标准所产生的与工资有关争议，如加班工资、未休年休假工资、工伤医疗期间停工留薪期工资等争议，都无法适用第 47 条第 1 款第 2 项，只能依照小额索赔案件处理。

2. 一裁终局制度引发司法程序适用上的混乱

劳动争议一裁终局制度特有的不平等诉权是其他程序法所没有的，这样新的权利出现必然在司法程序上产生新的问题，需要立法者在立法时考虑周全，予以明确立法，然而，立法者似乎未考虑到这个问题，导致司法程序一度混乱，产生以下三个主要问题。（1）劳动者不服仲裁裁决，向基层法院提起诉讼，同时，用人单位向中级人民法院申请撤销终局裁决。基层法院和中级人民法院很有可能因信息不对称，同时受理并做出裁定或判决。（2）劳动者起诉后，用人单位因为没有起诉权，无法就不服部分起诉，也丧失了撤裁请求权。（3）劳动者起诉后又撤诉，如果撤诉时间是在用人单位收到裁决书三十日后进行的，用人单位超过三十日是否还能申请中级人民法院撤裁，并不明确。最高人民法院不得不通过司法解释来解决上述问题。《司法解释三》第 15 条仅解决了劳动者依法向基层人民法院提起诉讼，用人单位依法向劳动人事争议仲裁委员会所在地中级人民法院申请撤销仲裁裁决的程序问题。即中级人民法院对于撤裁申请不予受理；已经受理的，裁定驳回撤裁申请。如果劳动者被人民法院驳回起诉或撤诉的，用人单位可在收到裁定书之日起三十日内申请撤裁。然而，对于劳动者起诉后，用人单位不服部分是否有诉权，以及劳动者起诉后又撤诉是在用人单位收到裁决书三十日后进行的，用人单位超过三十日是否还能申请中级人民法院撤裁，依然没有明确。该制度在实施过程中，各地有不同的理解和裁审结果。

3. 一裁终局制度的实施效果并不明显

立法者初衷是通过一裁终局制度让大部分劳动案件在劳动仲裁

阶段解决,但一裁终局案件比例偏低,与立法者设想相差甚远。①究其原因有以下两点。

(1) 司法解释降低了一裁终局案件比例

依照最高人民法院司法解释的规定,一份劳动仲裁裁决书事项有终局裁决和非终局裁决,按照非终局裁决处理。② 劳动者提起劳动仲裁申请,往往提出几项,甚至十几项仲裁请求,很少仅有一项。只要同一裁决书中有一项不属于终局裁决事项,即使其他事项都属于一裁终局事项,仍然按照非终局裁决处理。以工伤赔偿案件为例,劳动者凭着有效工伤认定书申请工伤赔偿仲裁,因用人单位未缴纳工伤保险的请求赔偿事项,包括工伤医疗费、停工留薪期工资、工伤保险待遇等多项。大多数地方因该案件涉及具体金额,而适用小额索赔案件一裁终局认定标准,通常因超过标准而无法适用,即使在扩大解释的广东省,虽然工伤保险待遇适用劳动标准案件的认定标准,无论数额大小都一裁终局,但因为工伤医疗费事项明文规定归属于小额索赔案件类型,一旦工伤医疗费超过小额索赔案件一裁终局认定标准则为非终局事项。工伤赔偿裁决书包含非终局事项和终局事项则为非终局裁决书。由此,工伤赔偿案件在历经工伤行政认定、工伤行政诉讼等周期漫长的程序后,又要经历一裁两审程序。

《劳动争议调解仲裁法》第47条第1项以当地月最低工资标准的12倍来作为适用一裁终局的认定标准。《司法解释三》之前,存在分项认定还是合项认定的争议。为了解决这一适用上的混乱,《司法解释三》第13条明确规定分项认定,即以仲裁裁决每项确定的数额来认定是否符合"小额索赔"标准,如符合的,则按照终局裁决处理。相比较合项认定而言,分项认定的规定提高了一裁终局的适用率,但标准依然较低,工伤医疗费、违法解雇赔偿金等需要

---

① 劳动争议案件一裁终局制度实施效果评估课题组:《劳动争议案件一裁终局制度实施效果评估》,《中国劳动》2014年第5期。

② 《最高人民法院关于审理劳动争议案件适用法律若干问题的解释(三)》(以下简称《司法解释三》)第14条规定,劳动人事争议仲裁委员会做出的同一仲裁裁决同时包含终局裁决事项和非终局裁决事项,当事人不服该仲裁裁决向人民法院提起诉讼的,应当按照非终局裁决处理。

快速高效裁决的案件因其裁决数额通常超过此标准而无法适用一裁终局。当工资事项为终局裁决，但其他请求事项为非终局裁决时，非终局裁决和终局裁决事项包含在一个裁决书则为非终局裁决，大大限制了适用一裁终局来快速解决小额工资索赔争议的可能性。

（2）部分劳动案件处理时间不减反增

部分案件处理时间没有缩短反而延长，主要表现为以下三点。①延长了一裁终局案件执行时间。依照一裁终局的制度设计，仲裁裁决为终局裁决，裁决书自做出之日起发生法律效力。劳动者持发生法律效力的裁决书可以申请执行。然而，依据《司法解释三》第18条规定，用人单位可以以提起撤销终局裁决来申请人民法院裁定中止执行，从而导致一裁终局案件执行时间延长。[①] ②存在"终局裁决不终局"的尴尬现象。一方面，劳动者对终局裁决不服的，可向基层法院起诉；另一方面，用人单位认为终局裁决具有法定情形的，可以申请撤销裁决。每年劳动者不服终局裁决向基层法院起诉以及用人单位不服一裁终局裁决向中级人民法院申请撤销的案件不在少数。大量劳动争议终局裁决事实上并不是终局。终局裁决案件进入诉讼程序后，也没有相应的快速处理机制，仍按照普通民事诉讼程序处理。一旦一裁终局判决被中院撤销，又开始两审程序。这种制度设计与快速处理终局裁决案件的立法本意相背。③产生"一裁三审"的事实。《调解仲裁法》并未将"事实认定有误"作为中级人民法院撤销终局裁决的法定情形。实际操作中，许多申请撤裁的案件是因为案件事实认定错误导致法律适用错误，因此法官在审理撤裁案件时通常会对案件事实进行重新审理。一旦事实认定不当就会以适用法律错误而撤销终局裁决，从而形成了事实上的"一裁三审"。

4. 一裁终局制度陷入诉权偏重保护劳动者的认识误区

一裁终局制度的不平等诉权设计，其立法理由是对劳动者保留司法救济途径，限制用人单位的起诉权，以达到保护劳动者之立法

[①] 《司法解释三》第18条规定，劳动者申请执行终局裁决，而用人单位申请撤销终局裁决的，人民法院应该裁定中止执行，待用人单位撤回申请或其申请被驳回后再裁定恢复执行。

目的。有学者认为，我国劳动仲裁实质上承担了劳动审判职能，所以，仅是用人单位类似上诉权的限制。[①] 然而，一裁终局制度的不平等诉权设计严重违反了诉权公平对待法理，大大降低了一裁终局率，导致司法资源的严重浪费，同时也造成了实践中的程序混乱。

首先，违背了诉权公平对待法理。诉权是公民的一项基本宪法权利。[②] 诉权理论的发展是人权化。人权诉权说认为，诉权作为当事人向法院请求裁判的权利是宪法所保障的公民基本权之一。人权所包含的公平对待权是诉权理论的内核。[③] 劳动争议一裁终局制度仅是限制用人单位的诉权，违背了诉权平等对待原则，侵害了用人单位的诉权。虽然用人单位依法有向中级人民法院申请撤裁的权利，但该权利的实现困难重重。一方面，该权利实现完全取决于劳动者是否行使起诉权。劳动者一旦提起诉讼，仲裁裁决则失去法律效力，用人单位不仅无法再申请撤销裁决，其诉权也得不到保障，因为人民法院一般仅围绕劳动者诉讼请求进行审理。[④] 另一方面，由于裁审衔接的要求，地方中级人民法院往往控制本地一裁终局案件撤裁率，平均撤裁率都很低。用人单位撤裁申请通常难以得到法院支持。即使劳动争议一裁终局裁决存在错误，也有可能受限于撤裁率以及法律规定，而得不到救济，例如，对于事实认定错误的劳动争议一裁终局裁决，依照法律规定，不能作为申请撤裁的法定事由，然而，法院普遍反映申请撤裁的案件中事实认定错误是导致法律适用错误的主要原因。

其次，违背了诉权滥用禁止之法理。劳动争议一裁终局制度设计最根本的目的是防止用人单位滥用诉权，不仅是为了保护劳动者基本权，更重要的是对司法资源的节约，防止滥诉对稀缺司法资源

---

① 涂永前：《我国特色的劳动争议仲裁终局化之理念与制度架构——〈劳动争议调解仲裁法〉第47条释正》，《法律科学》（西北政法大学学报）2013年第3期。
② 王锡三：《近代诉权理论的探讨》，《现代法学》1989年第6期。
③ 吴英姿：《论诉权的人权属性——以历史演进为视角》，《中国社会科学》2015年第6期。
④ 谭玲：《劳动争议案件一裁终局制度现实困境与未来转型》，《人民司法·应用》2012年第1期。

的浪费，维护司法权威。① 所以，一裁终局制度设计限于满足金额较小案件快速解决的需要和明确的国家劳动标准执行的需要。从法理上看，诉权滥用的禁止应平等适用于用人单位和劳动者，即劳动者也不应滥用诉权。然而，是否一裁终局认定标准是以劳动仲裁最终裁决数额而非劳动者仲裁请求数额，劳动者提出的诉求金额往往高于一裁终局的裁决金额，由于最终结果低于劳动者预期收益，在现阶段起诉经济成本几乎为零的情况下，劳动者往往不服仲裁裁决而向法院起诉，以争取更多利益。②

由此可见，仅限制用人单位一方诉权不仅违反了诉权公平对等原则，也无法达到诉权滥用禁止的立法目的。应当平等限制双方当事人诉权的滥用，例如香港地区的小额薪酬索偿仲裁体制对起诉权的限制平等适用于劳动争议双方当事人。对于小额薪酬索偿案件裁决结果，双方当事人依据香港地区《小额薪酬索偿仲裁处条例》第31条规定，一般不被允许向法院起诉，除非仲裁裁决因牵涉法律问题；或者仲裁裁决的申诉内容超出仲裁处的司法管辖权范围。德国有专门的劳动法院，虽然有三级法院，但德国《劳动法院法》第64条规定，劳动争议案件向州法院提起上诉需满足一定的条件才能被受理，诸如诉讼标的为600欧元以下的小额诉讼一审终局，不得上诉至州法院。

（二）完善我国工资争议一裁终局制度的若干建议

劳动争议处理是社会治理的重要手段之一。党的十八届三中全会提出，"维护最广大人民根本利益，创新社会治理，最大限度增加和谐因素"。劳动争议一裁终局制度作为中国特有的劳动争议处理机制，属于有中国特色的创新之举，不仅不应废弃，更是应该予以改革和完善，更好地发挥该制度在我国劳动争议处理中的积极作用。

1. 明确并扩大一裁终局案件的适用范围

针对劳动争议一裁终局适用标准存在争议以及一裁终局案件比

---

① 王晓、任文松：《民事诉权滥用的法律规制》，《现代法学》2015年第5期。
② 谭玲：《劳动争议案件一裁终局制度现实困境与未来转型》，《人民司法·应用》2012年第1期。

例偏低的问题，应当明确一裁终局标准，并扩大一裁终局案件适用范围。

（1）扩大小额索赔劳动争议案件的一裁终局范围。借鉴德国及我国香港地区经验，我国劳动争议小额索赔劳动争议一裁终局认定标准应做如下完善。①以具体金额作为小额索赔劳动争议一裁终局的认定标准，而不再采用类型性立法技术。建议将一裁终局标准扩大至所有的简单小额索赔案件，所谓简单，应该是指劳动关系明确，争议人数在十人以下的小额索赔的劳动争议案件。因为，劳动关系确认是适用劳动法的前提条件，而劳动关系确认案件属于劳动争议案件中最为复杂和高难度案件，一旦劳动关系不明确，存在争议，不宜适用一裁终局。此外，依照《劳动争议调解仲裁法》第7条规定，劳动争议分为个别争议和集体争议，发生劳动争议的劳动者一方在十人以上的，并且有共同请求的，为集体争议。由于集体争议具有涉案人数多、矛盾集中、对抗性强、社会影响大的特点，不宜作为简单的劳动争议处理。借鉴香港地区经验，对于超过十人的小额索赔集体争议案件不宜适用一裁终局。②调整小额索赔案件的数额标准。调整小额索赔案件数额标准，一方面应考虑是否与《中华人民共和国民事诉讼法》第162条所规定的"小额诉讼一审终局"衔接，另一方面应考虑是否提高一裁终局的数额标准，扩大金钱支付的劳动争议案件一裁终局范围。《民事诉讼法》第162条规定了民事案件的一审终局制度，即事实清楚、权利义务关系明确、争议不大的简单的小额索赔民事案件实行一审终局。这里确定的"额"为"当地上年度就业人员年平均工资百分之三十以下"。一审终局与一裁终局的"额"认定标准并不相同。劳动争议一裁终局案件，劳动者一方起诉或者一裁终局裁决被撤销时，进入法院一审审理阶段，有可能适用一审终局程序。此类案件占比虽然非常低，但由于两种制度终局认定标准不一（如各省内各地最低工资不一），会在地方形成同一类案件程序不同的情形。例如，2013年广东省月平均工资是4468元，年平均工资百分之三十即是16084.8元，而广东省各地适用的2013年年最低工资，最低是12120元，最高是18600元，省年平均工资百分之三十16084.8元处于中间位置,极有可能出现小额诉讼案件标的额低于一裁终局案件标的额的情形。一旦小额诉讼案件标的额等于或低于一裁终局案件标的额,小额诉讼制度在劳动争议案件中便形同虚设。解决此种裁审衔接的问题,有两种方案。一是适用"就高不就低"原则,最低工资高于平均工资百分之三十的,上限适用《劳动争议调解仲裁法》的额度规定;最低工资低于平均工资百分之三十的,适用《民事诉讼法》的额度规定。二是参照法院小额索赔案件标准确定的方法,适当提高比例,即小额索赔仲裁案件标的额为各省、自治区、直辖市上年度就业人员年平均工资百分之五十以下的,实行一裁终局。第一种方案并未实际提高小额索赔案件一裁终局认定的数额上限,且裁审依然按照两种标准。而第二种方案不仅大大提高了小额索赔案件一裁终局认定的数额上限,扩大了一裁终局制度的适用范围,也实现了劳动仲裁和一审终局认定标准的口径统一,更为明确可行。

(2)实化劳动标准案件的一裁终局适用。地方已经开始尝试扩大劳动标准案件一裁终局适用范围,尤其是广东经验可以借鉴。如前所述,广东省已经将国家法定标准执行社会保险争议而发生的保险待遇和赔偿金适用一裁终局,且没有金额标准限制。此类案件虽然以金钱给付为标的,但属于按照社会保险标准支付待遇,标准明确,不应受 12 个月最低工资金额限制,无论数额多少,都应当适用一裁终局。由于工伤医疗费用属于工伤保险基金支出的范畴,支出项目、标准和报销程序都有明确规定,并不存在争议。一旦劳动者按照工伤保险基金支出医疗费用标准请求用人单位予以赔偿,理应属于因执行国家标准在工伤保险方面发生的争议范畴,依据《劳动争议调解仲裁法》第 47 条第 2 项规定适用一裁终局,而无论其具体数额。这不仅对于解决工伤赔偿案件处理周期过长问题有特别积极的意义,而且在司法实践中对用人单位滥用诉权也起到有效的遏制作用。值得注意的是,一旦劳动者依据合同约定或侵权法规定等,超出法定社会保险待遇标准申请赔偿事项和数额的,则不属于因执行国家的劳动标准而发生的争议,而属于"小额索赔争议",应受具体金额数额限制。

关于社会保险标准执行的一裁终局范围扩大可借鉴工作时间、

休息休假等劳动标准执行的争议案件。对于因工作时间、休息休假标准执行引发的加班工资、未休年休假工资等争议，假如计算基数标准没有争议，一旦工作时间、休息休假标准确定，则加班工资、未休年休假工资应作为执行劳动标准的争议，而无论具体数额，适用一裁终局。

2. 劳动争议当事人双方对终局仲裁裁决均无起诉权

赋予劳动争议当事人双方平等的起诉权，[①] 即一裁终局制度要公平适用到当事人双方，当事人双方对终局仲裁裁决均无起诉权，但有申请撤销裁决的权利。对于一裁终局裁决书不服，且符合法定情形的，当事人双方可向劳动人事争议仲裁委员会所在地的中级人民法院申请撤销裁决。申请撤销裁决的法定情形为《劳动争议调解仲裁法》第49条规定的6类情形，不包括认定事实错误情形。对于一裁终局的案件，一方当事人认为事实认定错误的，不得向中级人民法院申请撤销终局裁决。由于我国现有劳动仲裁队伍素质普遍较差，地方中级人民法院在审查一裁终局案件时普遍反映有许多申请撤裁案件适用法律错误的原因是事实认定错误。[②] 所以对于事实认定错误的一裁终局案件应有一定的救济监督途径。这可借鉴澳大利亚对于仲裁裁决事实认定错误的上诉制度经验。澳大利亚公平工作委员会仲裁官裁决的案件，当事人如果认为裁决书认定事实存在显著错误，且是独任仲裁官裁决的，可以向公平工作委员会提出上诉。上诉应当在收到裁决书之后21日内提出。公平工作委员会对上诉申请予以审查，符合上诉条件，则可启动上诉审理程序。公共利益的需要为必须启动上诉程序的法定情形。上诉裁决为终审裁决。[③] 我国可设立劳动仲裁事实认定两裁终局的制度，对于劳动争议仲裁委员会做出的一裁终局裁决不服，当事人认为裁决书认定事实存在明显错误，且是独任仲裁官裁决的，可以向劳动仲裁委员会提出申

[①] 谢增毅：《我国劳动争议处理的理念、制度与挑战》，《法学研究》2008年第5期。

[②] 谭玲：《劳动争议案件一裁终局制度现实困境与未来转型》，《人民司法》（应用）2012年第1期。

[③] 李连刚：《澳大利亚劳动争议仲裁制度之借鉴》，载汤庭芬主编《深圳劳动关系发展报告（2014）》，社会科学文献出版社2014年版，第318页。

诉。劳动仲裁委员会经审查同意，启动审理程序。委任三名资深劳动仲裁员组成合议庭处理申诉案件。认定事实错误的，合议庭重新做出裁决；认定事实准确的，合议庭维持原来裁决。合议庭裁决为最终裁决，当事人不得向法院起诉。

3. 建立申请撤裁案件的立案审查制度

《劳动争议调解仲裁法》第49条对申请撤裁条件有明确限制，广东省高级人民法院早在2008年就明确了中级人民法院应对用人单位提起的撤裁申请条件进行审查，并规定审查期间，人民法院可不停止执行生效裁决。[①] 而《司法解释三》第18条仅对终局裁决执行中止裁定做出规定，而没有明确中级人民法院对用人单位撤裁申请是否应进行条件审查。现实情况是，各地中级人民法院在立案时并没有对申请撤裁的案件进行条件审查，全部案件进入法院二审审理程序。

我国案件起诉一直采取的是前置审查模式，即法院对当事人是否符合法定条件进行立案审查，符合条件的方才予以立案。虽然这种模式颇受非议，有观点认为，起诉条件和立案审查前置对于排除无益诉讼，实现案件分流具有相当意义。诉权自其产生就需附有条件。[②] 而我国《劳动争议调解仲裁法》第49条就是为用人单位申请仲裁终局案件撤销权附有的条件，旨在实现劳动争议一裁终局，节约司法资源，防止用人单位滥用撤裁权。如前所述，我国地方中级人民法院并未对用人单位提起撤裁申请进行立案前审查，导致大量案件进入审理程序，使得终局案件不终局。因此，我国地方中级人民法院应建立劳动争议一裁终局案件申请撤裁的立案审查制度，对于用人单位提交的撤裁申请必须立案审查。参照现行起诉的前置审查的书面形式审查模式，[③] 对于用人单位提交的终局裁决撤裁申请应进行书面审查，审查内容包括：①上诉事由是否符合《劳动争议

---

① 《广东省高级人民法院、广东省劳动争议仲裁委员会关于适用〈劳动争议调解仲裁法〉、〈劳动合同法〉若干问题的指导意见》（以下简称《意见》）早在2008年就提出了对撤裁申请的条件审查要求，该意见第13条规定，在人民法院审查用人单位撤销仲裁裁决的申请是否符合法定条件的期间，人民法院可不停止生效仲裁裁决的执行。

② 段义波：《起诉条件前置审理论》，《法学研究》2016年第6期。

③ 段义波：《起诉条件前置审理论》，《法学研究》2016年第6期。

调解仲裁法》第 49 条规定的法定事由；②提供的证据是否具有较强的证明力。对于提供了较强证明力证据证明具备了《劳动争议调解仲裁法》第 49 条规定的法定事由的撤裁申请，方可认定用人单位有终局裁决的撤销申请权，并予以立案，启动撤裁申请审查程序，符合撤裁申请的条件，否则驳回申请。

4. 终局裁决事项与非终局事项仲裁请求分项的告知义务

《劳动人事争议仲裁办案规则》（2008）第 49 条规定，① 劳动仲裁委员会有义务就终局裁决事项和非终局裁决事项分别撰写裁决书，这样对于非终局裁决事项的起诉就不会累及终局裁决事项。《劳动人事争议仲裁办案规则》（2017）第 50 条亦保留了分项裁决的规定。由于《劳动争议司法解释三》第 14 条实质上对终局裁决事项和非终局裁决事项分项裁决进行了否定，即允许一份裁决书"同时包含终局裁决事项和非终局裁决事项"。法院是劳动争议案件最终判决机构，为了实现裁审衔接，简化劳动仲裁书撰写，以及对一裁终局案件之终局顾忌，地方劳动仲裁裁决书可能对终局事项和非终局事项不再分别裁决，而是包含在同一裁决书中。

无论是人力资源和社会保障部制定的办案规则还是最高人民法院的司法解释都没有考虑到劳动者个人的选择自由权之保障。申请劳动争议仲裁一方主体多数为劳动者，旨在选择公力救济权利的途径来实现自己的权益。一裁终局制度亦是为保护劳动者而设立。因此，劳动者作为争议当事人应该享受有一裁终局事项的知情权和选择自由权。一旦立法赋予双方平等诉权，这种知情权和选择权更为重要，否则会引发劳动者不满，导致新的矛盾产生。普通劳动者在经济地位和信息获得上远远弱于用人单位，特别是文化和收入低下的农民工，完全靠其自身获取一裁终局相关法律信息似乎过于苛刻，所以，劳动者提起劳动仲裁申请时，劳动仲裁机构接受仲裁申请同时给予劳动者一份书面的风险提示通知，该通知应明确告知劳动者哪些争议事项属于法定一裁终局事项和非终局事项，并告知其

---

① 《劳动人事争议仲裁办案规则》（2008）第 49 条明确规定"仲裁庭裁决案件时，裁决内容同时涉及终局裁决和非终局裁决的，应分别作出裁决并告知当事人相应的救济权利"。

可以就非终局事项和终局事项分别提起劳动仲裁申请,以及不分别提起劳动仲裁申请的风险。对于法律规定不清晰的事项应进一步具体解释。劳动者了解一裁终局事项后,有权选择变更原来提交的仲裁申请,就非终局事项和终局事项分别提起劳动仲裁申请。劳动仲裁机构应根据劳动者申请分别做出终局裁决书和非终局裁决书。

5. 建立终局裁决执行中止的担保制度

法律明确规定劳动争议一裁终局的裁决书自做出之日起发生法律效力,劳动者可申请法院执行,然而,考虑到用人单位对于一裁终局裁决不服的,有向中级人民法院申请撤裁的权利,一旦法院裁定撤销一裁终局裁决,而终局裁决书又被执行完毕,则法院必须通过执行回转,对用人单位已被执行的财产重新采取执行措施,恢复到执行程序开始前的状态。假如期间劳动者转移了被执行财产或使用完了被执行财产,则无法执行回转或增加了执行成本。为了保护用人单位的财产权,《司法解释三》第18条规定,用人单位申请撤销一裁终局裁决的,人民法院应当裁定中止执行。然而,这种简单的终局裁决中止规定仅考虑到对用人单位财产保护却未考虑到劳动者的执行保护,可能出现与立法目的相悖的法律后果。用人单位提出撤销仲裁裁决申请就马上中止执行,会鼓励用人单位滥用撤销申请程序甚至利用该程序创造的时间利益进一步转移财产或做出其他不利于执行的行为。从平衡双方利益考量,一方面,为了防止用人单位转移财产或做出不利于执行的其他行为,确保劳动者胜诉后有财产可供执行;另一方面,为了防止撤裁后执行回转困难,保护用人单位财产不受损失,建议建立一裁终局裁决执行的中止担保制度。用人单位提出撤销申请时提供了执行担保的,可以裁定中止执行;拒绝提供执行担保的,不应中止执行。担保在我国财产保全程序中已然是一项重要的制度设计,它解决了保全错误时的责任承担,缓解了申请人和被申请人之间的矛盾,一方面,财产保全申请有利于申请人判决执行;另一方面,防止财产保全申请错误给被申请人造成的损失得不到赔偿。[①] 建立一裁终局裁决执行的中止担保

---

① 刘哲玮:《论财产保全制度的结构矛盾与消解途径》,《法学论坛》2015年第5期。

制度，亦可缓解劳动者执行难和用人单位被执行错误的矛盾，以达到两造利益之平衡。

第三节　工资权争议证明责任分配[①]

证明责任本质上是实体法与程序法在诉讼中的交汇，属于跨学科研究领域，民事诉讼法学者如果对劳动实体法缺乏长期关注和研究，断然不敢也无法深入研究劳动争议证明责任问题，劳动法者长期关注实体，轻程序，在证明责任领域理论研究严重不足。实践中，我国劳动争议证明责任规定不明确，理论研究匮乏，各级法院之间、地方法院之间、劳动仲裁与法院之间对于同一类案件证明责任分配和具体证明方式存在较大差异，以加班工资案例为例，有律师比较分析部分地方规定有关加班事实的证明责任分配，得出"一个小小的加班费，竟能像数学中排列组合一样生出这么多种变化"的结论。[②] 这大大增加了劳动争议双方对法律预期的难度，不仅影响了当事人的利益，也危及劳动仲裁机构和法院的公信力，成为制造社会不和谐的重要因素。[③]

一　证明责任特殊规范的现实需求：劳动争议的特殊性

劳动争议是用人单位和劳动者之间发生的劳动纠纷。劳动争议的当事人必须是劳动关系的双方当事人。劳动关系是适用劳动法的基点。劳动关系通过劳动者与雇主之间的劳动合同建立，根据劳动合同，劳动者承担在雇主领导和指挥下给付约定的义务，雇主承担

[①] 侯玲玲：《劳动争议证明责任理论思考和制度重构》，《法学评论》2017年第3期。

[②] 韩永安：《浅议加班工资的举证责任分配》，广州市法学会编，载《法治论坛》第25辑，中国法制出版社2012年版，第61页。

[③] 《胡庆刚索赔双倍工资、被拖欠工资补偿金等6万余元，历经劳动监察部门投诉、仲裁部门裁决、法院两审，因提供的证据不足以证明他与用人单位存在劳动关系，最终败诉，引发刺伤法官的血案》，《起点：十堰法官被刺与危险劳动争议案件》，2016年12月24日，http://news.sohu.com/20151002/n422531834.shtml。

支付约定劳动报酬的义务。① 因而，劳动关系是用人单位与劳动者之间依照合同约定进行劳动给付和劳动报酬给付交换所形成的社会关系。针对劳动关系的天然不平等的属性，劳动法通过强制保护法的方式来干预劳动合同，偏重保护劳动者。在权利义务的配置上，劳动者更多是权利主体，用人单位更多是义务主体。这决定了劳动争议不同于平等独立民事主体之间发生争议，其特殊性表现为以下几方面。

第一，劳动争议大多数是由劳动者申请劳动仲裁而产生，虽然也有用人单位主动申请劳动仲裁，但并不多见，且一般仅发生在服务期、离职后竞业限制两大争议领域。而作为主张请求权的普通劳动者在人、财、物和知识能力方面不如用人单位，用人单位举证能力更强，如果按照"谁主张、谁举证"的证明责任分配规则让劳动者负担证明责任，那么大多数案件事实无法查明，而劳动者则会因为证明不能而陷入败诉风险，其劳动实体法上的权利无法得以实现，实体公正无法保障。

第二，劳动合同订立、变更、解除和终止过程伴随着用人单位管理用工过程，劳动争议类型往往夹杂着合同与用工管理引发的争议。以用人单位劳动者严重违纪降职降薪为例，该争议案由虽然是工资的减少，但该行为又是用人单位行使用工管理权的结果。以加班工资争议为例，劳动者主张加班工资，按照"谁主张、谁举证"，劳动者必须证明的事实为：（1）与用人单位有劳动关系；（2）加班事实和加班时间；（3）正常工作时间工资。这一案件案由是加班工资支付，但涉及合同条款履行和用工管理中的考勤制度问题，并不能认为是完全法律意义上的平等主体待遇纠纷。单纯平等主体之间的合同纠纷在劳动纠纷领域并不多见，因此，劳动争议案件很难完全类型化，证明责任分配一般性规则的确立存在困难。

第三，内部关系的事实查明较为困难。用人单位与劳动者之间管理和被管理关系是一种内部隶属关系。该关系跟婚姻关系有一定的相似性，感情尚好期间，双方证据保存意识较弱，尤其是普通劳

---

① ［德］雷蒙德·瓦尔特曼：《德国劳动法》，沈建峰译，法律出版社2014年版，第44页。

动者和中小企业。中小企业常常因为管理不规范而忽略证据的制作和保存。此外，现在越来越多用人单位采用无纸化办公（OA系统）、自动化办公，管理流程都通过单位内OA系统申请以及电子邮箱完成，虽然方便了企业日常劳动管理，但使劳动争议案件举证陷入前所未有的困境。争议后，当事人双方往往无法提供证据，或者提供的证据不符合证据证明力，如没有劳动者签字的电子考勤或考核结果、录音录像资料、电子邮件、劳动者提供的同事证人证言或复印件等证据证明力往往较弱。由于证据必须查证属实，才能作为认定事实的根据，所以，劳动争议案件事实认定较之一般民事案件事实认定更为困难。

二 现行劳动争议证明责任的特殊规定及问题分析

我国劳动争议处理适用"一裁两审"的体制模式。劳动仲裁程序适用《中华人民共和国劳动调解仲裁法》，劳动诉讼程序适用《中华人民共和国民事诉讼法》和最高人民法院制定的若干司法解释。随着各地裁审衔接工作推进，劳动仲裁委员会和法院在审理劳动争议案件中，劳动争议证明责任分配规则虽然存在一定差别，但总体趋同。此外，劳动实体法存在偶尔少量对证明责任分配的特殊规定。

（一）劳动争议证明责任的特殊规范

《民事诉讼法》（2012修订）第64条、《劳动争议调解仲裁法》第6条、《最高人民法院关于民事诉讼证据规定》（以下简称《证据规定》，2002）第2条规定，"当事人对自己提出的主张，有责任提供证据"，即"谁主张、谁举证"。劳动争议案件中，劳动者通常是权利主张者，按照"谁主张、谁举证"的举证规则，应对自己的主张提供证据，但结果有悖正义和实体法目的。因而相关法律、司法解释对劳动争议证明责任有一些特殊规定。

（1）程序法的特殊规定。依据《劳动争议调解仲裁法》（2008）第6条的规定，用人单位对于自己掌握管理的相关工资争议证据有举证责任，否则承担不利后果。

（2）司法解释的特殊规定。《证据规定》第6条最早对用人单位单方决定发生的劳动争议的证明责任予以了特殊规定。对于用人单位单方减少劳动报酬的争议,由用人单位负举证责任。《最高人民法院关于审理劳动争议案件适用法律若干问题的解释(二)》(以下简称《劳动争议司法解释(二)》,2006)第1、2条对"工资争议发生之日"事实认定的证明责任分阶段予以了特殊规定。劳动关系存续期间,一般以劳动者主张权利之日为劳动争议发生之日,但用人单位能证明已书面通知劳动者拒付工资事实的,劳动争议发生之日为书面通知拒付之日。劳动关系结束后产生的支付工资争议,劳动争议发生之日一般为劳动关系结束之日,但劳动者能够证明用人单位承诺支付的时间为劳动关系结束后的具体日期,用人单位承诺支付之日为劳动争议发生之日。《劳动调解仲裁法》实施后,工资争议劳动仲裁时效起点不再是"争议发生之日",而统一确定为劳动合同解除或终止之日。《最高人民法院关于审理劳动争议案件适用法律若干问题的解释(三)》(以下简称《劳动争议解释(三)》,2010)第9条则对加班事实证明责任予以了规定,即劳动者主张加班费,必须对加班事实提供证据证明。除非劳动者证明用人单位掌握加班事实证据。

(二)现行劳动争议证明责任特殊规范的问题分析

由上述规定可见,工资争议案件证明责任的特殊规定散见于程序法及最高人民法院各司法解释中,呈现了规范的碎片化。虽然强调了规范的实用性,但未能兼顾整个体系的完整性,凸显了诸多问题。

1. 现有规定技术粗糙,存在规定上的冲突和适用上的理解歧义

首先,《证据规定》第6条规定模糊。《证据规定》第6条所规定的开除等事由,显然指的是争议的几种类型,即理解为开除导致的争议、减少报酬导致的争议等,而并非某一特定具体的事实。例如在减少报酬争议中,就可能存在减少的数额、减少的原因、减少的时间等事实;在解除劳动合同纠纷中,可能存在劳动合同关系曾有效存在、用人单位存在违法解除合同等事实,这些事实是否均应由用人单位负担证明责任,还是其中某些特定事实应由用人单位负担证明责任?《证据规定》第6条规定并没有非常清晰地予以说明,实务中容易产生上述类型劳动争议案件所有事实应由用人单位负担

的理解。①

其次,规定之间存在冲突。《劳动争议司法解释(三)》第9条与《劳动争议调解仲裁法》第6条规定存在严重冲突,依据前者规定,劳动者必须提供证据证明用人单位掌握加班事实存在的证据。而后者并没有规定劳动者对"与争议事项有关的证据属于用人单位掌握管理的"负担证明责任,但该条也没明确界定什么属于用人单位掌握管理的证据。规定之间的冲突和模糊会在证明责任上产生巨大歧义。在劳动者主张加班工资争议中,用人单位依据《劳动争议司法解释(三)》第9条对自己的举证责任产生了盲目乐观判断,以管理不规范为由拒绝提供基于管理行为应当掌握的证据,而劳动者则依据《劳动争议调解仲裁法》第6条主张加班事实证据属于用人单位掌握管理,应由用人单位负担证明责任,理由是考勤表、工资表等证明加班事实的证据是用人单位基于管理行为应当掌握的证据。在劳动者对加班事实主张无法提供证据证明,也没有证据证明用人单位掌握加班事实存在的证据的情形下,劳动仲裁机构或者人民法院对上述规定的选择适用亦会产生截然不同的裁判结果,法院往往选择适用《劳动争议司法解释(三)》第9条,以劳动者举证不能而裁判劳动者败诉;劳动仲裁机构往往选择适用《劳动争议调解仲裁法》第6条,以用人单位应掌握管理加班事实存在的证据为由,要求用人单位提供证据,提供不能,裁定用人单位败诉。

2. 立法者、司法者对于相关规定解读不同

现有劳动争议证明责任的特殊规则到底是举证倒置、举证责任分配还是证据妨碍,立法、司法都有不同的观点。以《证据规定》第6条规定为例,有观点认为该条规定是举证责任的分配;也有观点认为,按照法律要件说,该条规定是证明责任的倒置,至今尚未达成共识。② 又以加班费举证责任规定为例,最高人民法院观点认为《劳动争议解释(三)》第9条在加班费的举证责任上仍然适

---

① 杨冰:《证明责任倒置与证明标准降低的契合——论我国劳动争议证明责任制度的完善路径》,《西部法学评论》2012年第4期。

② 李国光主编:《最高人民法院〈关于民事诉讼证据的若干规定〉的理解和适用》,中国法制出版社2002年版,第100页。

用"谁主张、谁举证"的原则,不存在举证责任倒置一说。① 然而,《劳动争议调解仲裁法》第 6 条则被立法者认为是一定程度上规定的举证责任倒置。② 立法和司法观点分歧,是实践中证明责任分配混乱的重要原因。

3. 限制还是扩大法官证明责任配置裁量权存在争议

由于劳动争议证明责任分配理论研究和立法设计存在严重不足,裁判者容易依据各自理解来分配证明责任,同一类案件由于证明责任分配不统一导致同案不同判的现象极为多见。以未签书面劳动合同的证明责任分配为例,(2015)龙新民初字第 3845 号判决书中,法官通过行使裁量权对原被告证明责任进行了特殊配置。③ 该案原告主张未签书面劳动合同,属于主张事实不存在,依据一般举证责任分配规则,用人单位应对主张已签订劳动合同,或主张劳动者对未签订劳动合同有过错的事实承担举证责任。然而,该案法官根据原告职务,区别于一般劳动者配置证明责任,要求原告举证证明用人单位故意与其不签订劳动合同的情形,否则承担证明不能的责任,是明显的举证责任倒置。然而,同样类似案件也存在适用一般举证责任分配规则,并不因为劳动者职务而区分配置证明责任,如(2015)新都民初字第 1418 号判决书。④ 证明责任分配不同,案件

---

① 王林清:《劳动纠纷裁判思路与规范释解》,法律出版社 2016 年版,第 241 页。

② 信春鹰主编:《中华人民共和国劳动争议调解仲裁法释义》,法律出版社 2008 年版,第 24 页。

③ (2015)龙新民初字第 3845 号判决书中,法院认为,原告系被告总经理办公室负责人,从事人事、行政、工会等工作,其工作职责性质,必然要求其依职权与被告签订劳动合同,但原告怠于行使其作为劳动者的权利,未与被告签订劳动合同,且未提供证据证明被告存在故意与其不签订劳动合同的情形,因此原告应当自行承担其未与被告未签订劳动合同的相应法律责任。2016 年 1 月 16 日,中国裁判文书网(http://wenshu.court.gov.cn/content/content?DocID=e0b4855c-9e76-4183-bcf9-0ee2af79dd8d&KeyWord=龙新民初字第 3845 号)。

④ (2015)新都民初字第 1418 号判决书中,法官认为"不论被招用的劳动者被招用后是不是高级管理人员,用人单位与之订立书面劳动合同的法定义务并无不同。订立书面劳动合同的双方主体分别是用人单位与劳动者,而且根据公司法等相关法律的直接规定,在用人单位内部负有同劳动者订立书面劳动合同的法定职责的是其法定代表人或者主要负责人。本案中,何孝勇被直接招用为总经理的事实,并不因此免除茗铂公司与之订立书面劳动合同的法定义务"。2016 年 1 月 16 日,http://wenshu.court.gov.cn/content/content?DocID=56f8af2f-82d1-477a-970e-782ae18f900b。

结果相应不同。有观点认为,应增强劳动纠纷裁判者的能动性,给予裁判者更多的自由裁量权,使举证责任分配的考量能够客观科学,必要时有限度地推行推定制度。① 也有观点主张我国应限制和谨慎赋予法官证明责任配置的自由裁量权。② 德国学者普维庭则认为,"按照法官裁量原则分配证明责任不仅与法律相矛盾,而且使法律主体的权利处于极不稳定状态。这与法的可预测性和可见性相冲突"③。

三 中国劳动争议证明责任理论误区

有观点认为,《证据规定》第 2 条规定首次明确了我国民事证明责任的双重意义,即行为责任和结果责任。④ 然而,该条是对"提供证据责任一元论的双重含义说"的规则化。该学说将提供证据责任分为行为责任(提供证明的责任)和结果责任(举证不能的不利益诉讼后果的责任),仅是强调了提供证据的必要性,而非实质意义上的"双重含义说"。⑤ 只有将"提供证据责任与证明责任相区别"才是实质意义上的"双重含义说"。该学说认为,提供证据的责任,是指当事人提供证据行为的必要性,并随着诉讼过程中法官心证的变化而变化。结果责任,是指法官最终心证状态"事实真伪不明"的法定处理结果,而非当事人不能证明的直接后果。⑥《证据规定》第 73 条第 2 款规定,"因证据的证明力无法判断导致争议事实难以认定的,人民法院应当依照举证责任分配规则做出裁判的情形",承认了法官对要件事实的探知存在三种结果:被证明、被驳回或者真伪不明。⑦ 即当事人有提供证据的主观证据责任,当提供的证据证明力导致"案件事实真伪不明",方才存在法

---

① 谭博文:《我国劳动纠纷中证明责任制度的反思与建议》,《中国劳动》2005 年第 24 期。
② 霍海红:《证明责任配置裁量权之反思》,《法学研究》2010 年第 1 期。
③ [德]普维庭:《现代证明责任问题》,吴越译,法律出版社 2006 年版,第 255 页。
④ 李国光主编:《最高人民法院〈关于民事诉讼证据的若干规定〉的理解和适用》,中国法制出版社 2002 年版,第 33—34 页。
⑤ 霍海红:《证明责任配置裁量权之反思》,《法学研究》2010 年第 1 期。
⑥ 霍海红:《证明责任配置裁量权之反思》,《法学研究》2010 年第 1 期。
⑦ [德]普维庭:《现代证明责任问题》,吴越译,法律出版社 2006 年版,第 255 页。

官依照客观证明责任分配规则做出裁判。滥用法官证明责任配置权，同案不同判等诸多困扰应是基于对于我国劳动争议证明责任误解所致。

（一）误解之一：劳动争议案件需要扩大法官证明责任配置权

李某诉慕丰公司违法解除劳动合同一案中，上诉人李某的上诉理由是，原审中慕丰公司没有举证证明解除劳动合同的事实依据。但原审法院依据《中华人民共和国民事诉讼法》第 64 条的规定，将举证证明责任分配给劳动者，显属适用法律错误。① 本案中慕丰公司主张因李某旷工解除劳动合同，已就证明李某"旷工事实"提供了《慕丰公司关于病假的相关规定》《考勤管理制度》等书证；李某主张请了病假未旷工，应就请病假事实提供证据予以证明，但李某未能提供证据。裁判者认为公司提供充分证据证明劳动者旷工，证明已达到证明标准，形成"李某旷工事实"的心证，而劳动者无法提供有力证据动摇裁判者的心证。因而本案并不存在待证事实真伪不明的问题，也就不存在客观证明责任分配的问题。总归而言，当事人对于每一个待证要件事实有提出证据加以证明的责任，即主观证明责任。从理论上看，就是案件本证方举证须达到证明标准，使裁判者形成事实成立的心证。反证方须动摇裁判者的心证，这种攻击防御方式实际是围绕证明标准这块"高地"展开的争夺战。若穷尽证明方法，当事人主张的事实依然存在真伪不明，则客观证明责任具有至关重要的意义。② 可以说，绝大多数案件的裁判都是依靠主观证明责任。客观证明责任只是"为克服这种证明上出现的困境而不得已对作为裁判基础的小前提作出硬性拟制部分，它体现了法官为了实现裁判的目的而不得不作出一种无奈选择"③。随着社会的现代化进程，德、日等现代民事司法实践中相继发展出"证明责任减轻"理论，在诉讼过程中根据证明的具体情境，通过一定的证明技术规则来对无充分证据情况下的案件事实判断做出替

---

① 江苏省南京市中级人民法院（2014）宁民终字第 1179 号民事判决书。
② ［德］普维庭：《现代证明责任问题》，吴越译，法律出版社 2006 年版，第 28 页。
③ 毕玉谦：《"一强多元"模式下的证明责任学说——以克服"规范说"局限性为重心》，《政法论坛》2011 年第 2 期。

代认定的制度方案,以减少真伪不明的状态。① 我国《证据规定》第75条第2款特别规定了"证据妨碍推定规则"②,这一规则在实践中已经缓解了举证能力不对等的功效。③ 由于劳动关系的特质,用人单位一方面基于管理权的行使,大多掌握了在管理过程中发生的争议事实证据:另一方面基于法律规定,有制作和保存某些证据的法定义务,如《工资支付暂行规定》第6条第3款规定了用人单位有制作和保存工资支付的证据。因而,证据妨碍推行规则在劳动争议案件中对于实现双方举证能力对等有着更加积极的意义。《劳动争议司法解释(三)》第9条正是该规则在加班工资争议中的具体运用。

可以说,我国目前大量劳动争议案件待证事实真伪不明的状态只是一个伪命题,这让人错误判断了劳动争议案件中客观证明责任分配的需求,在法律和司法解释明确规定劳动争议证明责任分配有限的情形下,容易产生"需要扩大赋予法官在劳动争议案件中的证明责任配置权以实现个案正义"的重大误解。

(二)误解之二:已经规定劳动争议客观证明责任分配一般规则

证明责任分配原本是实体法的任务,但我国劳动实体法明确规定证明责任分配的条文只是偶尔可见。有观点错误认为,影响法官分配证明责任的一个主要理论是罗森贝克的法律要件分类说,也就是传统意义上的"谁主张、谁举证"。④ 即《民事诉讼法》第64条规定和《证据规定》第2条已就证明责任一般分配规则进行了规定。⑤ 按此规定,客观证明责任是根据当事人在诉讼中主张的事实而确定,先有主张事实,然后对所根据当事人在诉讼中的事实而确定。⑥ 实际上与此相反,客观证明责任应先于主张责任而存在的,

---

① 胡学军:《从"证明责任分配"到"证明责任减轻"——论证明责任理论的现代发展趋势》,《南昌大学学报》(人文社会科学版)2013年第2期。
② 《证据规定》第75条第2款规定"有证据证明一方当事人持有证据无正当理由拒不提供,如果对方当事人主张该证据的内容不利于证据持有人,可以推定该主张成立"。
③ 霍海红:《证明责任配置裁量权之反思》,《法学研究》2010年第1期。
④ 曹群:《加班费争议的举证责任分配》,《人民司法·应用》2010年第21期。
⑤ 霍海红:《证明责任配置裁量权之反思》,《法学研究》2010年第1期。
⑥ 李浩:《民事证据立法前沿问题研究》,法律出版社2007年版,第106页。

责任要件事由和免责事由均由实体法预先做出了规定，静态存在。作为证明前提的主张责任取决于证明责任的分配，随着诉讼进程，由一方当事人提出事实主张，并相应地提供证据证明，提供证据责任在原、被告之间转换变动，动态存在。[①] 因此，"谁主张、谁举证"只是确立了提供证据的分配规则，并没有确立客观证明责任的一般分配规则，否则无法理解《证据规定》第7条所规定的情形。[②] 真正依法律要件分类说确立的客观责任分配规则是《证据规定》第5条第1款关于合同诉讼的证明责任分配规则。[③] 即"在合同纠纷案件中，主张合同关系成立并生效的一方当事人对合同订立和生效的事实承担举证责任；主张合同关系变更、解除、终止和撤销的一方当事人对引起合同关系变动的事实承担证明责任"。然而，《证据规定》仅对合同案件证明责任的分配原则做出规定，未设置可使用于整个民事诉讼的证明责任分配规则。[④] 应该说，我国劳动争议客观证明责任分配规则并未确立。

（三）误解之三：证明责任倒置中心主义[⑤]

"劳动争议证明责任倒置说"一直是通说，支持理由主要是：普通劳动者文化素质较低，经济力量有限，证据意识薄弱，且无力负担律师专业服务费等，加之管理过程中发生的争议事实证据大多掌握在用人单位手中，劳动者根本无法获取，从保护劳动者权益出发，有必要引入举证倒置方法，由作为被告的用人单位承担举证责任，由其证明其行为的合法性，不能证明的，由其承担败诉后果。[⑥] 这种证明责任倒置中心主义，首先混淆了具体提供证明责任和客观证明责任的概念。该学说前提是"谁主张、谁举证"的分配原则，而"谁主张、谁举证"原则应是争议当事人具体提供证明责任的规

---

① 李国光主编：《最高人民法院〈关于民事诉讼证据的若干规定〉的理解和适用》，中国法制出版社2002年版，第33—34页。
② 《证据规定》第7条规定，"法律没有具体规定，依本规定及其司法解释无法确定举证责任承担"。
③ 李国光主编：《最高人民法院〈关于民事诉讼证据的若干规定〉的理解和适用》，中国法制出版社2002年版，第45页。
④ 李浩：《民事证据立法前沿问题研究》，法律出版社2007年版，第107页。
⑤ 霍海红：《证明责任配置裁量权之反思》，《法学研究》2010年第1期。
⑥ 但召文、苏民益：《劳动争议案件举证责任探讨》，《法学评论》1996年第1期。

则，在诉讼过程中，法官可以根据双方事实主张和提供证据情况，运用具体证明责任技巧和方法，来转换倒置原、被告之间提供证据的责任。以加班工资争议为例，劳动者主张加班事实的，应就存在加班事实主张提供证据，然后应由用人单位提供证据证明劳动者未加班的主张。双方都有提供证据的具体责任。如果劳动者未能提供证据或有证明力的证据，那么法官可运用证明标准降低或证据妨碍推定规则等技术手段，将提供具体证据责任转移到用人单位，即可解决劳动者举证能力弱的难题，并不存在客观证明责任分配的问题。从理论和条文设计分析，《劳动争议调解仲裁法》第6条规定应该是《证据规定》中"证据妨碍推定"在劳动争议案件中的适用而非证明责任倒置。该条可以理解为，发生劳动争议，与争议事项有关的证据属于用人单位掌握管理的，应由用人单位负有提供证据的责任。一般劳动争议是劳动者提起仲裁或诉讼，劳动者本应对自己主张提供证据，但出现上述情况，则依据"证据妨碍推定"，用人单位有提供自己掌握的与争议事实有关的证据，否则，法官可以推定劳动者主张成立。在用人单位提起仲裁或诉讼时，用人单位本来负有对自己主张事实有提供证据的责任，并不存在转换或倒置一说。客观证明责任则是一种抽象而一般的实体法上的风险分配，已经由立法者事先设定好了，它不能被转换和倒置。[①] 此外，我国现有法律、司法解释并未明确规定劳动争议客观证明责任一般分配规则。没有客观证明责任的一般分配规则，也就根本谈不上证明责任倒置存在。

证明责任倒置实际上等于通过证明责任的重新划分来间接改变当事人之间的实体权利义务。[②] 劳动争议客观证明责任倒置说结合《证据规定》第7条的法官证明责任配置裁量权的规定，无疑为法官在个案中配置证明责任提供了坚强的理论支持。然而，劳动争议案件中，劳动仲裁员或法官滥用证明责任倒置机制对"新承担者"

[①] [德] 普维庭：《现代证明责任问题》，吴越译，法律出版社2006年版，译序第3页。

[②] 李浩：《民事证据立法前沿问题研究》，法律出版社2007年版，第115页。

的过度归责亦是不公平，也有损法的安全性。[1]

四 立足待证事实的证明责任分配图景

以往的劳动争议研究多是从案件类型出发，而忽略了一类劳动争议案件有多个要件事实，不同待证的事实性质不同，证明责任分配也应有所不同，否则可能出现违背实体法规范目的及有失公平正义之结果。有必要重新审视劳动争议的客观证明责任理论体系，抛弃粗糙的以案由为标准确定证明责任的方式，针对具体待证事实应该有具体的分析。

（一）劳动争议客观证明责任分配的理论体系反思

从本质上讲，证明责任的分配规则必须是立法者进行的独立的风险分配，也就是它采取了一般抽象的形式。[2] 民事诉讼责任分配，德国通说为罗森贝克的规范理论。规范说认为客观证明责任的一般分配规则为：请求权人承担权利形成要件的证明责任，请求权人的对方当事人承担权利妨碍要件、权利消灭要件和权利阻碍要件的证明责任。该学说也被称为法律要件分类说，在我国证明责任分配理论体系中占据通说地位。[3] 这种一般分配规则实质性依据是进攻者原理，这与对占有的保护，对权利安定的保护以及禁止私立救济是一致的。然而，规范说在解释方法论上存在重大缺陷，即该学说完全以法律文义和规范构造为基础，过于重视法条的外在形式，一旦法条文义没有规定，就一律适用证明责任一般分配规则，不仅忽略了法条背后的实质性规范目的和价值，未顾及双方当事人之间的实质公平正义，也无法应对立法时尚未出现的新的法律问题等。[4] 在规范说基本原理基础上，普维庭试图通过综合运用多种解释方法（系统的、历史的、目的性解释等）来对该学说进行修正，即修正规范说。并认为，除了刑事法领域，规范说所确立的证明责任分配

---

[1] 霍海红：《证明责任配置裁量权之反思》，《法学研究》2010年第1期。
[2] ［德］普维庭：《现代证明责任问题》，吴越译，法律出版社2006年版，第361页。
[3] 李国光主编：《最高人民法院〈关于民事诉讼证据的若干规定〉的理解和适用》，中国法制出版社2002年版，第77页。
[4] 袁中华：《规范说之本质缺陷及其克服——以侵权责任法第79条为线索》，《法学研究》2014年第6期。

基本规则在民法和劳动法领域都有效。① 规范理论也属于行政诉讼领域证明责任分配之通说。②

我国劳动法领域鲜有法条明确规定分配证明责任，以至于普遍认为劳动实体法的立法者在立法中并未考虑劳动争议证明责任分配问题，因为法律没有规定，所以才有了最高人民法院司法解释对于劳动争议证明责任分配的特殊规定以及个案中法官裁量权的广泛运用。实际上，立法者在规定请求权的同时必然地规定相应的证明责任，不管立法者有没有意识到。③ 以《劳动合同法》第39条规定为例，该条规定用人单位即时解除劳动合同的六种法定情形，仅有第一种法定情形从文义上明确规定了"用人单位以试用期间不符合录用条件为由而违法解除劳动合同争议的证明责任分配"，该条规定用人单位依据《劳动合同法》第39条第1款解除劳动合同，必须对"劳动者在试用期间不符合录用条件的解雇事由合法性"承担证明责任。第二种至第六种法定情形虽然条文形式上没有明确规定证明责任的分配，但依照第39条法律规范构造特点，第二种至第六种法定情形应与第一种法定情形规定的证明责任分配相一致。依照规范说提出的证明责任分配的一般规则，在用人单位依据《劳动合同法》第39条规定的法定事由解除劳动合同时，劳动者主张违法解除并要求继续履行劳动合同则必须对权利形成的所有事实承担证明责任：（1）劳动关系存在的事实；（2）劳动合同解除的事实；（3）解雇事由违法的事实。但由于《劳动合同法》第39条改变了基本规则，将"解雇事由是否符合法律规定"的事实证明责任分配给了用人单位，一旦此类案件事实出现真伪不明，用人单位必须对解雇事由合法性承担证明责任。由此可见，规范说理论一样适用于我国劳动法领域。

证明责任分配的实质性依据除了进攻者原理外，还包括抽象盖然性、证据接近、社会保护思想、宪法上地位、危险增加等。基于劳动关系的特殊性，劳动法在基本规则基础上根据实质性依据的交

---

① ［德］普维庭：《现代证明责任问题》，吴越译，法律出版社2006年版，第384页。
② 朱新力：《行政诉讼客观证明责任的分配研究》，《中国法学》2005年第2期。
③ ［德］普维庭：《现代证明责任问题》，吴越译，法律出版社2006年版，第399页。

叉和综合平衡，以及立法目的考量，对于某些待证事实的证明责任的分配应特殊规定，而不是简单适用平等主体之间民事诉讼证明责任分配规则，以实现当事人之间的实质公平正义。

（二）劳动争议证明责任分配规则之分析

依据以上论述，劳动争议证明的责任分配的基本规则应是"请求权人承担权利形成要件的证明责任，请求权人的对方当事人承担权利妨碍要件、权利消灭要件和权利阻碍要件的证明责任"。

劳动关系是一种具有从属性的特殊合同关系，表现为劳动合同存续期间，用人单位依据劳动合同获得对劳动者提供劳动的管理权，劳动者必须在用人单位管理支配下提供劳动，服从管理。一旦违反，用人单位可对劳动者行使惩戒权，包括降职降薪、调岗、解雇等。基于劳动关系的当事人之间的经济地位不平等性和合同履行的从属性，劳动实体法对劳动合同从内容、形式、履行、变更、终止和解除等全面进行了规制性立法，旨在保护劳动者，实现社会政策和实质公平正义。由此，劳动争议法律要件事实按照性质大体上可分为：（1）合同行为要件事实；（2）管理行为要件事实；（3）侵权行为要件事实。由于用人单位管理在劳动关系成立后贯穿于劳动关系全过程，所以，管理行为事实要件通常会与合同行为要件事实、侵权行为要件事实同时存在于一类劳动争议案件中。

劳动法领域因用人单位管理行为引发的劳动争议常见类型为因用人单位做出开除、除名、辞退、解除劳动合同、调整岗位、降职降薪等决定而发生的劳动争议。此类案件待证法律要件为：（1）劳动关系存在的事实；（2）劳动合同约定相关条款的事实，如岗位、薪资等；（3）用人单位已经做出开除、除名、辞退、解除劳动合同、调整岗位、降职降薪等决定的管理行为事实；（4）决定的依据是否合法。双方应就上述法律要件事实展开争论。最高人民法院司法解释《证据规定》第6条规定之前，一般按照现有的"谁主张、谁举证"分配双方举证责任，劳动者必须就其主张对上述所有法律要件予以证明，结果通常是劳动者举证困难而败诉。用人单位因没有证明责任负担而不重视管理行为的规范性和合法性，随意滥用管理权。司法过程中，法院在个案审理中发现此问题，方才有了最高人民法院司法解释《证据规定》第 6 条的特殊举证责任的规定，也就被误以为是"举证倒置"之结果。实际上，依照法律要件说的基本分配规则，此特殊规定并非客观证明责任分配的例外规定——"举证责任倒置"，而是适用基本规则的结果。① 此类案件中，既有合同行为要件事实，也有管理行为要件事实。对于权利请求人劳动者而言，首先应就其权利形成要件事实负担证明责任：（1）劳动关系存在事实（有效劳动合同存在事实和实际合同履行的事实）；（2）劳动合同相关条款约定的事实；（3）用人单位已经做出了相关管理决定的事实。由于用人单位的管理决定对劳动者造成了负担，改变了现状，应就自己管理行为的合法性承担证明责任，以阻碍劳动者权利形成。此种对劳动者造成负担的管理行为类似于行政法上的负担行政行为，在行政诉讼证明责任分配中，负担行政行为的法定要件事实包括例外事实的证明责任由被告（行政行为主体）负担。② 以用人单位单方解除劳动合同引发争议为例，劳动合同法修法之争的核心在于企业要求放松对管理权的限制，实现解雇自由化。但《劳动合同法》第 39、40、41、42、43 条对用人单位单方解除劳动合同明确进行了限制性规定，用人单位必须依法行使劳动合同解除权。这种解雇保护法律规范实质上是防御用人单位利用管理权进攻，虽然劳动者是原告，但原告只是防御者，试图认定并不存在合法有效的解雇，实际进攻者是被告用人单位，依据进攻者原理的实质依据，用人单位必须对解雇依据进行证明。除了进攻者原理这种实质性依据外，从证据接近、社会保护思想等证明责任分配的实质性依据看，解除事由合法事实证明责任应分配给用人单位，而非劳动者。一方面，企业内部经营领域，劳动者或者第三人很难接近证据；另一方面，劳动法对用人单位解雇限制是一种社会保护思想在实体法上的贯彻。《劳动合同法》第 39 条第 1 项第 1 款进一步印证我国立法者对于攻击性管理行为合法性事实的证明责任分配给用人单位的立法意图。这里可以得出一个结论：劳动法领域，因用人单位行使管理权对劳动者造成负担引发的争议，用人单位必须对管理

---

① ［德］普维庭：《现代证明责任问题》，吴越译，法律出版社 2006 年版，第 410 页。
② 朱新力：《行政诉讼客观证明责任的分配研究》，《中国法学》2005 年第 2 期。

行为的合法性承担证明责任,这是劳动法领域证明责任的特殊抽象性分配规则。

除了防御用人单位滥用管理权力对劳动者造成不利外,劳动实体法还对用人单位管理过程中的证据制作和保管有若干明确规定,最为明确的规定是工资证据的制作和保存,如《工资支付暂行规定》(劳部发〔1994〕489号)第6条第3款规定,以及《劳动合同法》第7条和第17条规定。工资条、职工名册、书面劳动合同等都是劳动争议案件中的重要书面证明,劳动实体法之所以将上述书面证据制作,乃至保管规定为用人单位的法定义务,是因为用人单位与劳动者之间的管理和被管理关系是一种内部关系,长期存续,劳动者或者第三人很难接近和获得证据,一旦发生争议,劳动者难以举证证明,用人单位以管理不规范,无证据提供为由拒绝提供证据,往往会陷入真伪不明的地步,法官难以裁判。为了减少真伪不明的情形,促使用人单位规范管理,劳动实体法通过义务条款要求用人单位对于某些重要证据制作和保管,一旦发生争议,劳动者除了证据证明待证要件事实证据由用人单位掌握管理外,也可依据法律规定主张待证要件事实证据由用人单位掌握管理,用人单位拒不提供的,则构成证据妨碍,应当承担不利后果。即《劳动争议调解仲裁法》第六条规定之本意。这只是提供证据责任的问题,并不是客观证明责任分配的例外规则。

(三)"证明责任减轻理论"对客观证明责任分配规则的补充

如前所述,劳动争议司法解释及《劳动争议调解仲裁法》已经开始通过具体举证责任中的证据妨碍推定、证明标准降低等证明技术规则对证据不充分情况下的案件事实判断做出替代认定,缩小"要件事实真伪不明"的范围。这种证明责任减轻应是在证明责任分配之后,在具体证明过程中使用的一种立法技术,旨在实现具体个案的实质公正。[①] 劳动争议案件有必要重视证明责任减轻理论的运用与完善,以对证明责任分配规则形成补充。

---

① 胡学军:《从"证明责任分配"到"证明责任减轻"——论证明责任理论的现代发展趋势》,《南昌大学学报》(人文社会科学版)2013年第2期。

1. 证据妨碍推定制度的完善

《证据规定》第 75 条最早规定了"证据妨碍推定",《劳动争议司法解释（三）》第 9 条、《劳动争议调解仲裁法》第 6 条规定是证据妨碍推定在劳动争议中的适用。但在证据妨碍推定设计上,《劳动争议调解仲裁法》第 6 条与《证据规定》第 75 条存在一定差异,主要体现为:（1）未科以劳动者对"与争议事项有关的证据属于用人单位掌握管理的"负有证明责任。（2）仅规定"用人单位不提供证据",而未区分有合理理由未提供证据和没有合理理由未提供的两种情形。司法实践中,对于"哪些属于用人单位掌握管理的证据"的判定,劳动仲裁员或法官更多时候是依据法律规定予以推定,但解释各有不同。以加班工资争议为例,2010 年之前,大部分地方裁判规则依据《工资支付暂行规定》第 6 条第 3 款的规定,推定两年内的工资支付证据由用人单位掌握管理,对于劳动者主张两年的加班工资,用人单位否认的,用人单位对劳动者未加班事实负举证责任。劳动者追索两年前的加班工资,原则上由劳动者负举证责任。[①]但也有观点从文义解释出,《工资支付暂行规定》第 6 条第 3 款并未规定用人单位必须书面记录劳动者的工作时间、加班工资等用于证明加班事实的事项,也就无法推定出"加班事实证据由用人单位掌握管理"。《劳动争议司法解释（三）》第 9 条采纳了文义解释方法,在加班工资争议中科以了劳动者有"提供证据证明用人单位掌握加班事实存在的责任"。结果是降低了劳动者胜诉率以及加班工资起诉率的同时,让用人单位对自己的提供证据责任产生了盲目乐观判断,经常以管理不规范为由拒绝提供考勤表、工资表等基于管理行为应当掌握的证据,增加了劳动仲裁员和法官查明案件事实的难度。继而,有最高人民法院法官认为,考虑到劳动者举证

---

① 《广东省高级人民法院、广东省劳动争议仲裁委员会关于适用〈劳动争议调解仲裁法〉、〈劳动合同法〉若干问题的指导意见》（2008,简称《广东意见》）第 29 条规定,"劳动者主张加班工资,用人单位否认有加班的,用人单位应对劳动者未加班的事实负举证责任。用人单位以已经劳动者确认的电子考勤记录证明劳动者未加班的,对用人单位的电子考勤记录应予采信。劳动者追索两年前的加班工资,原则上由劳动者负举证责任,如超过两年部分的加班工资数额确实无法查证的,对超过两年部分的加班工资一般不予保护"。

的实际困难，可适当减轻劳动者的举证责任，劳动者提出的基本证据或者初步证据即可证明有加班事实。[1] 个案中证明标准高低完全依据法官自由裁量权来调整，有的法官严格适用一般证明标准，认为未达到证明标准的证据不具有证明力，[2] 有的法官则降低证明责任标准，认为劳动者仅应承担提供初步证据证明加班事实存在的责任，初步证据典型的有考勤表副本、多名证人证言、节假日工资条等。[3] 为了保护劳动者工资报酬权，已经有些地方通过修改工资条例来明确"加班事实属于用人单位掌握管理的证据"，如《广东省工资支付条例》（2016年修订）第16条规定。[4] 依该条规定，就不会出现"劳动者对用人单位掌握加班事实存在有提供证据责任"一说，从而解决了《劳动争议司法解释（三）》与《劳动争议调解仲裁法》在加班事实证明上的"证据妨碍推定"的冲突。

完善证据妨碍推定在劳动争议中的适用，一方面，需要修改劳动实体法明确哪些重要证据应科以用人单位制作和保管义务；另一方面，对于法条理解不宜简单进行文义解释，应从用人单位管理需求、规范目的、诉讼预防和威慑、社会保护思想等来解释有关法条。以加班工资争议为例，工作时间作为计时工资的计量依据，超过正常工作时间安排劳动者工作，用人单位必须支付加班工资，考勤管理是用人单位管理劳动者的重要制度，考勤结果是用人单位计发工资依据和行使惩戒权关键依据。所以，用人单位应该掌握管理工作时间事实的证据。这种解释结果可促使用人单位完善考勤制度，规范用工管理。

2. 证明标准降低的制度工具运用

劳动关系中，不仅劳动者因为获取证据能力较弱，对于某些待

---

[1] 王林清：《劳动纠纷裁判思路与规范释解》，法律出版社2016年版，第241页。
[2] 湖北省十堰市茅箭区人民法院民事判决书（2014）鄂茅箭民一初字第02514号认定"原告提交的考勤证明复印件，并且不能说明该证据的真实出处……不能证明原告主张"。
[3] 王林清：《劳动纠纷裁判思路与规范释解》，法律出版社2016年版，第241页。
[4] 《广东省工资支付条例》（2016年修订）第16条规定，用人单位应当按照工资支付周期如实编制工资支付台账。工资支付台账应当至少保存二年。工资支付台账应当包括支付日期、支付周期、支付对象姓名、工作时间、应发工资项目及数额、代扣、代缴、扣除项目和数额，实发工资数额，银行代发工资凭证或者劳动者签名等内容。

证事实证明困难，用人单位也会因为内部管理关系所产生证据证明力弱以及管理水平有限导致举证困难。北京市中伦律师事务所收集的案例中，法院以用人单位提供证据不足证明"员工不胜任工作"而驳回用人单位主张案件占比20%，而这些案件判决书中一律没有说明得出该项结论的理由。绩效考核是用人单位依照劳动合同行使内部管理权的重要手段，但内部管理关系中，完全符合一般证明标准的证据并不多见。最有力的证据是劳动者对自己考核结果签名确认的书面证据，而员工对自己不利的考核结果往往拒绝签名，用人单位单方出具的考核结果显然达不到证明标准。

证明标准降低和表见证明制度工具的合理使用会弥补劳动争议客观证明责任分配规则所带来的个案不正义问题。劳动关系确定是工资争议的前提，以确认劳动关系的争议为例，按照法律要件说的基本分配规则，劳动者作为请求权人必须就劳动关系存在的事实负担证明责任。事实上，在用人单位未与劳动者签订书面劳动合同或未将合同文本给劳动者的情形下，劳动者按照正常证明标准提供证据是非常困难的。在实务处理中，法官根据个案往往会降低劳动者提交证据的证明标准，只要劳动者提供初步证据即可，法官根据初步证据形成心证，用人单位则必须提供证据动摇法官心证。如《深圳市中级人民法院关于审理劳动争议案件若干问题的指导意见（试行）》（以下简称《深圳市指导意见（试行）》）第22条规定大大降低了劳动者提交证明劳动关系的证据标准。[①] 为了查明事实，实现个案公平，法官也会通过适用证据印证规则来适当改变用人单位的具体举证行为。《深圳市指导意见（试行）》第23条（6）规定，用人单位考勤记录虽无劳动者签名，但有其他证据（如工资支付资料等）相佐证的，可作为认定劳动者工作时间的证据，以实现劳动者保护和用人单位经营权平衡。个案中，允许法官依照对公平正义的理解来降低证明标准，在减少了客观证明责任裁判运用的同时，

[①] 《深圳市中级人民法院关于审理劳动争议案件若干问题的指导意见（试行）》（以下简称《深圳市指导意见（试行）》）第22条规定，用人单位向劳动者发放任何的"工作证""服务证"等能够证明身份的证件、其他劳动者的证言等都能成为法官认定双方存在劳动关系的凭证。

也可能出现证据标准不统一带来的同案不同判的问题,这将造成法律适用的极大不安定性,也为法官滥用裁量权创造了自由空间,有必要通过立法或最高人民法院司法解释尽可能统一设立标准。如《证据规定》第73条第1款规定中,①"明显大于"则确立了法官审核证据的一个判断标准。②

证明标准降低、证据妨碍的主张推定原则等证明责任减轻技术或方法在劳动争议领域可以减轻当事人或者证明责任人的证明难度,以满足个案的妥当性要求,追求当事人之间的实质正义,将原来认为真伪不明的范围予以压缩,从而减少证明责任裁判的运用,但要警惕法官自由裁量权的滥用,所以有必要完善主观证明责任规范,通过立法或最高法司法解释对这些制度工具予以明确规定,尽量统一适用的标准和规则。

---

① 《证据规定》第73条第1款规定中,"双方当事人对同一事实分别举出相反的证据,但都没有足够的依据否定对方证据的,人民法院应当结合案件情况,判断一方提供证据的证明力是否明显大于另一方提供证据的证明力,并对证明力较大的证据予以确认"。

② 李浩:《民事证据立法前沿问题研究》,法律出版社2007年版,第121页。

参考文献

一 中文文献

（一）书籍（包括译著）

蔡福华：《民事优先权新论》，人民法院出版社2002年版。

常凯：《劳权论——当代中国劳动关系的法律调整研究》，中国劳动社会保障出版社2004年版。

常凯主编：《劳动关系学》（第18版），中国劳动社会保障出版社2016年版。

陈新民：《德国公法学基础理论》下册，山东人民出版社2004年版。

陈新民：《中国行政法学原理》，中国政法大学出版社2002年版。

《德国民法典》，郑冲、贾红梅译，法律出版社1999年版。

董克用：《中国转轨时期薪酬问题研究》，中国劳动社会保障出版社2003年版。

杜景林等译：《德国支付不能法》，法律出版社2002年版。

甘勇译：《最新不列颠法律袖珍读本——劳动法》，武汉大学出版社2003年版。

葛洪义主编：《法律方法与法律思维》，法律出版社2010年版。

关怀、林嘉主编：《劳动法》，中国人民大学出版社2006年版。

郭建：《中国财产法史稿》，中国政法大学出版社2005年版。

郭玲惠：《劳动契约法论》，中国台湾：三民书局2011年版。

郭明政：《社会安全制度与社会法》，中国台湾：翰庐图书出版社2002年版。

郝丽雅主编：《劳动争议典型案例解析》，人民法院出版社2012年版。

侯玲玲：《经济全球化视角下的中国企业工资形成机制研究》，华中师范大学出版社 2007 年版。

胡玉浪：《劳动报酬权研究》，厦门大学出版社 2007 年版。

黄程贯：《劳动法》（修订再版），中国台湾：空中大学印行 2001 年版。

黄程贯主编：《劳动法（2012）》，中国台湾：新学林出版社股份有限公司 2012 年版。

黄茂荣：《债法总论》第一册，中国台湾：植根法学丛书编辑室 2003 年版。

黄英忠：《人力资源管理概论》，中国台湾：翁燕月出版社 2007 年版。

黄越钦：《劳动法新论》，中国政法大学出版社 2003 年版。

劳动关系研究会元典工作小组：《罗马教廷劳动通谕选编》，内部刊印，2014 年 10 月 21 日。

劳动合同法实施条例起草人编著：《劳动合同法实施条例详解与适用》，法律出版社 2008 年版。

李炳安主编：《东方社会法评论》第一卷，中国劳动社会保障出版社 2011 年版。

李国光主编：《最高人民法院〈关于民事诉讼证据的若干规定〉的理解和适用》，中国法制出版社 2002 年版。

李浩：《民事证据立法前沿问题研究》，法律出版社 2007 年版。

梁慧星：《民法总论》，法律出版社 1996 年版。

林诚二：《民法总则》上，法律出版社第 2008 年版。

林丰宝：《劳动基准法》，中国台湾：三民书局，1997 年版。

林更盛：《劳动法案例研究》，中国台湾：翰芦图书出版有限公司 2002 年版。

林佳和：《劳动与法论文集Ⅰ》，中国台湾：元照出版公司 2014 年版。

林佳和：《劳动与法论文集Ⅲ》，中国台湾：元照出版公司 2014 年版。

林晓云等：《美国劳动雇佣法》，法律出版社 2007 年版。

林燕玲：《国际劳工标准》，中国工人出版社 2002 年版。

林原：《经济转型期最低工资标准决定机制研究——公共选择与政府规制》，知识产权出版社 2012 年版。

刘承韪：《英美法对价原则研究：解读英美合同法王国中的"理论与规则之王"》，法律出版社 2006 年版。

刘得宽：《法学入门》，中国政法大学出版社2006年版。
刘志鹏：《劳动法理论与判决研究》，中国台湾：元照出版社2002年版。
齐砺杰：《破产重整制度的比较研究——英美视野与中国图景》，中国社会科学出版社2016年版。
秦国荣：《劳动权保障与〈劳动法〉的修改》，人民出版社2012年版。
宋宗宇：《优先权制度研究》，法律出版社2007年版。
孙家红主编：《樊弘著作集》下，北京大学出版社2012年版。
台湾法学会编：《劳动法裁判选辑》（一），中国台湾：元照出版公司1998年版。
台湾劳动法学会编：《劳动基准法释义——施行二十年之回顾与展望》，中国台湾：新学林出版股份有限公司2005年版。
谭玲主编：《劳动争议审判前沿问题研究》，中国民主法制出版社2013年版。
汤庭芬主编：《深圳劳动关系发展报告（2014）》，社会科学文献出版社2014年版。
田思路、贾秀芬：《日本劳动法研究》，中国社会科学出版社2013年版。
王利明、崔建远：《合同法新论·总则》（修订版），中国政法大学出版社2000年版。
王利明：《物权法专题研究》下，吉林大学出版社2002年版。
王利明：《中国民法典草案建议稿及说明》，中国法制出版社2004年版。
王林清：《劳动纠纷裁判思路与规范释解》，法律出版社2016年版。
王林清：《劳动争议裁诉标准与规范》，人民出版社2011年版。
王全兴：《劳动法》（第3版），法律出版社2008年版。
王全兴：《劳动合同法条文精解》，中国法制出版社2007年版。
王泽鉴：《法律思维与民法实例——请求权基础理论体系》，中国政法大学出版社2001年版。
王泽鉴：《民法学说与判例研究》，中国政法大学出版社1998年版。
王泽鉴：《债法原理》第1册，中国政法大学出版社2001年版。
文跃然：《薪酬管理原理》，复旦大学出版社2003年版。

奚晓明主编：《最高人民法院劳动争议司法解释（三）的理解和适用》，人民法院出版社 2010 年版。

夏积智主编：《中国劳动法若干重要理论与政策问题研究》，中国劳动社会保障出版社 1999 年版。

夏勇：《人权概念起源——权利的历史哲学》，中国政法大学出版社 2001 年版。

夏正林：《社会权规范研究》，山东人民出版社 2007 年版。

信春鹰主编：《中华人民共和国劳动合同法及实施条例》，中国法制出版社 2008 年版。

信春鹰主编：《中华人民共和国劳动争议调解仲裁法释义》，法律出版社 2008 年版。

薛晓源、周战超主编：《全球化与风险社会》，社会科学文献出版社 2005 年版。

燕树棠：《公道、自由与法》，清华大学出版社 2006 年版。

杨河清：《劳动经济学》，中国人民大学出版社 2002 年版。

杨立新：《债法》，中国人民大学出版社 2014 年版。

尹田：《法国现代合同法》，法律出版社 1995 年版。

张千帆：《宪法学导论》，法律出版社 2004 年版。

张千帆：《宪法学讲义》，北京大学出版社 2011 年版。

张五常：《收入与成本——供应的行为》上篇，中国香港：花千树出版有限公司 2011 年版。

张五常：《制度的选择》，中信出版社 2014 年版。

赵曙明、李诚等编译：《国际与比较雇佣关系》，南京大学出版社 2008 年版。

赵天乐主编：《英汉劳动辞典》，劳动人事出版社 1990 年版。

赵永清：《德国民主社会主义模式研究》，北京大学出版社 2005 年版。

郑功成、郑宇硕主编：《全球化下的劳工与社会保障》，中国劳动社会保障出版社 2002 年版。

郑玉波：《保险法论》，中国台湾：三民书局 2002 年版。

周贤日：《欠薪保障法律制度研究》，人民出版社 2011 年版。

周永坤主编:《东吴法学(2006年秋季卷)》(总第13卷),法律出版社2007年版。

国际劳工局:《2010/2011全球工资报告:危机时期的工资政策》,日内瓦:国际劳工局2010年版。

国际劳工组织:《关于雇佣关系的建议书》(第198号建议书,2006)。

国际劳工组织:《雇佣关系》,日内瓦:国际劳工局,2005年。

联合国国际劳工组织:《职工教育读本:工资》,金勇进译,中国劳动出版社1991年版。

[德]W.杜茨:《劳动法》,张国文译,法律出版社2005年版。

[德]伯恩·魏德士:《法理学》,丁小春等译,法律出版社2003年版。

[德]卡尔·拉伦茨:《德国民法通论》上册(第2版),王晓烨等译,法律出版社2004年版。

[德]考夫曼:《法律哲学》,刘幸义等译,法律出版社2004年版。

[德]拉德布鲁赫:《法学导论》,米健等译,中国大百科全书出版社1997年版。

[德]雷蒙德·瓦尔特曼:《德国劳动法》,沈建峰译,法律出版社2014年版。

[德]马克思:《资本论》,中国社会科学出版社1983年版。

[德]曼弗雷德·魏斯、马琳·施米特:《德国劳动法与劳资关系》(第4版),倪斐译,商务印书馆2012年版。

[德]普维庭:《现代证明责任问题》,吴越译,法律出版社2006年版。

[德]萨维尼:《论立法与法学的当代使命》,许章润译,中国法制出版社2001年版。

[德]瓦尔夫根·冯·李希霍芬等:《劳动监察——监察职业指南》,劳动和社会保障部国际劳工与信息研究所译,中国劳动社会保障出版社2004年版。

[德]沃尔夫冈·多伊普勒:《德国劳动法》(第11版),王倩译,上海人民出版社2016年版。

[德]乌尔里希·贝克:《风险社会》,何博文译,译林出版社2004

年版。

［法］莱昂·狄骥：《公法的变迁法律与国家》，郑戈、冷静译，辽海出版社、春风文艺出版社 1999 年版。

［荷］约利斯·范·鲁塞弗尔达特耶叻·菲瑟主编：《欧洲劳资关系——传统与转变》，佘云霞等译，世界知识出版社 2000 年版。

［美］Lan R. 麦克尼尔：《新社会契约论》，雷喜宁、潘勤译，中国政法大学出版社 2004 年版。

［美］保罗·A. 萨缪尔森、威廉·D. 诺德豪森：《经济学》下（第 12 版），高鸿业等译，中国发展出版社 1992 年版。

［美］丹尼尔·F. 史普博：《管制与市场》，余晖等译，格致出版社、上海三联书店、上海人民出版社 2008 年版。

［美］丹尼尔·奎因·米尔斯：《劳工关系》，李丽林、李俊霞译，机械工业出版社 2000 年版。

［美］道格拉斯·G. 拜尔等：《法律的博弈论分析》，严旭阳译，法律出版社 2003 年版。

［美］格兰特·吉尔莫：《契约的死亡》，曹士兵等译，中国法制出版社 2005 年版。

［美］罗伯特·A. 高尔曼：《劳动法基本教程——劳工联合与集体谈判》，马静等译，中国政法大学出版社 2003 年版。

［美］罗纳德·H. 科斯：《企业、市场与法律》，盛洪等译校，格致出版社、上海三联书店、上海人民出版社 2014 年版。

［美］罗纳德·德沃金：《至上的美德：平等的理论与实践》，冯克利译，江苏人民出版社 2012 年版。

［美］罗纳德·德沃金：《至上的美德：平等的理论与实践》，冯克利译，江苏人民出版社 2012 年版。

［美］罗纳德·伊兰伯格、罗伯特·史密斯：《现代劳动经济学——理论与公共政策》（第 6 版），中国人民大学出版社 1999 年版。

［美］罗斯科·庞德：《通过法律的社会控制》，沈宗灵译，商务印书馆 2008 年版。

［美］曼瑟尔·奥尔森，《集体行动的逻辑》，陈郁译，上海三联书店、上海人民出版社 2004 年版。

［美］约翰·R. 康芒斯：《资本主义的法律基础》，寿勉成译，商务印书馆2003年版。

［美］约翰·罗尔斯：《正义论》，何怀宏等译，中国社会科学出版社1988年版。

［美］詹姆斯·戈德雷：《现代合同理论的哲学起源》，张家勇译，法律出版社2006年版。

［挪］艾德等：《经济、社会和文化的权利》，黄列译，中国社会科学出版社2003年版。

［日］大须贺明：《生存权论》，林浩译，法律出版社2001年版。

［日］荒木尚志：《日本劳动法》，李坤刚等译，北京大学出版社2010年版。

［日］近江幸治：《担保物权法》，祝娅等译，法律出版社2000年版。

［日］内田贵：《契约的再生》，胡宝海译，中国法制出版社2005年版。

［日］星野英一：《私法中的人》，王闯译，中国法制出版社2004年版。

［日］植草益：《微观规制经济学》，朱绍文等译，中国发展出版社1992年版。

［英］A.J.M. 米尔恩：《人的权利与人的多样性——人权哲学》，夏勇等译，中国大百科全书出版社1996年版。

［英］E.P. 汤普森：《英国工人阶级的形成》下，钱乘旦等译，译林出版社2013年版。

［英］安东尼·奥格斯：《规制：法律形式与经济学理论》，骆梅英译，中国人民大学出版社2009年版。

［英］哈特：《法律的概念》，张文显译，中国大百科全书出版社1996年版。

［英］凯瑟琳·巴纳德：《欧盟劳动法》，付欣译，中国法制出版社2005年版。

［英］路易斯·普特曼德尔·克罗茨纳：《企业的经济性质》，孙经纬译，上海财经大学出版社2003年版。

［英］内维尔·哈里斯等：《社会保障法》，李西霞等译，北京大学

出版社 2006 年版。

［英］史蒂芬·哈迪：《英国劳动法与劳资关系》，陈融译，商务印书馆 2012 年版。

［英］亚当·斯密：《国富论》，唐日松等译，商务印书馆 2005 年版。

［英］约翰·史密斯：《合同法》，张昕译，法律出版社 2004 年版。

［英］詹姆斯·格里芬：《论人权》，徐向东刘明译，译林出版社 2015 年版。

（二）论文

毕玉谦：《"一强多元"模式下的证明责任学说——以克服"规范说"局限性为重心》，《政法论坛》2011 年第 2 期。

曹群：《加班费争议的举证责任分配》，《人民司法·应用》2010 年第 21 期。

曹燕：《劳动法中工资概念的反思与重构》，《法学家》2011 年第 4 期。

陈彬：《论我国劳动争议处理制度的重构》，《现代法学》2005 年第 6 期。

陈国奇：《日本破产法最新修改》，《厦门大学法律评论》2005 年第 2 期。

陈建文：《劳动基准法工资定义争议问题的再思考》，（中国台湾）《台北大学法学论丛》2008 年第 70 期。

陈新：《劳动争议处理体制应实行两裁终决》，《中国劳动》2001 年第 12 期。

陈彦良：《劳资争议期间工资危险分担问题研究——德国法制之启示》，（中国台湾）《台大法学论丛》2006 年第 35 卷第 2 期。

崔建远：《我国物权法应选取的结构原则》，《法制与社会发展》1995 年第 3 期。

但召文、苏民益：《劳动争议案件举证责任探讨》，《法学评论》1996 年第 1 期。

杜宁宁：《权利冲突视野下的劳动者知情权问题研究》，《当代法学》2014 年第 5 期。

段义波：《起诉条件前置审理论》，《法学研究》2016 年第 6 期。

高战胜：《劳动者不能以用人单位未付未休年休假报酬为由解除劳动合同》，《法学杂志》2015 年第 11 期。

郭明瑞、仲相：《我国未来民法典中应当设立优先权制度》，《中国法学》2004 年第 4 期。

韩永安：《浅议加班工资的举证责任分配》，《法治论坛》2012 年第 1 辑（总第 25 辑）。

侯玲玲：《比较法视野下倒闭企业工资风险分担机制研究》，《法商研究》2015 年第 2 期。

侯玲玲：《比较法视野下的劳动者集体争议行动之法律规制》，《法律科学》（西北政法大学学报）2013 年第 4 期。

侯玲玲：《劳动法上工资之界定》，《人民司法》2013 年第 11 期。

侯玲玲：《劳动合同的特殊性研究》，《法学》2006 年第 1 期。

侯玲玲：《劳动争议一裁终局制度的反思与改革》，《法商研究》2017 年第 3 期。

侯玲玲：《劳动争议证明责任理论思考和制度重构》，《法学评论》2017 年第 3 期。

侯玲玲、王林清：《从民法到社会保障的工资债权保护——以德法两国工资保障为视角》，《法学杂志》2013 年第 7 期。

侯玲玲：《中国和瑞典劳动争议处理体制的比较研究》，《西南民族大学学报》（人文社科版）2006 年第 3 期。

胡学军：《从"证明责任分配"到"证明责任减轻"——论证明责任理论的现代发展趋势》，《南昌大学学报》（人文社会科学版）2013 年第 2 期。

胡玉浪：《劳动报酬权研究》，博士学位论文，厦门大学，2007 年。

黄程贯：《劳动基准法之公法性质与私法转化》，中国法学会社会法研究会 2006 年年会暨海峡两岸社会法理论研讨会论文集，苏州，2006 年。

黄健彰：《工资优先权》，（中国台湾）《财产法暨经济法》2008 年第 15 期。

霍海红：《证明责任配置裁量权之反思》，《法学研究》2010 年第 1 期。

贾迪：《带薪年休假工资报酬性质研究》，《中国人力资源开发》2017 年第 1 期。

江苏省南京市中级人民法院民五庭：《关于加班工资纠纷审理的专项调研报告》，《法律适用》2009 年第 10 期。

劳动争议案件一裁终局制度实施效果评估课题组：《劳动争议案件一裁终局 制度实施效果评估》，《中国劳动》2014 年第 5 期。

李步云：《发展权的科学内涵及重大意义》，《人权》2015 年第 4 期。

李海明：《从工资构成到工资定义：观念转换与定义重构》，《法律科学》2013 年第 5 期。

李海明：《论退休自愿及其限制》，《中国法学》2013 年第 4 期。

李坤刚：《关于我国劳动争议仲裁两个问题的探讨》，《安徽大学学报》（哲学社会科学版）2000 年第 3 期。

李锡鹤：《论民事优先权的概念》，《法学》2004 年第 7 期。

李勇：《关于调整和完善劳动争议处理体制的建议》，《中国劳动》2003 年第 1 期。

刘哲玮：《论财产保全制度的结构矛盾与消解途径》，《法学论坛》2015 年第 5 期。

马强：《澳大利亚劳动争议解决机制及其启示》，《法律适用》2002 年第 4 期。

梅夏英、方春晖：《优先权制度的理论和立法问题》，《法商研究》2004 年第 3 期。

彭真军、甘琪：《论企业职工劳动债权优先受偿制度的完善》，《广东社会科学》2011 年第 6 期。

齐砺杰：《从投资风险角度看中国企业工资债权的特殊性》，《新人力·劳动关系》2009 年第 10 期。

邱骏彦：《劳动契约关系存否之法律上判断标准》，（中国台湾）《政大法学评论》2000 年第 63 期。

申卫星：《我国优先权制度立法研究》，《法学评论》1997 年第 6 期。

申卫星：《信心与思路——我国设立优先权制度的立法建议》，《清华大学学报》2005 年第 2 期。

沈建峰：《德国法院的历史、体制与启示》，《中国劳动关系学院学报》2015年第6期。

沈建峰：《论劳动合同在劳动关系协调中的地位》，《法学》2016年第9期。

沈同仙：《工作时间认定标准探析》，《法学》2011年第5期。

石茂生：《司法及司法权含义之探讨》，《河北法学》2012年第2期。

孙国平：《劳动法上待命时间争议的认定》，《法学》2012年第5期。

谭博文：《我国劳动纠纷中证明责任制度的反思与建议》，《中国劳动》2005年第24期。

谭玲：《劳动争议案件一裁终局制度的现实困境与未来转型》，《人民司法·应用》2012年第1期。

田土城、王康：《论民法典中统一优先权制度的构建》，《河南师范大学学报》（哲学社会科学版）2016年第6期。

田野：《优先权性质新论》，《郑州大学学报》（哲学社会科学版）2016年第2期。

涂永前：《我国特色的劳动争议仲裁终局化之理念与制度架构——〈劳动争议调解仲裁法〉第47条释正》，《法律科学》（西北政法大学学报）2013年第3期。

王国社：《内地与香港劳动争议仲裁制度比较研究》，《现代法学》2004年第3期。

王利明：《关于劳动债权与担保物权的关系》，《法学家》2005年第2期。

王利明：《论债权请求权的若干问题》，《法律适用》2008年第9期。

王能君：《劳动基准法上加班规范法律规范与问题之研究——日本与台湾加班法制与实务》，（中国台湾）《台北大学法学论丛》2012年第81期。

王全兴、侯玲玲：《我国劳动争议处理体制模式的选择》，《中国劳动》2002年第8期。

王天玉：《基于互联网平台提供劳务的劳动关系认定——以"e代驾"在京、沪、穗三地法院判决为切入点》，《法学》2016年第

6 期。

王天玉：《经理雇佣合同与委任合同之分辨》，《中国法学》2016 年第 3 期。

王锡三：《近代诉权理论的探讨》，《现代法学》1989 年第 6 期。

王晓、任文松：《民事诉权滥用的法律规制》，《现代法学》2015 年第 5 期。

王熠、杭鸣：《准毕业生与用人单位签订的劳动合同之性质》，《人民司法·案例》2010 年第 22 期。

王振麟：《对我国劳动争议处理体制的立法建议》，《中国劳动》2001 年第 2 期。

吴克孟：《未休年休假工资应适用特殊仲裁时效》，《中国劳动》2015 年第 19 期。

吴文芳：《德国集体合同"法规性效力"与"债权性效力"之研究》，《法商研究》2010 年第 2 期。

吴英姿：《论诉权的人权属性——以历史演进为视角》，《中国社会科学》2015 年第 6 期。

谢增毅：《我国劳动争议处理的理念、制度与挑战》，《法学研究》2008 年第 5 期。

徐文进、姚竞燕：《公司治理语境下解聘高级管理人员的法律冲突及解决途径》，《人民司法》2014 年第 15 期。

杨冰：《证明责任倒置与证明标准降低的契合——论我国劳动争议证明责任制度的完善路径》，《西部法学评论》2012 年第 4 期。

杨通轩：《劳动者的概念与劳工法》，（中国台湾）《中原财经法学》2001 年第 6 期。

于海涌：《法国工资优先权制度研究——兼论我国工资保护制度的完善》，《中山大学学报》（社会科学版）2006 年第 1 期。

袁中华：《规范说之本质缺陷及其克服——以侵权责任法第 79 条为线索》，《法学研究》2014 年第 6 期。

张昌吉、姜瑞麟：《积欠工资垫付制度之探讨》，（中国台湾）《政大劳动学报》2006 年第 1 期。

张建明：《根治农民工欠薪的政府责任及法律对策》，《法治研究》

2007年第8期。

张丽霞:《我国劳动争议解决制度的功能与结构研究》,《法学杂志》2011年第S1期。

张千帆:《宪法变通与地方试验》,《法学研究》2007年第1期。

郑爱青:《法国带薪年休假制度及启示》,《比较法研究》2014年第6期。

周国良、侯玲玲、许建宇:《工资标准如何认定》,《中国劳动》2014年第9期。

周清:《"代通知金"也属于一裁终局的范畴》,《中国劳动》2010年第4期。

朱新力:《行政诉讼客观证明责任的分配研究》,《中国法学》2005年第2期。

庄乾龙:《拒不支付劳动报酬罪比较研究》,《法商研究》2012年第2期。

[日] 尹景春:《日本欠薪垫付保障制度与其借鉴意义》,文化论集第36号,2010年3月。

二 外文文献

Adams, Scott, and David Neumark, "The Economic Effects of Living Wage Laws: A Provisional Review", *Urban Affairs Review*, Vol. 40, Issue 2, November 2004.

Adams, Scott, and David Neumark, "The Effects of Living Wage Laws: Evidence from Failed and Derailed Living Wage Campaigns", *Journal of Urban Economics*, Vol. 20, No. 1, March 1982.

AGS, "The Wage Guarantee Scheme: A Central Component in the Receivership Processes in France", http://www.ags-garantie-salaires.org/128/articles/brochures-208.html, last visited on August 18, 2012.

Arturo S. Bronstein, "The Protection of Workers' Claims in the Event of the Insolvency of Their Employer: From Civil Law to Social Security", *International Labour Review*, Vol. 126, No. 6, 1987.

Barbara Reinhard, in: Rudi Müller – Glöge/Ulrich Preis/Ingrid Schmidt, *Erfurter Kommentar Zum Arbeitsrecht*, Verlag: C. H. Beck, München, 2017.

Benjamin Sosnaud, "Living Wage Ordinances and Wages, Poverty, and Unemployment in US Cities", *Social Service Review*, Vol. 90, No. 1, March 2016.

Bhorat, Haroon, Ravi Kanbur, and Benjamin Stanwix, "Minimum Wages in Sub – Saharan Africa: A Primer", *The World Bank Research Observer*, Vol. 32, No. 1, 2017.

Bürgel Wirtschaftsinformationen GmbH & Co. KG. FRANCE, http://www.buergel.de/en/country – information/france.html#insolvenz, last visited on September 6, 2012.

Damon A. Silvers, "How a Low Wage Economy with Weak Labor Laws Brought Us the Mortgage Credit Crisis", *BERKELEY J. Emp. & LAB. L*, Vol. 29, 2008.

Daniel David Schneider, *Entgeltfortzahlung und Konkurrenzen*, Verlag: Duncker & Humblot, Berlin, 2014.

David Neumark William Wascher, "Minimum Wages and Employment: A Review of Evidence from the New Minimum Wage Research", *National Bureau of Economic Research Working Paper Series*, (w12663), January 2007.

Deutscher Bundestag – 18. Wahlperiode, Drucksache 18/1558.

Dietrich Boewer, *Münchener Handbuch Zum Arbeitsrecht*, Verlag: C. H. Beck, München, 2009.

D. W. Mckenzie – Skene, "Directors' Duty to Creditors of a Financially Distressed Company: A Perspective from Across the Pond", *J. Bus. & Tech. L.*, Vol. 1, No. 2, 2007.

Edward Yemin and Arturo S. Bronstein ed., *The Protection of Workers' Claims in the Event of the Employer's Insolvency*, Geneva, International Labour Office, 1991.

Evans, Bryan, "Alternatives to the Low Waged Economy: Living Wage

Movements in Canada and the United States", *Alternate Routes: A Journal of Critical Social Research*, Vol. 28, No. 1, 2017.

Feinberg Joel, *Harm to Others*, Oxford: Oxford University Press, 1984.

Günter Schaub, *Arbeitsrechts – Handbuch. Systematische Darstellung und Nachschlagewerk für die Praxis*, 18. Auflage. CH Beck, München, 2019.

Gould IV, William B., *A Primer on American Labor Law*, New York: Cambridge University Press, 2019.

Gruber, *Der Begriff der krankheitsbedingten Arbeitsunfähigkeit im Entgeltfortzahlungs – und Krankenversicherungsrecht*, Herausgeber : Hartung – Gorre; 1. Edition, 1. Januar 1998.

Heinrich Kaiser, Hans Dunkl, Dieter Hold, Georg Kleinsorge, *Entgeltfortzahlungsgesetz – Kommentar*, Verlag: Jehle Rehm, München, Auflage: 4, 1997.

Holzer, Harry J., "Living Wage Laws: How Much Do (Can) They Matter?", *IZA Discussion Papers*, No. 3781, October 2008.

ILO, *Global Wage Report 2008/09: Minium Wage and Collective Bargaining Towards Policy Coherences*, Geneva, International Labour Office, 2008.

ILO, *Global Wage Report 2010/11: Wage Policies in Times of Crisis*, Geneva, International Labour Office, 2010.

ILO, "*Minimum Wage Systems*", International Labour Conference, 103 rd Session, 2014.

Isaac Martin, "Dawn of the Living Wage. The Diffusion of a Redistributive Municipal Policy", *Urban Affairs Review*, Vol. 36, Issue 4, March 2001.

Jacob Joussen, *Beck' scher Online – Kommentar Arbeitsrecht*, Verlag: C. H. Beck, München, 2017.

Jane Parker, James Arrowsmith, Ray Fells and Peter Prowse, "The Living Wage: Concepts, Contexts and Future Concerns", *Labour & Industry: a journal of the social and economic relations of work*, Vol. 26,

Issue 1, May 2016.

Jochem Schmitt, *Entgeltfortzahlungsgesetz und Aufwendungsausgleichsgesetz*, Verlag: C. H. Beck, München, 2012.

Kan Nan Labor Law Firm, Ordinary Wage & Added Allowance for Weekly Holiday Work (Sundays), http://www.k-labor.co.kr/eng/notice_02.asp?gubun=2&idx1=93, last visited on December 25, 2012.

Kate Andrias, "The New Labor Law", *The Yale Law Journal*, Vol. 126, No. 1, October 2016.

Kelly Collins Woodford, "United States Wage and Hour Law: An Updated Primer for Foreign Companies", *Equal Opportunities International*, Vol. 23, Issue 6, September 2004.

Lammam, Charles, "The Economic Effects of Living Wage Laws", *Fraser Institute*, January 2014.

Luce, Stephanie, *Fighting for a Living Wage*, Cornell University Press, 2004.

Margaret Levi, David J. Olson and Erich Steinman, "Living - Wage Campaigns and Laws", *Journal of Labor and Society*, Vol. 6, Issue 3, December 2002.

Marshall, Shelley, *Living Wage: Regulatory Solutions to Informal and Precarious Work in Global Supply Chains*, Oxford: Oxford University Press, 2019.

MartinGutzeit, *Das arbeitsrechtliche System der Lohnfortzahlung*, Verlag: Duncker & Humblot, Berlin, 2000.

Mathew Johnson, "Implementing the Living Wage in UK Local Government", *Employee Relations*, Vol. 39, Issue 6, October 2017.

Michael Dugga, *Equal Pay - Law and Practice*, London: Jordan Publishing Limited, 2009.

Neumark, David, and Scott Adams, "Detecting Effects of Living Wage Laws", *Industrial Relations: A Journal of Economy and Society*, Vol. 42, No. 4, 2003.

Neumark, David, and Scott Adams, "Do Living Wage Ordinances Reduce Urban Poverty?", *Journal of Human Resources*, Vol. 38, No. 3, Summer 2003.

Neumark, David, *How Living Wage Laws Affect Low – Wage Workers and Low – Income Families*, San Francisco, CA: Public Policy Institute of California, 2002.

Neumark, David, Matthew Thompson, and Leslie Koyle, "The Effects of Living Wage Laws on Low – Wage Workers and Low – Income Families: What Do We Know Now?", *IZA Journal of Labor Policy*, Vol. 1, No. 11, December 2012.

Peter Feichtingerund Hans Malkmus, *Handkommentar – Entgeltfortzahlungsrecht*, Verlag: Nomos, Baden – Baden, 2. Auflage 2010.

Peter Prowse, Ana Lopes, and Ray Fells, "Community and Union – led Living Wage Campaigns", *Employee Relations*, Vol. 39, Issue 6, October 2017.

Philips, Peter, *The Economics of Prevailing Wage Laws*, London: Routledge, 2017.

Preedy, Melia, "Subminimum or Subpar; A Note in Favor of Repealing the Fair Labor Standards Act's Subminimum Wage Program", *Seattle UL Rev*, Vol. 37, 2013.

P. Selznick, "Focusing Organizational Research on Regulation", in R. Noll (ed.), *Regulatory Policy and the Social Sciences*, University of California Press, 1985.

Reder, Melvin W., "Chicago Economics: Permanence and Change", *Journal of Economic literature*, Vol. 20, No. 1, March 1982.

Rich Gray, "Uber Loses A Skirmish In Its Employee/Contractor Battles", 2015 – 06 – 18, http://www.linkedin.com/pulse/uber – loses – skirmish – its – employeecontractor – battles – rich – gray? trk = pulse – det – nav_ art, last visited on June 20, 2015.

Sahu, Saura James, "Living up the Living Wage: A Primer on the Legal Issues Surrounding the Enactment and Enforcement of Living Wage Laws", The 2001 National NLG Convention, *Guild Prac*, Vol. 59,

Issue 1, Winter 2002.

Stephanie Luce, "Living Wages: A US Perspective", *Employee Relations*, Vol. 39, Issue 6, October 2017.

Takashi Araki, "Labour and Employment Law in Japan", Japan Institute of Labour, 2002.

Thomas, Stephanie R., *Compensating Your Employees Fairly A Guide to Internal Pay Equity*, New York: Apress, 2013.

Toikka, Richard S., Aaron Yelowitz, and Andre Neveu, "The 'Poverty Trap' and Living Wage Laws", *Economic Development Quarterly*, Vol. 19, No. 1, 2005.

Treber, *Kommentar Zum Entgeltfortzahlungsgesetz Und Zu den Wesentlichen Nebengesetzen*, Luchterhand, 2007.

T. William Lester, "The Impact of Living Wage Laws on Urban Economic Development Patterns and the Local Business Climate: Evidence from California Cities", *Economic Development Quarterly*, Vol. 25, Issue 3, May 2011.

US Department of Labor, "Overtime Pay Requirements of the FLSA", http://www.dol.gov/whd/regs/compliance/whdfs23.pdf, last visited on December 25, 2012.

Wang Huaiyu, "An International Comparison of Insolvency Law", The Fifth Forum for Asian Insolvency Reform (FAIR) which was held on 27–28 April 2006 in Beijing, China, http://www.oecd.org/china/38182541.pdf, last visited on January 24, 2013.

Woodford, Kelly Collins, and Jeanne D. Maes, "United States Wage and Hour Law: A Basic Primer for Foreign Companies", *Equal Opportunities International*, Vol. 21, Issue 7, November 2002.

Zeng, Zhaocheng, and Benson Honig, "Can Living Wage Be a Win-Win Policy? A Study of Living Wage Effects on Employer and Employee Performance in Hamilton, Canada", in Rhonda Phillips and Cecilia Wong eds., *Handbook of Community Well-Being Research*, Springer, Dordrecht, December 2016.

安井健悟，佐野晋平，久米功一，鶴光太郎．正社員と有期雇用労働者の賃金格差．RIETI Discussion Paper Series，16－J－060；2016 Nov.，(2016)．

柏﨑洋美．"同一労働同一賃金の動向 働き方改革を契機に．"京都学園大学経済経営学部論集 7 (2018)．

薄木公平．"権利としての生存権—生活保護法改正から考える—．"豊岡短期大学論集 = Bulletin of Toyooka Junior College 15 (2019)．

渡辺輝人．"権利闘争の焦点 タクシー乗務員の割増賃金請求：洛陽交運事件 大阪高裁で勝訴 \ ［2019.4.11 判決 \ ］．"季刊労働者の権利 331 (2019)．

髙野敏春．"賃金の意義．：賃金をめぐる法の対応と賃金請求権．"國士舘法學 51 (2018)．

関健太郎，等．"労働時間規制及び賃金水準の確保に関する米国制度の調査研究．"土木学会論文集 F4（建設マネジメント）74.2 (2018)．

関健太郎，堀田昌英，市村靖光，大嶋大輔，常山修治．労働時間規制及び賃金水準の確保に関する米国制度の調査研究．土木学会論文集 F4（建設マネジメント）．2018；74 (2)，(2018)．

吉田竜一．"権利闘争の焦点 年俸社員（正規），嘱託社員（非正規）15 名が同一労働同一賃金の実現を求めて提訴：科学飼料研究所・龍野工場事件．"季刊労働者の権利 320 (2017)．

菅野和夫．『労働法 10 版』，弘文堂，2012．

皆川宏之．"ドイツにおける賃金請求権の法的根拠．"千葉大学法学論集 30.4 (2016)．

今野晴貴．"「働き方改革」における同一労働・同一賃金論にどう向き合うか（2017 年権利討論集会報告号）－－（安倍政権の労働政策にどう立ち向かうか：これからの労働運動を語り合う集い）．"民主法律 303 (2017)．

浦川邦夫．"最低賃金が労働者の賃金水準に与える影響—福祉業の賃金水準の考察—．"日本地理学会発表要旨集 2020 年度日本地理学会春季学術大会．公益社団法人 日本地理学会 (2020)．

日田剛．"社会福祉における権利の固有性：社会福祉基礎構造改革期の検証．"九州保健福祉大学研究紀要 20（2019）．

桑村英実, et al. "介護職員の賃金が労働供給に与える影響．"大阪大学経済学 68. 3 - 4（2019）．

森川正之．労働力の質と生産性―賃金ギャップ―パートタイム労働者の賃金は生産性に見合っているか？―．RIETI Discussion Paper Series, 17 - J - 008（2017）．

森浩祐．"Decent Work の観点から見る労働者保護を意図した賃金・所得に関する研究― Minimum Wage（MW）・Living Wage（LW）・Basic Income（BI）の例を用いて―．"創価大学大学院紀要 41（2020）．

山本靖，and 内田亨．"これからの働き方改革と健康経営における労働問題 -「つながらない権利」を中心に．"新潟国際情報大学経営情報学部紀要 3（2020）．

上田真理．"低賃金労働における『不適切なインセンティブ』と年金権に関する一考察．"（2019）．

水町勇一郎．「同一労働同一賃金」のすべて．有斐閣, 2018.

松永伸太朗．"アニメーターの過重労働・低賃金と職業規範．"労働社会学研究 17（2016）．

小宮文人．〈判例研究〉労働者が営業手当の時間外割増賃金該当性を争い，また, 不当配転命令後の前職場への出勤命令等を拒否して配転命令以降の賃金を請求した事案：ナカヤマ事件・福井地判平 28・1・15 労判 1132 号 5 頁．専修法学論集, 2018. 133（2018）．

新屋敷恵美子．"イギリス労働法における賃金からの控除を受けない労働者の権利（1）強行法規の適用における合意（契約解釈）の領分と法規制の領分の一類型．"法政研究 86. 1（2019）．

遠藤公嗣．"「同一価値労働同一賃金」原則の定義とそれに特有な職務評価の手法 - それらを「アメリカ製」となぜ呼べるのか, そして，それらは欧州諸国でなぜ普及しているのか？ - ."（2020）．

棗一郎. "労働者必読「無期転換」権利防衛術（特集 無期雇用化，同一賃金の衝撃 契約・パート・派遣 非正規が消える）—（実践編 今すぐ始める無期対策）." 週刊東洋経済 = Weekly toyo keizai 6782（2018）.

中内哲. 傷病休職中のテスト出局に基づく賃金請求の可否：NHK（名古屋放送局）事件. 法律時報，92（2）（2020）.

后 记

本书系在我的国家社会科学基金青年项目最终成果"和谐劳动关系的工资权基础和法律机制研究"（编号：12CFX088）基础上修改而成。因为出版篇幅要求，对内容做了一些删减。

工资是最重要的劳动条件，工资水平以及工资权保障直接关系到工资劳动者收入分配公正以及劳动关系的和谐与否。本人关于工资法的研究，源于有幸主持 2005 年国务院法制办委托课题"劳动合同法草案研究"中的一项子课题："劳动合同中'工资''劳动报酬'"，完成项目报告"《劳动合同法（草案）》中工资定义及构成部分研究报告"。当时就觉得劳动法上工资定义复杂且混乱，立法者和司法裁判者都难以明确。后来跟着恩师攻读经济学博士学位，基于工资问题是劳动经济学和劳动法学共同关注的问题，博士论文选题最终确定以工资决定机制作为论文题目，完成了经济学和法学的交叉研究，形成博士论文并取得了经济学博士学位。在此基础上，我持续不断地坚持工资法研究，形成了系列论文，属于国内学界较早研究工资法的学者。随着研究的深入，越发感觉工资立法的复杂性。市场经济快速发展，工资立法则严重滞后，现有工资法理论薄弱，工资立法缺失，导致司法裁判标准不一，劳动者工资权难以实现。例如，现代企业薪酬体系变化很大，工资结构及形式多元化，而中国关于工资认定仅停留于 1990 年国家统计局的一个文件，劳动法上工资定义不清，行政执法和司法实践中有关工资界定的法律判断存在困难，如股权激励属于不属于工资，加班工资基数如何确定等，引发诸多争议。此外，简单依照合同法上对价原则，难以得出劳动者无法给付劳动时用人单位工资继续支付义务的结论，也无法回应困难企业给付不能时劳动者工资风险负担。因而，我想尝试以工资权为核心，对中国工资支付保障法理论和实践展开系统研究。幸运的是，研究计划获得了国家社科基金的立项。本书作为国家社科基金结项的最终成果，围绕着工资权，以私法与社会法连接作为工资权研究的理论基础，对劳动法上工资定义、工资决定法律机制、工资权理论根源、工资请求权基础体系、工资风险社会化负担等理论问题进行系统探究，并结合我国工资支付保障地方经验以及国际经验，对于工资支付保障法律制度构建提出若干建议。因为出版字数限制，本书删去了工资决定法律机制部分，集中于工资权及其保障研究。

从本书写作直至本书付梓，非常感谢我的导师王全兴教授，从博士论文选题到写作，再到国家社科基金项目申请书撰写，王全兴教授都给予了悉心指导。王全兴教授劳动法造诣之深、学术之严谨，让我终身受益。是王全兴教授带我进入劳动法学领域，也让我迷上了劳动法研究。感谢叶静漪教授、林嘉教授、刘俊教授、郭捷教授、常凯教授、董保华教授、郑尚元教授、秦国荣教授、刘金祥教授等劳动法前辈对我的关心和帮助。感谢曹燕教授、沈建峰教授、涂永前副教授、李海明副教授、齐砺杰副教授、谭金可副教授以及袁少杰博士、刘菲博士等对本书提供了诸多宝贵意见和帮助。

感谢我的家人在我的人生成长环境中的鼓励和支持。学问之路需要大量时间，为人子女，很少有时间去陪伴父母；为人父母，疏于对儿子的关爱。记得，儿子高三那年，我陪着他在罗湖住读，他努力准备着高考，我则写我的书稿，经常到深夜。此种陪伴终身难忘。结果他考上了他理想的大学，我的书稿获得国家社科基金优秀结项。心中喜悦无以言喻。

最后，特别感谢中国社会科学出版社的编辑们，他们的敬业精神和严格把关校正了书稿中很多不当之处，他们的细心和耐心让我起敬。

我想本书仅是我对工资法系统研究的开始，而不是结束。本书依然存在很多不足，只希望能起到抛砖引玉作用，本人会在此基础上，继续工资法的研究，以期对中国未来工资立法的科学化、精细化产生促进效果。

侯玲玲
2020 年 11 月 11 日
于深圳荔园